木腿正义

增订版

木腿正义

冯象 著

北京大学出版社
PEKING UNIVERSITY PRESS

又梦奶妈

这一次,她扶着春风
去了不能再青翠的山岗
专门打扮了,留我一张
留在县照相馆的笑容

再听不到了,那醇厚的乡音
那世上最美的双臂,只剩模糊的片断
连那安详的呼吸,也告别了我的前额
而明明记得,依偎在她的怀抱
谁敢碰一碰我的温馨舒适!

但她的乳汁
早已灌注于我周身的脉络
神经末梢的每一次刺激
每一个细胞的意欲和行动

连这几行诗
也不过在延续某一个夏夜
她坐上凉席,蒲扇
轻轻摇,教我数一遍
天上升起了几颗星……

高高山岗,她放着那一天
陌生人从书架上取下一本书
念出她的名字,蓦然领悟
一种无言的恩典

一九九八年十月三十一日

目 录

增订版前言　1
第一版前言　3
法律与文学（代序）　9

上编

木腿正义　37
法文化三题　44
秋菊的困惑和织女星文明　52
"生活中的美好事物永存不移"　60
鸡生蛋还是蛋生鸡或中国干人权何事　66
法学的理想与现实　76
一九九七年香港知识产权法改革与台商权益　86
功亏一篑　96
论证过程中论据的真实性和相关性　113

法学方法与法治的困境　118
我是呆账我怕谁　134
推荐书目、编案例与"判例法"　141
贵得肆志，纵心无悔　147
临盆的是大山，产下的却是条耗子　155
为什么"法律与人文"　162
致《北大法律评论》编辑部（二）　168

下 编

"他选择了上帝的光明"　173
"去地狱里找他爸爸"　198
"神不愿意，谁守得贞洁？"　218
脸红什么？　242
"奥维德的书"　250
墙与诗　269
大红果果剥皮皮——好人担了个赖名誉　279

没有人知道，也没有人尊崇地纪念　284
"蜜与蜡"的回忆　292
通过写作，加入前人未竟的事业　301
向"思想史上的失踪者"致敬　308
致友人　313
日记一则　315
西洋人养 cow 吃 beef ？　317
雅各之井的大石　319

增订版前言

《木腿正义》初版印数不多，三千，似乎面世不久就脱售了，一直未重印。常有读者来信问起。现在终于再版，趁机做了四件我认为要紧的事。一是订正手民之误。我的原稿是手写的繁体字（小时候临帖养成的习惯），输入排版容易看错。这次请南京大学杨君全强帮助，整理了一份简体字 Word 稿，修订和编辑都方便了。二是找了三十多幅插图，增加阅读趣味，同时也希望对读者理解或欣赏书中论及的一些政法策略、神话传说和外国文学作品有所启迪。

第三，添加新的内容。我素来不爱作"孤文"，老觉得书稿计划外的零星文字犹如下围棋走出孤子，是"子力"不足甚至"恶手"的表现。可是习惯挡不住形势，每年都会"破例"写上几篇。五月底长周末（阵亡军人纪念日），把近年发表的孤文捡拢来看了一遍，发现多数可同《木腿正义》的两个题目法律跟文学衔接。于是有了"增订版"的想法。体例不变，仍旧分上下编，上编研究法律（包括法律教育、法学方法），下编讨论语言文学、宗教神话等。这样，一共增补了十五篇，在目录中以一空行跟初版的文章隔开。而全书的内容，自一九八七年迄今，恰好二十年，大略可算一份读书心得和思想轨迹的记录。

第四，旧文的缘起，初版没有说明，我想应该补上。上编开头的四篇，原载《读书》杂志，是沈公昌文先生和赵丽雅（扬之水）女士多次来信关心督促的结果；回头再看，有点像《政法笔记》的预习。《鸡生蛋还是蛋生鸡》等五篇，先后发表于（英文）《香港法律学刊》、《二十一世纪》、《中国书评》、《北大法律评论》和《中国文化》，侧重法学方法。下编《他选择了上帝的光明》等六篇，本是为郑培凯教授创办的《九州学刊》作的书评。《九州》可能是八十年代海外华人学界惟一的汉语人文学刊，郑先生把在美国大学执教的前辈学者几乎全请到了。他们也大力支持，不仅赐文争鸣，还多次在哈佛燕京礼堂以学刊名义举办讲座；记得有王浩、张光直、杜维明、余英时、许倬云、高友工、张充和与傅汉思先生。李耀宗老师把我介绍给郑先生。我问郑先生写什么好，他说缺书评。我就写了五篇一组，借书评的形式，结合当时在哈佛的学习，介绍一点欧洲中世纪文学和晚近的研究。写到第六篇（评友人哈金的诗集），考取了法学院，才停了笔。

新增添的文章，写作背景各篇自有交待，此处不赘。

除了上述诸位友人和各篇尾注提及的法学界同仁，我还要特别感谢彭伦、陈佳勇、汪庆华、沈明四位先生，谢谢他们就拙著《玻璃岛》、《政法笔记》和《创世记》所做的采访。彭伦先生另有一篇《创世记》采访，已经收在我的新书《宽宽信箱与出埃及记》（北京三联，2006），这儿就不重复了。

内子抽空通读了全书，并提出若干修改意见（但尽量不动原稿文字和语气），使得增订版增色不少。

最后，这本小书也是对所有那些"没有人知道，也没有人尊崇地纪念"的高贵灵魂的一个纪念。

二〇〇六年六月于麻省新伯利港铁盆斋

第一版前言

编这本书是中山大学刘星教授的主意,靠苗燕兄热心张罗,出版社舒宝明女士大力协助,现在终于问世。我首先要谢谢这三位朋友。

书中收十六篇中文旧作,九篇谈法律,属杂文;七篇研究文学,严肃一些。题目大致代表了作者平时关注的专业之外的两个领域。专业,在我们这个分专业考试、读书、求职、谋生乃至找对象的社会里,是个令人又爱又恨、常常引起误解的词。例如鄙人的专业叫"知识产权",行外人士有时会莫名其妙地称赞它很热门、好赚钱云云。同行中也有沾沾自喜的,以为这四个字跟下一千年的知识经济攀了亲家。其实,知识产权既不出产知识,也非知识产出。版权、专利、商标、域名之属,不过是抄袭、盗版、仿制、假冒的另一副面孔——先抄先盗先仿先冒的那位不许后来的这位免费学他的样,这么一种越来越美国化了的制度而已。美国化也称全球化,美国的制度又名WTO世贸组织,是各国人民都在掏腰包买门票加入的。所以法国人要求,选举美国总统应该全世界一人一票,否则太不公平。有朝一日实现这英特纳雄耐尔,很可能美国总统轮到咱中国人当呢。

可恨的是,知识产权的第一条规矩就叫先来后到。根据这条规矩,你晚到一步,人家占先,你就该让着忍着,别盗版假冒,连克隆一个美国总统让莫尼卡玩都不成！这个道理，我准备写一本书，此地预先做个广告（注意：广告也是知识产权），有兴趣的读者敬请留意。

言归正传。为了编这本书，圣诞节回美国搜底稿，一边读一边眼前浮现几位恩师久违的身影。景行行止，高山仰止；几件小事萦绕心头，忍不住写下来与读者共勉。

第一位恩师是北大西语系（现已分作英语、西语两系）的李赋宁先生。北大的老习惯，教授不称教授，叫先生（北京话"先儿"一个音节）。李先生大家都说是菩萨，慈眉善目，普渡众生（学生的生）。他有个习惯，外文书买两本搁着，一本自己用，一本伺机馈赠友朋。我投在他的门下做硕士论文，题目是英国文学之父乔叟的四步抑扬格对偶体诗。第一天到他家谈话，他便送了两本书：牛津版《乔叟研究目录》和英伦大儒 Henry Sweet 编的《古英语入门》。《目录》刊载的著作国内未必收藏，但一遍读下来开阔了眼界，乔学的历史、现状，方方面面晓得个大概。后来到哈佛读博士，查资料就按图索骥，不觉得太费事。《入门》则作课本，每周两晚到先生家坐读。先将先生指定的课文（《圣经》和史传）一节节译为现代英语，不明白处再由先生讲解。先生通希腊、拉丁、德、法诸语。为我解惑时纵横捭阖，真是无一字无来历。这严格的历史语言学训练，显然给我的哈佛导师班生（Larry D. Benson）教授很深的印象。他常对人说，他的中国学生天生就会古英语和中古英语，在哈佛只是跟他搞计算机词汇统计而已——当然是开玩笑。

第二位也是北大西语系的教授：先师杨周翰先生。杨先生念老北大外文系时就是出名的才子。给我们开的课是"十七世纪英国文学"，从钦定本《圣经》、玄学派诗歌一路讲到巴洛克散文、皮普斯日记。一口纯正的牛津音（杨先生牛津留学）而对襟布衫圆口布鞋，连旁听的美国老师都说佩服。我那时同法语专业的研究生一起，跟法国老师贝尔娜小姐念拉丁语，对杨先生翻译的奥维德《变形记》、维吉尔《埃涅阿斯记》等罗马文学尤感兴趣。《变形记》我上初中时就读过，译文那么优雅含蓄——记得王小波讲在农场读《变形记》的乐趣，众人手上一圈走过，书已弄得海带般乌黑卷曲——而实则奥维德写神与人的性爱颇露骨无忌。杨先生听了这意见，笑道：国情不同，岂可原汁原味端出？翻译如烹饪，译者唯恐十六方人客仙宾朵颐不快也。他顺手翻开桌上一本《变形记》，只见天头地角密密麻麻的批改、增补，还插了不少纸条。原来，他一直在根据权威的版本、参考英译修订呢。后来我译古英语史诗《贝奥武甫》向他请教的情形，在拙文《他选择了上帝的光明》的"重刊小记"中谈到，这里不赘。

第三位即上文提到的班生教授。我在哈佛六年，前三年拿燕京学社的奖学金，后三年便给班先生做助教。班先生是老派学者，嗜烟酒，但不讲究品牌。英语系每星期四下午举行中世纪文学学术报告会，各国（主要是英美加德法意六国，偶尔也有日本）同行谈自己的研究；他总是一成不变撬开两瓶雪莉酒，人手一杯。我告诉他下乡时"饿酒"，曾把医用酒精兑水喝，他连声称善，毫不见怪。原来他星期天常去教堂为拉美难民服务，知道那"火水"是穷人的命根子。我选的论文题目，是想了结一场打了几个世纪的官司：古法语长诗《玫瑰传奇》中古英语译本残卷乔叟手笔真伪考。在报告会上讲过两次，每次下来，班先生都将论据逐一评析、指出疑点，书面的批改、订正就更细致了。末了，残稿首尾两段的译者已可确证为乔叟，只有六个（很可能是誊写者搀入的）乔叟从未用过的北英格兰方言词，解释不够圆满。班先生改了我一句话，我一辈子忘不了。他把我强硬的正面主张变作举证责任的转移，大意谓：鉴于作者呈压倒之势的（overwhelming）文字考据成果和计算机统计数据，举证责任（onus probandi）自此该由反对乔译的一方承担。这是委婉而十分有力的说法。因为事实上历史文献早已穷尽，反对者是不可能提出反证而继续坚持己见的了。这举证责任的转移，也逼得我的副导师英国人皮尔索（Derek Pearsall）教授"返工"，在他当时刚刚脱稿的《乔叟传》里又改了几处。

第四位是教我《贝奥武甫》的诗人、百老汇剧作家、史诗的现代英语译者阿尔弗雷德（William Alfred）教授。我在哈佛的那几年，阿先生、皮先生，加上后来得诺贝尔文学奖的爱尔兰诗人希尼（Seamus Heaney，教修辞学），经常一块儿开诗歌朗诵会。三位老师都善表演，但我最喜欢的还是阿先生背诵《贝奥武甫》。听他一堂课，学生绝对大脑充血、揉眼伸腰，一个个仿佛从电影院里出来。他老先生为了让学生体会史诗的演唱传统，讲完一章就背诵一章，把舌根和舌面摩擦音（部分保留在现代德语和苏格兰方言中）发得又重又长；一双大手紧按椅背，驼得挺利害的背脊微微摇晃，好像驾驭起北欧海盗的"曲颈之舟"；而眼睛突然直视我们的时候，放射出异样的金属般的色泽，一下就把我们带到那火龙、人狼、怪物统治的世界里去了。我译史诗每逢难题，便去他家讨论（参见"重刊小记"）。几乎每次都遇上年轻演员或作家登门求教，而他总是热心指点，从不推托。问他烦不烦，他摇摇头，说人要生得早老得快才好。他二十九岁申请哈佛终身教席（tenure），一星期赶出四篇论文便万事大吉，从此无须为学术烦恼。而现在的助理教授，孜孜矻矻好多年，憋出两部没人看的专著，还保不准被撵到在他这个"纽约客"看来不可思议的中西部"玉米地头"的学校去熬一辈子。

自从学法律，就再没有遇上那样学富五车而风流倜傥的老师和同道了。耶鲁法学院的风气，出名的自由散漫。有一本介绍美国法学院的书开玩笑，说在耶鲁教授可以不待学生交卷便给考试分数。然而真有其事，我就遇上过。课是二年级的法哲学，教授是我的导师、哲学家科尔曼（Jules Coleman）先生。论文作什么早忘了，因为根本没写完，已经得了"A"。毕业论文跟法理学教授理士曼（W. M. Reisman）先生作，论中国的兵家思想（详见《法文化三题》）。理先生虽然老夸我，却从来记不住我的名字。我最欣赏的，还是宪法学家费斯（Owen Fiss）先生。他有句名言，很多人听不懂：法学院雇教授，绝非要他教法律；教授教授，教他碰巧想到的不论什么问题而已。这话的意思，说白了就是：法律压根儿是一门技能或社会经验，跟走街串巷修伞补锅一样，不算学问（当然，用学问钻研它是另一回事，比如科先生、理先生用哲学，费先生自己用政治学、经济学）。所以在美国，法律属于研究生阶段的三年职业教育，要求先学一门知识（本科以上学位）才让报考。打个比方，您要是造化高来世变个神童，十三岁进大学，您敢学法律？十七岁法律系毕业，谁愿意（谁放心）聘您去讨债、取证、陪法官吃喝？人要是年纪轻轻就往脑子里装那根法律的发条，一拧紧，再别想学其他文化科目了。

这个问题我在清华讲过，和这儿香港大学的学生也常讲：法学院真正的训练，就是辨析问题、推演论点，只在第一年的那五门基础课。二三年级（港大仿英式三年制本科）就开始拧发条了。故能逃课请尽量逃，想法子多听些外系的课。港大实行填鸭式教育，考试考抄讲义的本领。一门课，花一个星期背要点背案例，应该就能对付下来。内地的体制就合理多了，国家规定，考律师、读法律研究生不要求法律本科学历。那么干嘛本科还读法律？

我这个说法，不是拿莘莘学子寻开心，是费先生点了头的。他说美国直到帝国主义初级阶段，考律师也不要求法学院学历。林肯总统当年就是自学成才当上律师的。上面说过，美国人讲话、定的规矩，往往即是国际标准。现在好像干什么事都要考虑国际这个、国际那个（知识产权领域这问题尤其突出）。所以不同意我这个说法，要承担举证责任。

大白话到此为止。

我把这本书献给我的诸暨奶妈郭文雅女士。**Dixi et animam meam servavi**（我的灵魂因呼唤她的名字而得救）。

一九九九年六月于香港豫苑

法律与文学（代序）

> 有四样东西，人若认真去想，不如干脆不出娘胎：天上、地下、过去、未来。
>
> *Talmud, Hagigah,* 2.1

> 世上本没有抽象的原型，只有她的身体；而身体最美的部位，在她肚子里面。为什么？因为宝宝怀在那儿，你亮堂堂的甜鸡巴乐在那儿，美味佳肴统统落在那儿。难怪人觉得美，觉得了不起。还有迷宫，不就是照着我们那根九曲回肠的样子造的？……所以高比低好，因为头朝下的时候，脑子会充血难受；因为脚臭，头发不那么臭；因为上树摘果子比钻土里喂虫子好……。所以天使住天上，魔鬼住地下。
>
> Umberto Eco, *Foucault's Pendulum,* 63

"法律与文学"是滥觞于美国法学院的一个激进的法理学派。因其批判性立场，论者更愿意把它称作一场"运动"。一般把创始人的荣誉归于密执安大学的怀特（James B. White）教授，而把他编的一本教材《法律的想象》（1973）尊为该运动的奠基之作。[1] 但直到八十年代中，"法律与文学"在美国法学院才站住了脚跟，并逐渐向英国和其他普通法国家的法学院传布开去。[2]

我是一九八九年写完哈佛的文学博士论文以后转向法律的。那一年，"法律与文学"的一员主将威斯堡（Richard H. Weisberg）教授，在纽约卡度佐法学院创办了美国第一份"法律与文学"学报《卡度佐法律与文学研究》（*Cardozo Studies in Law and Literature*）。而在耶鲁（记得也是威氏的母校），则刚刚出版了由学生主编的《耶鲁法律与人文学刊》（*Yale Journal of Law and Humanities*），定期举办"法律与文学"讲座。于是我恰好赶上了这运动开始兴旺发达的时候。

大约因为我的文学兼法律的背景，不断有朋友鼓动写文章介绍、评论"法律与文学"。但我一直不甚积极，原因有两条：一是这运动原本是继七十年代"批判法学"而起，以批判在美国法学院占主流

---

[1] James B. White, *Legal Imagination*: *Studies in the Nature of Legal Thought and Expression*, Little, Brown & Co., 1973. 以下带引号的"法律与文学"特指学派或运动，以与普通名词区别。

[2] 波斯纳法官认为，八十年代中替"法律与文学"运动打开局面的有五本书，即：Robert Ferguson, *Law and Letters in American Culture*, Harvard University Press, 1984; Richard H. Weisberg, *The Failure of the Word*: *The Protagonist as Lawyer in Modern Fiction*, Yale University Press, 1984; J. B. White, *When Words Lose Their Meaning*: *Constitutions and Reconstitutions of Language, Character, and Community*, University Of Chicago Press, 1984; J. B. White, *Heracles' Bow*: *Essays on the Rhetoric and Poetics of the Law*, University of Wisconsin Press, 1985; Brook Thomas, *Cross-Examinations of Law and Literature*: *Cooper, Hawthorne, Stowe, and Melville*, Cambridge University Press, 1987. 见 Richard A. Posner, *Law and Literature*: *A Misunderstood Relation*, Harvard University Press, 1988, pp. ix, 13. 关于八十年代该运动的发展，参见 Brook Thomas, "Reflections on the Law and Literature Revivial," 17 *Critical Inquiry* 510-537 (1991); C. Dunlop, "Literature Studies in Law Schools," 3 *Cardozo Studies in Law and Literature* 63-110 (1991).

地位的法律经济学（亦称法律的经济分析）为己任的。我虽然在耶鲁的法律、经济与公共政策中心做过研究，却从来没有在法律经济学上用功（只是按时跟几个经济学家聚餐，知道他们的口味及胃口好坏而已）。既然不懂批判的对象，似乎便不好对批判者的立场和观点随便说三道四。二是当时"法律与文学"的路子，偏重叙事（narrative）或故事性文本，颇受文学界解构主义（如德里达）、心理分析（如拉康）等法国后现代主义思潮的影响，学术游戏的"玩"味极浓，跟我所关心的中国的法制改革很难"接轨"。

现在十年过去，情况大不同了。"法律与文学"挑战和争议的焦点已经大致明确。法律经济学的领袖之一波斯纳法官不久前将他的力作（也是十年来课堂上重点批判的靶子）《法律与文学：一场误会》（1988）彻底修改了，由哈佛大学出版社再版（1998），全面回应"法律与文学"的批判。[3] 而再版去掉了初版标题的后半截（"一场误会"），似乎默认了"法律与文学"挑战的合法地位。另一方面，运动本身也分化了。其左翼与女权主义和族裔研究合流，提出明确的政治目标（至少就校园政治而言），公开主张文学的道德和意识形态标准，变得靠近中国（以及大多数非西方社会）的传统的社会控制策略和政法实践所要求的人们对文学同法律的态度。这样，用中文论说"法律与文学"，便有了具体的现实问题可言，不至于无的放矢。同时，越来越多的论者将讨论扩展到视听艺术、大众传媒、性爱、身体等"问题化"（problematization）领域，将反思西方本身的法治实践推到了运动的前沿。

所以，当苗燕兄来信，提议结集出版我谈论文学和法律的旧文，我就动了心。苗燕在影视界从事创作和评论多年，她的思考、实践及自我定位跟法治本土化的关系，依我看，正是今天"法律与文学"的核心问题之一。

---

[3] Richard A. Posner, *Law and Literature*, revised and enlarged ed., Harvard University Press, 1998.

两个问题

　　法律同文学的关系错综复杂,我们可以从各个不同的角度探讨。例如作者、报社、出版社等都十分关心的名誉权官司,就是公民、法人或社团组织运用法律手段干预并限制文学创作、出版和报道(传播)的自由。名誉权案件昭示的权利冲突或权利配置问题,在中国法学界已经引起广泛的讨论。[4] 但正如上文所说,"法律与文学"作为激进的法理学派,关注的并非一般而言,文学需要怎样的法律环境或作家该享有什么权利,而是如何实现以主流西方法学理论为批判对象的、有鲜明价值取向的话语权力的伸张和实施。[5] 因此,虽然近年来不少大学在本科的人文或文化课程里加进法律和文学的内容,也有许多人文社科学者撰写相关的论文,"法律与文学"运动的主要阵地和政治、经济、人力资源仍然非法学院莫属。

　　于是,"法律与文学"的研究也就相应地围绕着两个问题展开:文学中的法律(law in literature)和作为文学的法律(law as literature)。[6] 前者问的是文学作品,特别是讲所谓"法律故事"的文学文本,于法学院的学生和法律家(lawyers,包括律师、法官、检察官、法学教授等法律职业人士)到底有何关系?具体说就是,大凡开"法律与文学"课,教授都要布置学生阅读几本讲法律故事的西洋文学名著,如卡夫卡的《判决》(*Der Prozess*, 1913)[7],加缪的《局

---

　　[4] 例如苏力:《〈秋菊打官司〉案、邱氏鼠药案和言论自由》,载《法学研究》1996年第3期;张新宝:《言论表述和新闻出版自由与隐私权保护》,载《法学研究》1996年第6期。参见苏力的另一篇论文:《秋菊的困惑和山杠爷的悲剧》,载《法治及其本土资源》,中国政法大学出版社1996年版。该文的附录《从文学艺术作品来研究法律与社会》讨论了"以文学艺术作品为素材进行法社会学研究的可能性"(第37页)。

　　[5] 所以波斯纳《法律与文学》(1998)第四部分对诽谤和版权的讨论,尽管也是法律经济学的路子,通常是不受批判的。

　　[6] 参见 Ian Ward, *Law and Literature*: *Possibilities and Perspectives*, Cambridge University Press, 1995.

　　[7] 中译见《卡夫卡小说选》(孙坤荣等译),人民文学出版社1994年版。

外人》(*L'Etranger*, 1942)⁸；这些小说怎么读，作何解？后者问的，则是文学文本的写作、解释和批判技术，对法律文本的制作、分析和法律规则的操作有何用处，怎么用？下面，我先分头讨论这两个问题，然后再提出质疑和对"法律与文学"批判的批判。⁹

文学中的法律

　　传统社会，文学修养往往是上等人之为上等人的一个标志。法律家如果想跻身绅士阶段，自然也得熟读几本那个阶级喜欢谈论、引以为荣的文学作品。不过有教养的法律家，总觉得文学还可以抵法律的不足。例如文学大师笔下的众生相，对人性的本质和矛盾的追究、探讨，无疑是法律家执业所必备的知识。¹⁰ 威格摩教授曾经报道过本世纪初芝加哥律师协会主席罗施先生的一番感想。罗氏特别景仰"裁判人性的伟大法官"巴尔扎克，尤其钟爱他的巨作《欧也妮·葛朗台》(*Eugenie Grandet*) ¹¹：

　　　　有一次，我接了一宗棘手的诈骗案，我把对方仔细研究一番便认准了：只要这世界上还有一个从文学作品中投胎转世的

---

8 中译见《局外人》（郭宏安译），台北林郁文化事业有限公司1994年版。

9 除了个别的情况，"法律与文学"诸家（怀特、威斯堡、Robin West、Martha Nussbaum 等）主张的异同，本文不加区分，也不具体讨论。本文所称论者，泛指此运动的一般观点、倾向和策略。作者关注的是归根结蒂，这些观点、倾向和策略对于中国的法律现代化有何意义；或易言之，以中国的"现代化"经验、视角和困境，能否挑战或限定包括"法律与文学"在内的美国式"体制内"理论批判。当然，限于篇幅，这个大题目本文只能略为涉及。

10 参见注2，Robert Ferguson (1984); Brook Thomas (1987)。两本书都讨论了十九世纪美国法律界对文学修养的高度评价。

11 中译见《欧也妮·葛朗台》（傅雷译），人民文学出版社1954年版。引文为罗施 (Frank J. Loesch) 在西北大学法学院的讲演 (1905)，1 *Illinois Law Review* 455 (1907). 转引自 John Marshall Gest, *The Lawyer in Literature*, Boston: The Boston Books Co., 1913, p. xi（John H. Wigmore 序）。

13

大文豪也是"裁判人性的伟大法官"。

[法]罗丹(1840-1917):巴尔扎克像

吝啬鬼，便是这个家伙。他文学上的丈人就叫葛朗台。于是我把《葛朗台》又好好读了一遍，然后就着手进攻。官司一打八年，全亏了这葛朗台老头的画像。八年过去，那吝啬鬼被我揭得丢盔卸甲，一干二净，除了他那副破皮囊！最欣赏我的活儿的，还是那人的代理律师。不过他不肯承认我的法律眼光，硬说我事先探明了底细。老实说，我知道个啥，我是没等弄清事实就定了那吝啬鬼的性的；我只不过是根据《葛朗台》判他的德行罢了。

这样活学活用巴尔扎克，"先定后审"，大概也是大实话。只不过可以想见，今天没几个美国律师会愿意公开宣布效法。故这不可能是"法律与文学"的立场。"法律与文学"强调的，首先是法律故事的伦理意义；即故事不仅仅呈示法律的比喻（如波斯纳坚持认为的），而且还揭示了充斥于法律的，本来被意识形态化的法治话语放逐了的伦理问题、种族冲突和阶级压迫。[12] 阅读优秀文学作品，能够迫使法学院的学生和法律家意识到并且思考法律问题的伦理意义和思考者本身的政治立场，从而颠覆（特别由法律经济学合法化了的）"经济人"及其"理性"的、"合理"的、据说因而就公正或先进的资本主义的权利制度。[13] 换言之，文学之所以能抵法律的不足，乃是因为它上演的是具体、生动而典型的，直接诉诸读者的伦理意识和同情心的一幕幕"人间喜剧"。例如，没有哪一部法律论著或法律史可以像狄更斯的《荒凉山庄》（*Bleak House*）那样，深刻揭露、批判十九世纪英国大法官法庭（Chancery）那令律师百般专营而当事人家毁人亡的繁复程序。[14]

类似的"批判现实主义"作品，中国古典小说中也不少。《儒林

---

12 参见 Richard Weisberg, *Poetics and Other Strategies of Law and Literature*, Columbia University Press, 1992.

13 参见 Jules Getman, "Voices," 66 *Texas Law Review* 577-588 (1988).

14 中译见《荒凉山庄》（黄邦杰等译），上海译文出版社1979年版。

外史》有个故事，说蘧公孙的夫人鲁小姐的贴身爱婢双红出逃（与人私奔），公孙告到官府，拿了批文要人。不料那办案的差人得知公孙送过双红一只沾了钦犯干系的旧枕箱，掉头要挟公孙的"深交"好友马二先生，敲他一笔竹杠；然后"吃了原告吃被告"，活脱脱一个现在民谣唱的某种人的模样。[15] 再如《红楼梦》第四回，贾雨村新授应天府，审呆霸王薛蟠等殴杀冯渊案。本来要发签拿人拷问，一经门子点拨"大丈夫相时而动"、君子"趋吉避凶"的道理，便"徇情枉法，胡乱判断"，用扶鸾请仙的计策把个"人命些些小事"草草了之。毛主席曾说第四回是《红楼梦》的纲，而《红楼梦》乃中国封建社会的总写照，为高级干部的必读书。言下之意，封建传统远未清算，"土偶欺山，妖骸祸水"，仍需不断扫荡。[16] 所以，要弄懂中国老底子的政法手段，光读《唐律疏议》、《资治通鉴》、《明公书判清明集》是不够的，搞不好还被蒙了。不如听那门子讲一遍"贾不假，白玉为堂金作马"的"护官符"来得切紧中肯，纲举目张。

可是文学名著中的法律故事有个特点，就是法律往往做了助纣为虐的工具，司法执法者更鲜有正面的形象。[17] 从古希腊喜剧家阿

---

[15] 《儒林外史》十三、十四回。关于民谣，见贾平凹：《废都》，北京出版社1993年版。

[16] 胡乔木《沁园春·杭州感事》写一九六四年西湖平苏小小等"四旧"墓。末两句：土偶欺山，妖骸祸水，西子犹污半面妆。谁与我，吼风奇剑，灭此生光。呈主席看，主席改为：……西子羞污半面妆。谁共我，舞倚天长剑，扫此荒唐！并加批语曰："杭州……处处与鬼为邻，几百年犹难扫尽。今日仅仅挖了几堆骨，便以为问题解决，太轻敌了，且与事实不合……"引自黄裳《胡乔木与西湖》，载《万象》1999年第3期，第70页。黄先生叹道："沁园春……改于一九六四年。毛关于文艺问题的'两个批示'已经作出，此词……今日重读，仍不能无栗栗之感。文艺之能移人情如此。"同上，第71页。参见下文关于文艺教化之功的讨论。

[17] 这一点，对于法律家自然不是新闻。哈佛法学院教授德舍维支（Alan Dershowitz）尝言："一行业恶名如此，必有开罪人之处"（Any profession that suffers from so foul a reputation must, in some way, provoke it）。关于西洋文学和各国俗谚中的法律家画像，参见 Irving Browne, *Law and Lawyers in Literature*, Boston: Soule and Bugbee, 1883; Jonathan & Andrew Roth ed., *Poetic Justice*, Berkeley: University of California Press, 1988.

里斯托芬笔下黄蜂般贪婪、丑态百出的雅典陪审员（dikastes）[18]，到莎士比亚的名句"该做的第一件事，就是把律师杀个精光"[19]；从卡夫卡《流放地》里那架荒诞恐怖、不听指令自行审判一切的杀人机器，[20] 到加缪的"局外人"默而索"被控杀人，只因在母亲下葬时没有哭而被处决"[21]；更不必说窦娥的六月雪、林冲的逼上梁山……。按照这些故事，古今中外的司法制度简直无不残害忠良，从业员个个贪官污吏。倘若这样的作品能唤醒法律家读者的同情心和道德责任感、促请他在运用法律解决纠纷时"想象他人别样的宇宙"[22]，读法律故事便是件大好事，值得提倡。但"法律与文学"论者还要进一步主张，文学中的法律故事乃是优越于其他种类（例如法律经济学的）"法律故事"的故事；拒绝"法律与文学"式的充满同情心和想象力的阅读，不啻把自己关闭在我们"多元互动的共同体"的道德理想和政治生活之外，心安理得于一个不辨是非的法律匠的地位。[23]

这个主张有点"上纲上线"，结果不免受到两方面的诘难。首先是文学能否提供法律家执业所需的具体的理想、价值和智慧的问题。

---

18 《黄蜂》，公元前四二二年上演。关于雅典的审判方式和陪审团制度，参见 Douglas MacDowell, *The Law in Classical Athens*, Cornell University Press, 1978, Chap. 2.

19 《亨利六世·中篇》4：2：63。中译见《莎士比亚全集》卷六（章益译），人民文学出版社 1986 年版。语出叛军成员、屠夫狄克之口。叛军首领凯德欲称王，允诺登基后取消货币，一切财富公用共享。狄克补充道："The first thing we do, let's kill all the lawyers"。关于此名句的歧义和多种解释，参见 Daniel J. Kornstein, *Kill All the Lawyers? Shakespeare's Legal Appeal*, Princeton University Press, 1994, Chap. 2.

20 《卡夫卡小说选》（孙坤荣等译），人民文学出版社 1994 年版。

21 默而索临刑前语。加缪亦以此概括《局外人》的主旨："在我们的社会里凡在母亲下葬时不哭者，皆有被判处死刑之危险"（美国版序）。引自注 8，郭宏安译本，第 9 页。

22 怀特教授语。参见注 2，Dunlop 文，第 70 页的讨论。

23 参见 Robin West, "Authority, Autonomy and Choice: The Role of Consent in the Moral and Political Visions of Franz Kafka and Richard Posner," 99 *Harvard Law Review* 384-428 (1985).

在西洋传统里，亚里士多德早就有诗与历史之分：诗（特谓荷马史诗）昭示普遍的真理，而历史（如希罗多德）则记述具体的事件。文学中的法律故事再上纲上线，也无非是说它能够如史诗一样，表现一般的真或人性的本质矛盾；对于法律家面临的一个个具体的伦理问题，例如律师的保密义务跟维护公众利益的冲突，却不可能讲出具体的道理。因此，"虽然我们推崇的作家常常写到法律，却不等于他们的〔法律故事〕于法律有任何特别的意义，要靠法律家来阐明"[24]。我们读《红与黑》也好，《罪与罚》也好，得到的与其说是有关法国或俄国的某人某时处理某法律难题的知识，不如说是两位文学大师斯汤达和陀思妥耶夫斯基通过人物性格的塑造、心理事件的刻画等等，为我们揭露的人性的根本问题。而正因为这些问题是超越一时一地的，源于人类普遍的困境，那些赋予它们以真实而艺术的表现的作品，才可能世代流传，不受文化习俗和社会制度的隔阂，获得经典的地位。

说到经典，自然而然引出另一个问题，就是论者喜欢探讨分析的"经典"或"优秀"法律故事，究竟以什么标准取舍？例如莎士比亚之高明，照英国作家奥威尔的看法，世上其实并无当然的标准或论据供我们证明。经典之谓，无非是时间筛选，世代读者取舍的结果。[25] 这就是所谓"民主选举"说：时间越久，"投票"拥护或反对的读者群越广，作家作品的地位高下便越趋于"定评"。[26] 与之相对，则是中西方圣人先贤都主张的文艺的教化之功。既是教化，

---

[24] Richard A. Posner, "Law and Literature: A Relation Reargued," 72 *Virginia Law Review* 1356 (1986). 不过波斯纳法官同意，法律故事有助于法律家探讨法理问题；见注3，《法律与文学》（1998），第7页。

[25] George Orwell, "Lear, Tolstoy, and the Fool," in *The Collected Essays, Journalism and Letters of George Orwell*, ed. Sonia Orwell & Ian Angus, 1968, vol. 4, p. 287. 引自注3，《法律与文学》（1998），第11-12页。

[26] 此说最形象的表述，出自英国十八世纪文豪约翰生博士："当初盖起第一栋楼的时候，说它是圆是方不难，可说它高大与否，却要让时间裁判。" Samuel Johnson, "Preface to the Plays of William Shakespeare," in *Selected Poetry and Prose*, ed. Frank Brady & W. K. Wimsatt, Berkeley: University of California Press, 1977, p. 299.

便应当承认道德和政治的标准,允许舆论和法律的制裁。《金瓶梅》固然妙,是"奇书",讲的也是人性的根本,可有人读了偏偏生出不健康的念头,干他不该干的事情。当然也可以像美国国会的听证会那种搞法,请专家(例如心理学家)来证明欣赏色情作品跟性犯罪没有必然的因果关系。但在这类关乎个人、家庭和社区安危的问题上,多数人似乎不愿意听专家意见,宁肯当外行,相信不到一定的年龄,没有一定的监督、教养、觉悟或定力,读"坏"书看三级片就是会出错犯罪,损害身心健康。[27] 反之,《雷锋日记》或许不算文学佳作,也不知五百年以后能否赢得"民主选举",但为争取特定的事业目标,在特定的政治、经济和文化条件下,其道德教化之功曾泽被六亿神州,这一点是早已评定了的。

拿此时此地(例如今天美国)的道德和政治标准,去衡量彼时彼地的作家作品,后果是我们再熟悉不过的:莎翁的确是非观念模糊、抄袭他人作品,脏话连篇还反犹太且歧视女性;难怪爱憎分明、学贯东西的托尔斯泰对他评价不高。卡夫卡的道德理想和政治觉悟,更令人难以恭维;法律知识贫乏不说,因为他报考法律纯粹是屈从父亲意志(《卡夫卡日记》称学习法律犹如嚼锯木屑),他编造的法律故事里的法律,干脆就是父亲的化身。《判决》是卡夫卡的爱作,是二十九岁上(1912年)邂逅女友费丽丝·鲍尔,一晚上不睡觉赶出来题献给她的。故事中,蛮横多疑的父亲不许儿子结婚,竟然"判决"儿子投河淹死。而刚刚订婚的儿子果然"冲下楼梯……跃出大门,穿过马路,向河边跑去……像饿极了的人抓住食物一样紧紧地抓住了桥上的栏杆……"[28] 作家后来向父亲坦白道:

……结婚这桩事我不敢奢望,因为那恰好是您专有的领

---

[27] 例如美国近年来有电视机要不要安装所谓"反暴力芯片"(V chip),限制儿童观看暴力节目的难题,国内报刊亦有报道。参见卜为:《V chip 与美国的言论自由》,载《读书》1999 年第 5 期,第 29 页。

[28] 《判决》(孙坤荣译),见注 7 书,第 36 页。

木腿正义

"他报考法律纯粹是屈从父亲意志,称学习法律犹如嚼锯木屑"。
卡夫卡纪念碑,建于布拉格老犹太区

域。有时我想象一张展开的世界地图,您伸直四肢横卧在上面。我觉得,仿佛只有在您覆盖不着的地方,或者在您剩下给我的地方,我才有考虑自己生存的余地。[29]

意志如此软弱,心理如此昏暗,而与乐观向上、勇于开拓的美国精神格格不入,只能作反面教材限制使用了吧。[30]

这样看来,"法律与文学"主张实施的"经典"或"优秀"法律故事的阅读策略,至少在美国面临一个两难的境地:若要拿法律故事来指导解决法律家每天碰到的具体的伦理和政治问题,就必须设立意识形态化的(因而恐怕要随时检讨修正的)标准,以正确区分作品的香花毒草,使之各得其所。而这恰恰是支撑着市场资本主义法治的自由主义意识形态(作者言论自由和读者"民主选举")所无力容纳的。"政治正确"和价值多元,虽然在美国大学校园里有一点市场,但法治的本事纵有八九七十二变,也变不到柏拉图的理想国:哲人王极重视宣传教化工作,结果乌托邦里非但消灭了律师,连诗人也一个不许留下。[31]

作为文学的法律

以上讨论的法律故事阅读策略的前提,是承认法律和文学有所

---

[29]《致父亲的信》(张荣昌译,文字略有改动),见注 7 书,第 553 页。卡夫卡终身未娶。他与费丽斯·鲍尔曾两度短暂订婚(1914 年和 1917 年)。《致父亲的信》作于一九一九年十一月。那年夏天他在布拉格同尤丽叶·沃里泽克小姐订婚,但次年即解约了。

[30] 关于美国的禁书和书刊审查制度,可参阅 Herbert N. Foerstel, *Banned in the USA: A Reference Guide to Book Censorship in Schools and Public Libraries*, Westport, CN: Greenwood Press, 1994; Nicholas J. Karolides, *Literature Suppressed on Political Grounds*, New York: Facts on File, 1998; Dawn B. Sova, *Literature Suppressed on Social Grounds*, New York: Facts on File, 1998.

[31] 参见 Plato, *Republic*, tran. Robin Waterfield, Oxford University Press, 1993.

不同：法律倚重理智，而文学诉诸感情。"法律与文学"论者认为，法律的制定、解释、适用不能完全陷入"客观"的"理性"分析和经济成本核算，而必须考虑当事人和社区公众主观上的阶级、种族、性别等意识导向和心理承担。法律家通过阅读"优秀"文学作品，培养独立的伦理意识和政治立场，应当是他执业起码的要求。现代（书面记载的）法律的各个环节，在相当程度上是通过文本的阅读而运作的。因此论者又强调，文学（其实还有哲学、语言学、心理学、社会学等等）理论界关于文本、阅读和相关问题的探讨和辩论，应该得到法律家的重视。承认这一点，法律文本就能够作为文学文本讲，就可以顺理成章引入激进的理论立场，批判法律经济学和其他"科学主义"的主流意识形态。

文学修养或技巧之于法律家，首先是业务上的需要。[32] 文采原本就象征着权威的身份和地位；修辞更是"刑名之学"的基本功。但是文学的要旨在于表现矛盾、冲突，甚至理想的毁灭；法律的精神，如波士纳法官所说，则除了对簿公堂的场面，总是归于和平、妥协。[33] 所以一般认为，法律家虽然也运用各种修辞技巧，例如明喻、夸张、反讽之类，也讲故事，尤其在法庭辩论和面对传媒的时候，但修辞手段的高下、故事感人与否，对于法律问题的正确理解和公正解决不应当起决定性的作用。事实上，至少在美国，法官和律师常常有意排斥"优美"的文笔，觉得它做作、不够"职业化"；"好"的法律家追求的，应是逻辑严谨、条理清晰、分析透彻的文字，即所谓"科学的思维方式"[34]。上文提到怀特教授的开山之作《法律的想象》（1973）要纠正的，便是这个风气。然而，"作为文

---

[32] 这一点国内一般教科书也都肯定，如肖胜喜（编）：《律师与公证制度教程》，中国政法大学出版社 1996 年版，第 61 页：律师的业务素质包括"一定的文学修养"。

[33] 见注 3，《法律与文学》（1998），第 3 页。

[34] 参见 Peter N. Leval, "Judicial Opinions and Literature," in Peter Brooks & Paul Gewirtz ed., *Law's Stories: Narrative and Rhetoric in the Law*, Yale University Press, 1996, p. 206. 另见注 32，《律师与公证制度教程》，第 60 页。

学的法律"的立场更为激进,它要颠覆的是法律和法律写作的"科学"地位。

在激进的"法律与文学"论者看来,法律文本(包括法律解释和法律学说)跟文学文本一样,实际上说的也多是故事而非"科学"真理。按照法国哲学家利科的看法,一文本只要是呈现或营造语境(context)和时序(sequence)的,便是故事。故事构造历史,或者说,历史是故事的本质所在。而故事文本的历史性(historicity)靠的无非是比喻(metaphor)和叙事(narrative)两法。[35] 如果法律文本,例如一法律学说,是通过呈现语境或时序说话的,就它的语句组织和阐释方法而言,便不可能跟比喻和叙事相区别。法律故事(或法律文本的历史性)之所以被现代西方法学理论所忽略、否认,完全是欧洲启蒙主义的"科学"话语统治法学的结果。[36] 在"现代"之前,人们对待法律和法律写作的态度,并不把逻辑分析和比喻、叙事对立起来,以为只有前者才算得上法律的思维。正如亚里士多德一向教导的,审慎行事需要实践的智慧(phronesis),为此分析和比喻缺一不可。无分析主张难以畅达(telos);缺比喻道理无从摹写(mimesis)。[37] 而"好"的法律家最主要的品质,作为一个理想,不就是基于实践的智慧的审慎(sophrosyne)吗?今天,越来越多的法律家受雇于金钱和权势,漠视甚至混淆最起码的道德是非界限。没有这合分析与比喻于一体的审慎的品质,他们又怎么可能认识法律文本的历史性,历史地解读充斥于法律问题的一对对相互矛盾和斗争着的伦理和政治立场呢?[38]

---

[35] 详见 Paul Ricoeur 的两部著作:*The Rule of Metaphor*, London: Routledge & Kegan Paul, 1978; *Hermeneutics and the Human Sciences*, Cambridge University Press, 1981.

[36] 参见 P. Goodrich, *Languages of Law: From Logics of Memory to Nomadic Masks*, London: Weidenfeld, 1990.

[37] 参见 Aristotle, *Ethics*, ed. & tran. John Warrington, London: Dent, 1963.

[38] 关于法律家的理想品质的详尽讨论,可参阅 Anthony Kronman, *The Lost Lawyer: Failing Ideals of the Legal Profession*, Harvard University Press, 1993.

其实，在前"现代"或非西方的法律传统里，法理的要义几乎总是糅合着比喻和叙事而阐发的。在中国，申韩之术本来发端、寄生于黄老之学。法家主张仁义礼乐皆出于法，以法统摄君主"牧民"的一切工具手段。然而"事督乎法，法出乎权，权出乎道"（《管子·心术上》）；那道是无名无形的，不能直言而只能借重比喻和故事来说，"以卮言为蔓衍，以重言为真，以寓言为广"（《庄子·天下》）。所以，韩非解释"圣人执要"（《扬权》）、"因人情"用赏罚二柄御臣（《八经》），和董仲舒配三纲五常、引《春秋》决狱，文本上的策略是一样的，都少不了讲故事。[39] 在外国，犹太教和伊斯兰教的法典满载着比喻和寓言故事，[40] 一如阿奎那的《神学大全》。由于这些比喻和故事在宗教教义中占据的中心位置，要完整地理解、把握它们字面意义之上的多重象征，阅读（包括聆听）便不可能仅仅是纯逻辑的或"名言之域"的分析推理。例如欧洲中世纪的作者就以为读者（和听众）必须亲身经历了爱情，用整个心灵去体会其中的欢乐与痛苦，才可能拨开迷雾，接近正义，发现真谛：

　　心里面没有一位至爱的人儿，
　　又怎能懂得正确的思想或礼节，

---

[39] 当然，中国民间（包括各少数民族）的法律"小传统"也自有一套套渊源各异的"故事"，世代相传。近年来学者的研究成果颇丰，这里不赘述。参见梁治平：《清代习惯法：社会与国家》，中国政法大学出版社1996年版；高其才：《中国习惯法论》，湖南出版社1995年版；王铭铭、王斯福（编）：《乡土社会的秩序、公正与权威》，中国政法大学出版社1997年版。黄宗智教授的研究，似乎主张国家与社会（"正式"和"非正式"制度）之间实际上还有一个第三领域的"故事"可讲。见 Philip C. C. Huang, *Civil Justice in China: Representation and Practice in the Qing*, Stanford University Press, 1996. 关于日本的中国法律史界滋贺秀三教授等学者对黄说的批评，见寺田浩明：《清代民事审判：性质及意义》（王亚新译），载《北大法律评论》第1卷第2期，1998年，第603页以下。

[40] 关于中世纪犹太教和伊斯兰教的法哲学，参见 Maimonides, *The Guide to the Perplexed*, tran. M. Friedlaender, London: Dover, 1956; O. Leaman, *An Introduction to Medieval Islamic Philosophy*, Cambridge University Press, 1985.

领取无上的幸福,感觉心灵的复苏?[41]

把爱情跟法律的秩序、原理对立,判若冰炭,找一个吉普赛女郎登台宣布:"爱情是波希米亚的浪荡儿,从来就不懂什么叫法律"[42],这实在是近世市民社会在法律"科学化"之后的"浪漫"想象。

但是,"作为文学的法律"的真正挑战,是冲着法律文本的传统阅读策略来的。传统上法律解释的两个前提,文本含义和立法意图的可确定性,在后结构主义批评及其继承者(如解构主义)看来,都大有疑问。在认识到"语言乃存在之屋"(海德格尔语)的时代,文本的解释已经不可能仅限于语法分析(construing),而必定是我们大写的"存在"本身的构造(constructing)。因此,读什么和怎么读,归根结蒂,是一个如何面临并选择存在的问题。[43] 这面临和选择既然不可逃避(即使放弃存在,仍然表明了一种伦理的立场),法律文本的解释、法律规则的适用,在伦理上便不可能中立,而肯定是语境化的。[44] 换言之,无论是宪法原则、实证主义法理,还是国际标准和惯例,都不可能为我们提供非语境化的、不间断的中立(或"放之四海而皆准")的阅读。在此意义上,现代资本主义法律的基本概念(关键词),例如"权利",本身就是虚构的神话。权利的故事,

---

41 十三世纪 Monpelier Codex 手稿,引自 Hanna Petersen ed., *Love and Law in Europe*, Dartmouth, Aldershot, 1998, p. 19. 试比较但丁解释《神曲》的阅读法:"这首诗没有一种单一的意义;毋宁叫它作复义的,即几种意义之复合"。*Epistola X ad Canem Grandem della Scala*, S. 7. 关于欧洲中世纪解释学的复义论及但丁在《宴会》里的阐述,见拙作《去地狱找他爸爸:评许莱士的〈乔叟与但丁〉》,载《九州学刊》,1987年第5期, 第85—86页。

42 引自 Georges Bizet, *Carmen*(四幕歌剧《卡门》)中卡巴涅拉舞曲:"L'amour est enfant de boheme, il n'a jamais connu de loi"。

43 参见 Stanley Fish, *Is There a Text in This Class? The Authority of Interpretive Communities*, Harvard University Press, 1980, p. 43.

44 参见 M. Tushnet, "Following the Rules Laid Down: A Critique of Interpretivism and Neutral Principles," 96 *Harvard Law Review* 824-827 (1982).

剥去它闪耀着"人人平等"图案的"皇帝的新衣",剩下的只是一组组支配着资本主义生产关系和生产资料的权力跟特权喋喋不休的修辞(或"权利的话语")。[45] 所以,连波斯纳法官都承认,法律也有靠修辞撑腰的时候。[46] 这是因为,一社会真正的法律难题必然包含该社会无法妥协的根本价值间的冲突——例如在美国,妇女支配自己身体(堕胎)的权利和胎儿生命权,两"极"之间充满暴力的冲突——是光靠分析"中立"的法律关键词、非语境化地推演法律规则所解决不了的。[47]

解释既然是存在之面临和选择,写作便不可能继续像以往那样,稳稳当当规定文本的含义。写作(ecriture)一旦向阅读开放,用法国符号学家巴特惊世骇俗的话说,作者就不得不从写作的方程式中消失(即所谓"作者之死")。非但如此,写作还颠覆了存亡系于作者的"作品"(oeuvre)及其固有、固定的意义。拒绝约束意义的写作,不啻一场危险的革命;它最终拒绝的,乃是意识形态的"终点",上帝及其"三位一体"(hypostases):理性、科学、法律。[48] 依照这一派理论,一文本所能接受的唯一限定,是阅读时业已存在的其他

---

[45] 参见马克思:《哥达纲领批判》。英译见 Robert Tucker ed., *The Marx-Engels Reader*, 2nd ed., W. W. Norton & Co., 1978, pp. 525, 530-531.

[46] 他举的例子,是"我们最著名的法官的最著名的判词",即霍姆斯大法官在 *Lochner v. New York* (198 U. S. 45, 75 (1905)) 案中的高度修辞化的异议(dissent)。见注 2,《法律与文学:一场误会》,第 281 页以下。此案以未经正当程序剥夺公民自由为由,宣布一禁止面包房工人超时工作的州劳动保护法无效。由此开始美国宪法史上联邦最高法院积极干预经济立法的一个时期,直至三十年代中(大萧条来临)。在美国宪法课本里,此案常用来示范"政策对头,法律不当"的情形。详细的讨论,参见 Geoffrey R. Stone, et al., *Constitutional Law*, Little, Brown & Co., 1986, pp. 728-744.

[47] 参见 Paul Campos, *Jurismania: The Madness of American Law*, Oxford University Press, 1998.

[48] Roland Barthes, *The Rustle of Language*, Oxford: Blackwell, 1986, pp. 49-55.

文本，法律文本的解释亦不例外。[49] 立法者固然有自己的意图（不论参与立法的各部门和个人之间有没有形成统一的意见），可是法律一旦颁布实施（接受阅读），法律文本（作品）和立法者（作者）之间"固有"的附属关系就消解了。法律文本的解释因此不可能还原或"固定"立法意图（包括立法者本人事后对法律文本的解释）；相反，解释要不断地参照阅读在先的其他解释，在无穷尽的阅读的延宕中获取正当性和权威性的资源。否则，我们无法想象，例如根据《消费者权益保护法》（1993年）的所谓"立法本意"和消费者的"基本含义"，怎么可能生产出一批又一批"王海打假"（知假买假，双倍索赔）的法律故事。[50]

另一方面，论者也注意到，法律家（特别是法官）解释法律，一般都尽量避免明显地背离业已"确立"的立法意图、基本原则和法律学说。因此，仅就法律家从事的专业化的法律解释而言，法律文本似乎并没有"降格"到文学文本而开放阅读，成为一连串无限互文参照、"拒绝上帝"的超文本（hypertext）故事。[51] 毋宁说，法律家的解释活动，从立法、司法、执法到咨询、诉讼、教学，处处旨在保存"本意"、原则和学说；而保存下来的"本意"等等，用专业语汇和行业规范包装了，进一步将法律文本分类，使之疏离其他文本。法律文本的制作和阅读，于是遵循着一个人为的设计：立法

---

[49] 推而广之，意大利符号学家艾科说，世上的任何样式的书，都不过是在先存在的传世和遗失之书的汇编，而书的作者则永远是不可名状的。Umberto Eco, *Reflections on the Name of the Rose*, London: Secker and Warburg, 1985, pp. 1-2.

[50] 关于王海"知假买假，双倍索赔"，典型而细致的分析可参阅沈玲萍、卢文道：《王海现象的法律分析与司法探究》，载《法律适用》，1999年第3期，第29－31页。论者中只有方流芳教授跳出了消费者定义和立法本意的圈圈，从亚里士多德的矫正正义理论和惩罚性赔偿的正当性入手，参照阅读在先的文本讨论法律规则（《消费者权益保护法》第四十九条）和王海现象的局限性。方流芳：《从王海现象看受欺诈人的法律救济问题》，载《湘江法律评论》，1996年第1期，第302－318页。

[51] 参见 R. Delgado and J. Stefancic, "Norms and Narratives: Can Judges Avoid Serious Moral Error?," 69 *Texas Law Review* 1929-1983 (1991).

者（作者）可以"死"掉或虚位，他的功能却一刻不会削减。这"作者功能"正如福柯指出的，其实是一社会中话语达到了一定级别和待遇的标记。它指示的并非那"死"作者留下的空缺，而是某几类话语依一定的社会关系而存在、流通和运作的方式。而我们要真正理解话语（如权利话语）的运作，与其分析它标榜、推销、使用的一个个概念和主题（如"正当程序"），不如追踪这作者功能的表现和变化。[52] 所谓"立法意图"等等，在这里不过是作者功能的代名词或衍生物，是法律的话语为了抬高自己的权威，制造"驯服的读者"，在话语的对抗中占据优势地位的一项"灵巧"的策略。[53]

这样看来，文学和法律在解释策略上的分野，其实不止在文本的结构和风格（比喻、叙事等等），甚至也不在伪装中立的非语境化的分析、推理。法律家虽然当不上诗人预言家，[54] 可也不是真伪不辨的天真汉。解释的策略是随着解释者的目的和条件变化而变化的。跟基本上属于个人活动的文学解释不同，现代法律的解释在多数情况下离不开国家权力的认可、包容和支持。法律家作为一个相对"独立"的利益集团或"共同体"，不愿意（也不可能）干犯那雇佣着它、赐它以"自由职业"的阶级的意志；[55] 一如为保持并扩张自身的利益，法律家绝不会仅凭一时冲动就跨越意识形态的"终点"，放弃法

---

52 见 Michel Foucault, "Qu'est ce qu'un auteur?," *Bulletin de la Société Française de Philosophie*, 63, No. 3, 1969, pp. 78ff.

53 关于"驯服"的手段和话语策略，参见 Michel Foucault, *Surveiller et punir: naissance de la prison*, Paris: Editions Galimard, 1975. 英译见 *Discipline and Punish: The Birth of the Prison*, tran. Alan Sheridan, Vintage Books, 1979.

54 哲学家罗蒂以为，民主制度的英雄仍可以是诗人而非政治家（或法律家），因为诗人说的是构筑起一个个人类共同体的语言。Richard Rorty, *Contingency, Irony, and Solidarity*, Cambridge University Press, 1989, pp. 60-61.

55 参见《共产党宣言》："[J]ust as your jurisprudence is but the will of your class made into a law for all, a will, whose essential character and direction are determined by the economical conditions of existence of your class". 注46, *The Marx-Engels Reader*, p. 487. 马、恩关于资产阶级法和阶级意志的论述作何解，中国法学界曾一度争持不下。论者多以《宣言》里这句话为据。故特引恩格斯亲自校订的英文版（1888）如上。

律的"自主"地位和行业垄断。所以，法律家即使终日浸淫于文学经典，个个如霍姆士大法官、丹宁勋爵一般博学好文，法律故事依然不见得会作文学故事讲。法律家的伦理和政治立场，首先取决于规范着他活动于其中的那个法律制度的各种社会、经济和政治力量之对比。文学故事尽可以批判法律制度、暴露为之扭曲的人性。但对于已经占领并支配着我们这个"文本世界"的法治的话语而言，文学解释只得一个"反叙事"（counter-narratives）的角色扮演：反衬出法律解释的"理性"和"科学"。[56] "反叙事"当然也能感动法律家读者，唤醒他的良知和同情心。但一个淌着眼泪、嘴里发出诅咒，甚至走上法庭为那判定了"反社会"的人性作"人人平等"或"正当程序"辩护的读者，依旧是驯服的读者。

身体最美的部位

以上讨论了"法律与文学"运动的两个命题：文学中的法律和作为文学的法律。方法很简单，即是将论者就两个命题所表述的各种主张和立场，放在承受（从而限定）这一运动的法治意识形态或话语环境中考察。结果发现一道难以逾越的障碍：一方面，这些主张和立场的前提或预设尚存争议、有待厘清，如文学经典中的法律故事能否提供法律家执业所需的具体的伦理、政治教导；或有关文本写作和阅读的一般性批判理论能否自动延伸至法律解释，撇开国家权力和阶级利益的约束而自由"解构"。另一方面，更重要的是，即使承认两命题成立，如此"太认真"地拔高文学（波士纳法官语），强调其政治效用和伦理价值，[57] 势必冲击法律的自主"中立"，削

---

[56] 所以说，"无知"如《秋菊打官司》里秋菊那样的"说法"，乃是法治建设不可不大力培育的"反"叙事。参见拙文《秋菊的困惑》，载《读书》1997年第11期，第3页以下。

[57] 参见注2，《法律与文学：一场误会》，第200页以下。

弱法律家集团对行业垄断所持的"审慎"态度，而最终否定法治的基本原则（关键词）。

这意味着，"法律与文学"提出的批判以法律经济学为代表的主流"科学主义"意识形态的任务，不可能仅以复述法律故事或构筑"反叙事"的方式完成。这批判还必须超越市场资本主义意识形态的"终点"，冲破关键词的限定，而反诸己身，质问使两命题成为可能的历史、伦理及意识形态条件。为此，得首先检讨文学和法律最基本的对应关系，即两者在法治的话语实践中相互依存的策略性位置。换一角度，也可以这样发问：诸如法律故事（文学中的法律）、参照阅读（作为文学的法律）这样的主张、立场和实践，是依照怎样的政法条件和策略而受到压制、被逐出法治的领地，从而历史地、伦理地变成问题的？只有先回答了这一"知识考古"的问题，"法律与文学"才有可能进入值得人们认真对待的（而非修辞性或自问自答的）批判者的角色。[58]

上文提及，资本主义法治的意识形态无法公开认可文学的教化之功而要求读者接受或拒绝教化。法治的理想，因此只能是企望如奥登（W. H. Auden）在纪念爱尔兰大诗人叶芝（W. B. Yeats）的诗中说的，"诗不能使任何事情发生"（poetry makes nothing happen）[59]。但在现实世界里，诗（以及任何形式的文学艺术）却是自写作到阅读，时时刻刻产生着后果，要作者和读者承担的。所以法治不可能真的无视文学的教化（和反教化）之功；它否认的只是作为个人心理事件的写作和阅读的伦理、政治后果：例如把欣赏《金瓶梅》或《花花公子》视为成年男人无害的个人自由或个人隐私而毋需干涉。而对于任何超出这一虚拟的纯"个人"范围的写作和阅读，自觉不

---

[58] 关于知识考古，参见 Michel Foucault, *Les Mots et les choses*, Editions Gallimard, 1966. 英译见 *The Order of Things: An Archeology of Human Sciences*, Vintage Books, 1973.

[59] 试比较雪莱的名句：诗人乃世界未予承认的立法者。这可说是教化之功一路的最强烈的宣言了。

自觉、官方非官方的引导、驯化、管制和压迫,依然是社会控制法治化的一个中心环节。[60] 只不过,法治的要诀不在直接消灭写作和阅读的后果,而是掉换文本及话语的位置。在理想的法治条件下,文学非但无教化、不"发生",与人们的伦理道德和政治立场无关,因而属于法治社会的边缘话语;而且是多亏了法律的保护,才得以存在、传播而产生影响的。按照这个道理,法治稍稍懈怠或遭受破坏,文学就会立刻迷失方向,陷入政治、道德和意识形态的沼泽。于是法治的逻辑便是:文艺创作只能是纯个人的努力;此努力靠一种市场化的、基于个人权利的言论自由和物质刺激机制来实现。故而,假如没有一个由大众传媒操作管理的言论的自由市场,作者的思想就应当枯竭;而即使拥有思想表达的自由,但缺乏可以自由交换(赚取利润)的个人对表达的垄断(版权),[61] 作者仍不可能努力创作。任何超出这个"经济人"作者/读者脆弱想像力的写作和阅读的动机、方式、内容、身份和环境,都是无法理喻、不可原谅的错误或无知的结果。

这样看来,所谓法治或法律的自主"中立",实则是法律和文学两者间形成某种依存关系或话语位置的结果:法律占据中心,文学挤在边缘。掉换一下位置,法治便不复存在。例如一个高度重视人的教化和改造的政法制度,就肯定要将文学(广义上的文学,包括艺术)的创作、发表和阅读视为社会控制的主要手段而不允许法律自主。失去了自主地位的法律,尽管已经无法摆脱道德和意识形态的羁绊,却仍试图保持"中立"(即无视阶级斗争现实)。结果它堕落成为官僚主义、本本主义和压制革命的错误路线的工具,为动员起来的群众的暴力所摧毁。这,就是我们二十年前还"干"着的,那个"阶级斗争一抓就灵"的制度。其基本文本,当然不可能由法

---

60 例如北约诸国在科索沃战争(包括"误炸"中国大使馆)问题上卓有成效的新闻管理和舆论导向,是战争得以顺利进行的重要保障。

61 或表达的私有财产化。这方面系统的理论分析,可参阅 Peter Drahos, *A Philosophy of Intellectual Property*, Dartmouth, 1996.

律的话语构成,不可能是一部哪怕只是半心半意说着权利的故事的《宪法》。那是一种教化型的培育"社会主义新人"的话语实践;其中心策略,例如两类不同性质矛盾的区分和文艺为工农兵服务的方向等等,利用的是权利话语"终点"以外的话语,是远非法律的想像力所能概括的。对照这一策略的基本文本,如《在延安文艺座谈会上的讲话》(1942)、"老三篇"[62]、《毛主席诗词》等等,就不难理解,为什么中国五十年代初(新民主主义革命结束之际、社会主义改造完成之前)的法制建设必定碰壁,而厚积薄发的"文化大革命"首先革的是文化的命。

然而,法治并非真的置文艺教化于不顾。让文学忘却后果、贬低写作和阅读的伦理、政治意义,制造诗不"发生"事情的神话,等等,这只是法治得以有效实施的一个条件,而非事实上文学和法律的依存关系。现代资本主义法治跟以往其他类型的法治一样,需要有与之配合的文艺表现形式,将抽象的法治话语(公民权利、赏罚二柄之类)转化为人民愿意接受的社会正义和具体的政治操作。例如,今天在美国这样一个消费文化主导的信用卡、互联网"信息社会",法律正义的"实现"几乎总是消费文艺的副产品。"理性"而"科学"的法律规则和概念在社会中运作,一刻也离不开感性(及性感)的图像和音乐的解说,广告式文字的渲染。无论"辛普森案"还是"莫尼卡门",法治的"胜利"都不过是胜利了的电视屏幕化法治的一次重播。在此意义上,不同类型的法治和人治一样,是宣传、教化、管制、驯服的结果,而文学写作和阅读的话语位置、文本的待遇和作者的功能,则标志了特定的策略环境。

"法律与文学",因此也是关于资本主义法治本身何以可能、又怎样终结的纠问。如此提问,对于习惯了(但未必享用着)法治的善良的人们,可能"太认真"了一点。世界上怕就怕"认真"二字。

---

[62] 如今"老三篇"也许不是人人知晓的了,指毛主席著作《纪念白求恩》(1939年)、《为人民服务》(1944年)、《愚公移山》(1945年)三篇。

在我们这个法治一天比一天意识形态化的时代，认真提问、思考、想象、写作和阅读是要付出代价的。有时候代价之高，如犹太法典所言，不如干脆不出娘胎。而娘胎，人都有切身体会：它不但是世上一切理论原型、道德理想的出处，还是我们身体之身体最美的部位。

一九九九年六月于香港

上编

木腿正义

——读一个十六世纪冒名顶替案

放假回哈佛访友,习惯上要去大学出版社展销部"泡"一会儿。准确些说,是跟进门左手的七架折价书泡。这七架书二三二围成一方天地,中间一小桌,对着览书人的背,桌上贴一纸条,写两个拉丁字"caveat emptor"(读作"概不退款")。书,都是新书,只是封皮被求书的手无意折了一角,不能再卖新书的价了。规矩是人们都知道的:先标半价,半价若无人问津,则降到书架最底一格"一元书"之列。普林斯顿大学戴薇思(Natalie Z. Davis)教授的力作《马丹还家》就是从一元书中捡来的。

书不厚,正文加注释一百六十二页。插图精美,有手绘地图一幅,大法官高拉博士作《判决书》两页,十六世纪人画的农家乐、夫妻行、真假先生、木腿正义若干。封底的宣传是这样几句:"聪明伶俐的农民阿尔诺眼看打赢了官司,不料杀出一个木腿人,当庭戳穿他的骗局,将马丹的名字、财产和妻子归了自己。本书作者乃著名历史学家,(同名法国)电影特约顾问。千古奇案,今添新说。"本文要探讨的,是新说涉及到的一个法理学问题,即程序正义与实体正义间的矛盾。我们先介绍案情由来,而将有关文献和论著列在文末，供读者参考。

一五三八年，法国南方列日河谷一小村里，巴斯克人盖尔的十四岁独子马丹娶了殷实人家的十二岁姑娘白特兰为妻。不知中了什么邪，马丹一连八年未能做成丈夫。直到一老妇"仿佛从天而降"（白特兰语），指点小俩口做了四次弥撒，吃了秘制圣饼，新娘才完婚怀了孕。可是儿子生下没几个月，马丹突然离家出走了。据说他偷了父亲一口袋麦子；小偷是巴斯克人最瞧不起的，偷自家人更属大逆。那是一五四八年的事。

白特兰母子一等就是八年。伤透了心的老盖尔夫妇一病不起。临终他们宽恕了马丹，把全部家产留给他，托叔叔彼埃尔照管。一五五六年夏，邻村的小旅店住进一位风尘仆仆的客人，管自己叫马丹。消息传来，马丹的四个妹妹忙推着白特兰赶去相认。起先她不敢认：当年马丹可没有那么浓的胡子。新马丹却十分亲热，而且还记着藏在衣柜底的白裤衩——他们的信物。她终于吊上了他的脖子。末了，彼埃尔叔叔拥抱了侄儿：谢谢上帝，马丹还家了。

新马丹待人和气，村里的大人他几乎全叫得出名字。碰上别人没认出他，他就讲小时候一块干过的丑事。渐渐地，大家都知道他为国王打过仗，到过西班牙。飞鸟还巢，从现在起他要一辈子跟妻儿厮守了。这老兵不愧是见过世面的，不久就开始了买卖田地的营生。有一天，他向叔叔问起老盖尔的遗产有没有收支细账，彼埃尔的脸色变了。

扯来扯去，结果侄儿告了叔叔一状，拿回了老盖尔留下的田产。彼埃尔从此认定新马丹是个冒名顶替的骗子，只苦于找不出有力的证据。一五五九年夏秋之交发生了两件事：先是一个过路的士兵声称马丹被火绳枪打断了脚杆，现在是拄着木腿走路的。接着有人在旅店把新马丹叫作阿尔诺，绰号"大肚皮"，据说新马丹托那人带了两条手巾给阿尔诺的兄弟。于是，彼埃尔到法院谎称自己是白特兰的监护人，开出逮捕令捉拿新马丹，并逼迫白特兰做了附加民事诉讼的原告。案子几经周折，最后移送土卢市法院刑事庭，由大法官高拉博士主审。新马丹十分沉着,将彼埃尔的证人一一驳斥。正当法庭因证据不足,准备开释被告,追究彼埃尔诬陷罪之时,一个木腿人闯进了法院。经过隔离提审、当庭对证、亲友指认,真相终于大白:新马丹被处以绞刑,焚尸灭迹。

戴薇思新说的出发点,是不满意电影为保持悬念而将历史事件作了简化处理。她在序言中说,历史留下的"声音"里,不但掩藏了事实,还叙述着"可能"和"或许",使学者得以提出种种历史的假设。例如,原始文献(高拉的《判决书》和乐悉尔律师的《马丹传》)未提白特兰合谋的可能,因为照法律看来,女人的"脆弱本性"很容易给恶人以可乘之机。女人和儿童、残疾一样,不具有完全行为能力,也不承担完全责任。后世论者(如毕塔瓦和路易丝)虽然提出了不同看法,却无详实论证。戴薇思深入列日河谷地区,搜集调查了大量十六世纪婚约、遗嘱、土地买卖合同、教堂和法庭档案,尽量逼近案件当事人的生活和心态,提出白特兰完全有可能为了摆脱活守寡、争取有夫之妇的社会地位和经济利益,主动接受新马丹,与他共建新生活、新身份。这就妥善解释了为什么白特兰一方面能不顾家人反对,坚持与马丹完婚(按教会法,婚后三年未结合者,可请求作废婚姻);另一方面又敢于抓住机会,与阿尔诺合谋,直至木腿人的到来。

笔者的兴趣,却是在戴薇思进而提出的一个历史假设:如果阿尔诺不跟彼埃尔争遗产,两人和平共处,骗局会不会戳穿?她拿这个问题去请教小村的农民,他们笑道:"那傻小子行是行,可他骗了人!"戴薇思同意这个朴实的看法。她解释道,恶人假事长不了,并非因为假马丹是村里唯一撒谎的人(彼埃尔不是冒充白特兰的监护人吗?),甚至也不取决于真马丹回家;而是这个大谎得一直说下去。假造的夫妻,心里必不踏实,迟早会露出可疑的行迹,影响亲戚感情和社会关系。这不像《十日谈》里装扮丈夫摸黑偷情的大学生,只求好事一场。新马丹要当真丈夫,每天晚上都回到妻子的婚床,令起了疑心的村里人难以忍受。一句话，阿、白共同塑造的新家庭虽出于自愿，且有爱情支持，但他们终归是负疚的，有悖于伦理和正义，免不了演成悲剧。

这个假设的结局不能说不可能。可是从心理（负疚）推行为（可疑行迹），再推行为的结果（引发纠纷、戳穿骗局），中间环节太多而难以一一证明，颇有循环论之嫌。

不过小村农民的看法，却是法律必须考虑的。他们说的实即西方传统上所谓"蹒跚的复仇神"（hysteropous Nemesis）或"跟踪而至的正义裁判"（opisthopous Dike），也就是真善合一的信念。按照这个传统，正义固然拄着木腿，却像罗马诗人贺拉斯所说，"蟊贼再快，逃不脱跛足的惩罚（Poena）"。法律的职责在于确保正义的落实。无怪乎戴薇思问道：如果高拉博士追求的是真善统一，为什么他一面判焚尸灭迹，令人们永远忘却恶人；另一面却两个月不回家休息，用（读者面较广的）法文而非通行的拉丁文赶写出《判决书》，使假马丹的故事留"芳"千古呢？

这里，我们有必要讨论一下法庭审判规则。伦理上的是非善恶之分要成为司法上的真假之辨，必须通过对于案件当事人的具体行为、资格或关系的确认，而严格的确认规则往往不尽合情合理。例如本案中，农民一无肖像，二不识字（无笔迹可验），马丹的长相和身体特征就难有客观的衡量标准。法庭于是检查被告的知识（回答）是否与证人提供的有关马丹的知识（证词）相符，审判成为对被告的记忆、口才和应变能力的考验。事实上，提审对证时真马丹的记录反不如早有准备、训练有素的假马丹好。法庭当然知道有这种可能，因此决定侧重亲友相认（四个妹妹最后都认了木腿人），而不发用刑令（question prealable）；用刑在这类案件中会使原告、被告和证人都乱供一气，搅混本已渐趋分明的阵线。

这其实是一种我们熟悉的竞赛制举证原则：赢家总是先赢了多数（往往有利益牵扯的）亲友，联合起来迫使对手回答难以反驳的指控。回到戴薇思的假设，在民事方针以家族利益为重，大可应用罗马法"失入不如失出"原则的情况下，只要阿、白合谋，阿、彼和睦，木腿人即使回来控告，恐怕也只落到小炉匠斗假胡彪的下场：巴掌打在自己嘴巴上。

还是散文家蒙田（1533—1592）看到了深一层的问题。他觉得高拉博士依据的理智判断，运作生杀大权的司法程序，实在是不甚可靠的工具。"真与假，两副面孔相差无几，我们却只有同样的眼睛看它。"木腿人有哪一点比阿尔诺更像八年前的马丹，又有哪一样凭据不是某人主观想象的结果呢？为什么大法官不能像古代雅典战神山上的法官那样老老实实宣布："本庭不懂此案，过一百年再审？"

这确是极有意义的一个问题，因为它实际指出了法律程序有不止一个目标：一方面从审判技术着眼，必须看到跛足的正义来得太慢、太偶然、不可预料，只是一条木腿的保证，所以要靠理智（a raison cede）操作规则，防备正义出错而求较小的损害；另一方面，程序又必须能够提供一种信念，即正义必胜、真善统一的传统说法。而戴薇思没有意识到，这两个目标虽然互相矛盾，却都是法律致力于达到的。因此，高拉的《判决书》讨论罪行起因、恶人的坦白和灭亡，就不止是一个疑案的学理分析；它同时也表达了法律的实体正义对程序正义的妥协。通过这一妥协，理智规则的胜利获得了信念仪式的认可。在这个意义上，高拉的判决和著书并不矛盾：让灰土复归灰土，一如正义来自神明。《判决书》这么告诉我们：

判决下达后第四天，那间放着白特兰婚床的小屋门口，竖起了绞架。"谢罪仪式"（amende honorable）从教堂的台阶上开始。犯人光头赤足，只穿一件白衬衣，双手高举火炬。他首先恢复自己的真名连同绰号，然后高声请求饶恕，向上帝、国王、法庭、马丹、白特兰、彼埃尔道歉，向四面八方汇拢来观看行刑的人们承认：他，"大肚皮"阿尔诺，无耻的恶人，冒名顶替霸占了别人的财产，玷污了别人妻子的名誉。为此，他要特意表扬土卢市大法官高拉博士，感谢他的英明裁判恢复了正义。他一面踏上绞架，一面回头恳求站在

木腿正义

法官如果老实,就应当说"本庭不懂此案,过一百年再审"。

[德]丢勒(1471—1528):《正义的太阳》

家门口的马丹不要迁怒于妻子——村里人都可以证明她的忠贞不渝。他一一列举白特兰的美德；从这给他生了两个女儿（存活一个）的女人那里，他不敢希冀完全的宽囿。就这样，坦白一句接着一句，直至赤脚悬空，火炬落上柴堆，点燃了行将吞噬他的纯净的火焰。

一九九四年二月

高拉（Jean de Coras）：《判决书》(*Arrest memorable, du Parlement de Tolose, contenant une histoire prodigieuse, etc.*)，Lyon, Antoine Vincent, 1561; 2nd ed. 1565。

乐悉尔（Guillaume Le Sueur）：《假马丹行传》(*Admiranda historia de pseudo Martino Tholosae damnato, etc.*)，Lyon, Jean de Tournes, 1561。

蒙田（Michel de Montaigne）：《随笔》(*Essais*)，Paris, 1588. III. 2, "Des boytenx"。

毕塔瓦（Gayot de Pitaval）：《奇案集》(*Causes celebres et interessantes*)，Paris, 1734. I. 1。

路易丝（Janet Lewis）：《马丹的妻子》(*The Wife of Martin Guerre*), San Francisco, 1941。

戴薇思（Natalie Z. Davis）：《马丹还家》(*The Return of Martin Guerre*)，哈佛大学出版社1983年版。

法文化三题

——文化解释·兵家传统·法发神经

《法律的文化解释》共收七篇论文。作者三篇:《法律的文化解释》,《法辩》,《礼法文化》;西方学者三篇:吉尔兹《地方性知识:事实与法律的比较透视》,弗兰肯伯格《批判性比较:重新思考比较法》,安守廉《知识产权还是思想控制:对中国古代法的透视》;还有一篇作者综述的《格雷·多西及其"法文化"概念》。这本书中西合璧,第一个好处是一册在手,方便我们的学习和研究;第二可以和另一本一流的论文集《美国学者论中国法律传统》对照着读,相互发明。不过最重要的是第三,如果这本书提出的一系列方法论问题能够得到中国同道专文专著的回应,展开批评,则中国法律史和法文化研究"有福了"。

我想就"文化解释"这一术语作三题发挥,为作者倡导的法文化研究小小的鼓噪一下。

文化解释

法律的文化解释不是用法律解释文化的意思。文化是庞然大物,从法律摸文化如同瞎子摸象。法律加上一科，如法律人类学、法律社会学、法律与经济学，也不见得好多少。所以毋宁说文化解释是提出一种做研究的立场和方法。用作者的话说，就是把法律当作"人生活于其中的人造世界的一个部分"（第 4 页）。可以理解为法律不仅能解决问题，同时还制造问题，还免不了赋予"问题"以法律的意义。而我们所谓"文化"，正是由这样那样的"意义"构成的。对于法律来说，我们每个人不啻这"人造世界"中大大小小的问题之一。这是因为法律虽然是"人造世界"的产物，实际上却又反过来支配造它的那个世界的想象和创造，规定并利用那个世界的想像力和创造力的种种表现。在这个意义上，法律无非是有关某一特定"人造世界"的"地方性知识"（吉尔兹语）；或者换一个角度，用福柯的口气说，是疏导知识的地方性生产和流通的"节俭原则"（principles of thrift）之一。正是靠着法律和其他类似制度的实践，知识才得以划分并占有它的"本土"。这样看来，法律的文化解释倒是一场危险的游戏了。因为解释者除了那经过法律疏导、想象和构造出来的知识，并无其他手段可供想象和构造法律的文化性格。换言之，他除了一个解释者独有的立场或距离，一无所有。所有传统的和新造的概念，都是他的解释对象抛出的诱饵，为的是勾引他放弃解释者的立场，接近解释的对象。然后，解释的游戏便可以收场，解释者变成了解释对象的影子。

指出以上两点（法律对知识生产的渗透和解释者的危险处境），我以为对于探讨法文化研究的方法论是极有必要的。唯有充分意识到解释对象对解释者的诱惑，相互间稍微疏忽即可发生的重合或模仿，才有可能建立文化解释的立场。文化解释因而不是我们熟悉的那种法制史或法律思想史式的描述和记载，而是对这些描述、记载的全部前提条件的调查。不是例如重新考证"体用之辩"的来龙去脉，也不是再一次登记近世某一主义或思潮向"德先生"所作的历史性抗争。文化解释乃是解释的解释，是追究各种解释背后的立场和态度，而不是取代别种解释；是质问例如为什么关于某次政治运动或权力斗争的某派解释能够最终获得"文化"的待遇,从而名正言顺地表述为法律的规定、概念或原理。

在这一点上,文化解释对于国人来说并不是什么新奇的舶来品。它其实很像为我们政治生活把关的那道手续——政审。政审的目的,不是要搞清楚政审对象关于某项政策、某个口号和观点具备什么样的知识;政审调查的是他的立场和态度。因为所谓"知识"不过是调查者成批生产、成批解释,再强加于调查对象(让他学习掌握)的东西;态度、立场才真正关系到对象和调查者之间对抗性或非对抗性的政治距离及其克服。同理,在文化解释的危险游戏中,关键不是问"什么是法"这样经典的法理学问题,而是问"什么态度"、"什么立场"——某时某地某个群体对于它奉之为法的那些制度和实践,采取了什么态度,那态度何以成为可能,又如何影响了"人造世界"的"本土"性格,等等。

只不过有一点和政审不同,文化解释者拷问的,到头来却是他自己的态度和立场。这点不同,使我常常想起在耶鲁法学院写过的一个题目和法理学课堂上的一场争论。

兵家传统

西方学者研究中国法律传统,一般只谈儒法两家。我以为兵家被忽略了。其实中国人的斗争哲学,从卧房到胡同口,从战场到炼丹炉,都是兵家一套。正好法学院规定的写作要求包括交一篇八十页的论文,我就请法理学教授理士曼(Michael Reisman)先生做我的指导老师,题目定作"中国法的兵家传统"。理先生说英文"law"这个词无法表达非西方传统中法的文化含义,甚至译成欧陆的语言有时都闹别扭,"rule of law"(法治)是法语的"le regne du droit",还是"le regne de la loi"(参较凯尼根,第4页)?你准备怎么讲?

我说,古人讲兵刑同制,甲兵为大刑,用兵之道和用刑之道本来是相通的。可以从《孙子·计篇》谈起。《计篇》第一句话"兵者,国之大事,死生之地,存亡之道,不可不察也",也可以说是古人对刑政的总看法。孙子提出五计,即道、天、地、将、法。"道",Giles译作"Moral Law",显然拿"道"的多义和歧义没办法,但西方人发明的"道德法"与兵家的解释迥异。"道者,令民与上同意也,故可与之死,可与之生,而民不畏危"。讲的是组织动员宣传鼓动之道,民心和士气由此而来。兵家讲"诡道",讲"上将杀士",以克敌制胜为唯一目标,视道德仁义如草狗。但 Giles 译"法"为"method and discipline"却是不错的。"法者,曲制官道主用也",即军队的编制、训练、后勤的章法纪律之类。孙子所谓道、法,纯粹是将军视野里的东西,并无任何抽象的理念和教条附会其上。"将"才是抽象品质和理想的承载者,"智信仁勇严"便是他的领导艺术的高度概括。他的主观能动性,集中表现在他能及时抓住客观条件和形势朝着对己有利、对敌不利的方向转化的时机,因利制权为势的灵活态度。这样一种"知胜"的态度,显然影响了后世的政治哲学和统治策略。因此,在传统中国占主导地位的话语实践中,"法治"、"人治"之争的关键词不是"法"和"人"(什么是法,什么是人),而是"治"(怎么治,谁来治,等等)。而归根结蒂,统治者和被统治者信的、干的,都是"枪杆子里面出政权"。

理先生说很好,你去写吧。

但是他的法理学讲到"枪杆子里面出政权"那一章时,引起了学生的争论。有几位来自第三世界的同学读过毛主席著作,提出这么一个问题:为什么五角大楼没有向白宫和国会山开枪夺权?理先生让全班讨论,结果信兵家的和不信兵家的,谁也说不服谁。首先,不能说是二百多年前制定的美国宪法的功劳,那张纸吓不了真正的起义者。也不能说美国人民忘了枪杆子的威力。事实上,美国人的持枪率远远高出全世界任何一个没在打内战的国家。一间大卫教会或一支"激进"民兵的组织所拥有的武器,据说足够装备一个拉美小国的军队。美国也是全世界暴力犯罪最多的国家(耶鲁所在地纽黑文就是最好的见证)。那么,为什么美国军方,这支人类有史以来武器最为精良,号称能够摧毁地球文明好几十遍的部队,至今还不动手?我们更不能天真地以为美国人不懂得"武器的批判"。肯尼迪和马丁·路德·金的刺客从哪里来的?不久前奥克拉荷马市大爆炸又是谁指使谁干的?可是,他们一套上军装,一加入部队大集体,归了五角大楼指挥,便似乎移民去了另一个美国,对枪杆子和政权的关系"端正"了态度。如同社会生活中男士替女士开门、拉椅子,上楼梯让她走在前、下楼梯让她随在后那样的自觉自律,五角大楼的将军们对待宪法生活,是不是也养成了规规矩矩的习惯和性格,不再"知胜"了呢?

理先生说够了,这是"文化病理学"。我这门课叫法理,不叫文化病理。

然而我想,如果这文化病理是法律在它的"人造世界"里培育的一种态度和立场,也不妨"文化解释"一下。后来,我自己的学生也给我出过类似的难题,诘问香港从宗主国搬来的"法治",又能如何规定和利用本地的"文化无意识"(当然,这是我布置他们读法国人布迪厄的"habitus"的结果)。

法发神经

有一天,我在法学院图书馆底层标出"杂类"的那几排书架上,翻到这么两本小册子:《法律发神经:不知不觉你犯过什么罪》和《法律发神经:男女大防之法》。看后大笑一通,却又想起了那个兵家的困惑,五角大楼不打白宫的问题——我怎么会相信,这两本小册子收集的法律是"发了神经"(祖父辈为祖母辈认真制定,后来竟不合时宜了,却一直没有作废的法律)?我从未学习过那些地方的法律,怎么就肯定某条规定已成具文,丧失了"地方性"的想像力和创造力而变得不可理喻,仿佛在跟"真正的"严肃的法律开玩笑?我突然醒悟了,我实际上刚刚审视了自己文化解释者的角色;而且不知不觉,已经和几条没有出处、未经注释的法律狭路相逢,对峙在一场危险的游戏中了。

让我挑几条译出，结束这篇鼓噪。请读者（笑一笑）也想一想，是什么样的一种（无疑是反兵家的）态度或立场，竟然把如此丰富多彩的"地方性"实践、主张、理想和智慧，一律用法律作了想象（方括号内为译者所加注）——

一、纽约市：禁止男子在本市马路上回头以"那种方式"（in that way）注视女子。累犯此罪者上街，得强迫配戴马用障眼。

二、洛杉矶市：丈夫可以用皮带抽打太太，唯皮带不得宽于两寸，事先获太太准许者除外。

三、缅因州：警察不得逮捕死人。

四、奥克拉荷马州［内陆州］：严禁一周内任何一天在本州水域捕鲸。

五、俄亥俄州［内陆州，距海较奥州稍近］：禁止星期天在本州境内之江河湖泊捕鲸。

六、伊利诺伊州奥布朗市：结婚当天打猎或钓鱼时禁止性交。

七、明尼苏达州亚历山大市：禁止丈夫口存大蒜、洋葱或沙丁鱼味与太太作爱。

八、康涅狄格州：成年人之间禁止自愿地私下发生性行为。

九、内布拉斯加州海士丁布：旅馆必须为旅客提供白棉布睡衣。严禁男女（包括夫妇）赤身同床。

十、俄亥俄州牛津市：女子不得在男子画像前更衣。

十一、肯塔基州：严禁女性身着泳装出现于本州任何公路，除非她由至少两名警官陪同或除非她随身携带木棍一支。

［"女性"（female）一词，实施后发现未及定义，遂增订如下：］

本法典此项规定不适用于体重九十磅以下、二百磅以上之

"严禁女性身着泳装出现于本州任何公路,除非……"
[意]雷尼(1575-1642):圣经故事《二长老垂涎苏珊娜》

女性,亦不适用于马中女性者。

十二、肯塔基州阿希兰市:任何人不得故意收容或留宿任何名声不好、品行不端之女子或普通妓女,但妻子、母亲和姐妹除外。

十三、田纳西州孟菲斯市:禁止青蛙在夜晚十点以后鸣叫。

一九九五年四月

梁治平(编):《法律的文化解释》,北京三联书店1994年版。
高道蕴、高鸿钧、贺卫方(编):《美国学者论中国法律传统》,中国政法大学出版社1994年版。

凯尼根（R. C. Van Caenegem）：《法官、立法者和教授们》（*Judges, Legislators and Professors*），Cambridge University Press, 1987.

裴尔顿（Robert Pelton）：《法律发神经》（*Loony Laws: That You Never Knew You Were Breaking*），Walker Publishing Co., 1990。

裴尔顿：《男女大防之法》（*Loony Sex Laws*），Walker Publishing Co., 1992.

秋菊的困惑和织女星文明

我国法学向来有"幼稚"之名，业内人士并不讳言。但衡量一个国家一门学科的学术水准，除了看从业人员整体的学养和品质，主要还是看它的代表人物和代表作品。比如美国，我们说它的学术如何如何，无非指它的顶尖学者和有影响的著作。若是把全美国四百二十五种学生主编的法学杂志上刊登的论文一总儿拿来细算（美国法学院的传统，学术刊物一律由学生办），情况便大不一样了。美国学者自嘲说，一年到头雨后春笋般发表的论文当中的多数，读者恐怕不超过五个，即作者的职称评定委员会的评委（格兰顿，第205页）。中国的法学"研究"，滥起来当然没有让美国佬占先的道理。毕竟，他们是不大敢一把剪刀、一瓶浆糊闯天下的。可是同时，近年来中国法学出类拔萃的少数代表作，其成绩之骄人，又是举世瞩目的。不读这些作品，就不知道中国有一群脚踏实地、孜孜矻矻、上下求索的法学家，不知道他们的关怀之广、抱负之大、于学术事业的信心之坚。

今年六月到清华讲学，承苏力兄赐教，得一册他的新著《法治及其本土资源》。七月初回波士顿，坐在飞机上把这本将近三百五十页的论文集一口气读完。读到精彩之处，忍不住翻回扉页去看那题记。那是我敬佩的前辈同行袁可嘉先生的名句："书名人名如残叶掠空而去/见了你才恍然于根本的根本"。我以为《资源》确实大大"提升了中国法学的学术声誉"（赵晓力序），应当摆在标志着中国法学（尤其是法律社会学）开始成熟的代表作之列。

法律社会学我是外行。全面探讨《资源》提出并论证的一系列观点，应该由方家来起头。苏力为我们开掘的"学术富矿"的大致面貌和他的"既出世又入世"的学术品格，他的高足赵晓力君已经在序中作了生动的评述。此处我只挑一个通俗的题目，接着苏力的精湛分析发挥两点，聊表我"恍然于根本的根本"的体会。我想从《秋菊打官司》这个苏力喜爱的个案（故事）说起。

《秋菊打官司》这部电影特别引起法学家研究兴趣的，是秋菊讨的那个"说法"和国家制定的正式法律之间的矛盾和冲突。故事很简单：秋菊的男人和村长吵架，骂了一句"断子绝孙"（村长只生了四个女儿，没儿子）。村长大怒，踢了秋菊男人"要命的地方"。秋菊要村长认错，村长不肯，她就一级一级告状，讨她的"说法"。后来秋菊难产，村长领了人冒着大风雪，走几十里山路把她抬到县医院，救了秋菊母子的命。没想到，正当秋菊感恩不尽，等着村长来家吃给儿子做满月的酒席的时候，上级查出了秋菊男人被村长打的伤处（但不在下身），派了一部警车把村长带走了——十五天行政拘留（《治安管理处罚条例》第二十二条第（1）项）——害得秋菊好不难堪：她讨的是"说法"，政府却把人给抓了。

苏力提出的问题发人深省：国家制定、实施法律为的是保障公民的权利，为什么反倒让秋菊输了理？以这样的法律为基础的"现代的"法治，能否在中国农村运行？其代价又是什么（第25页）？

首先，秋菊对权利的"思想认识"似乎和法律规定的不同。例如秋菊说，村长可以踢她男人（因为男人骂了"断子绝孙"），但不能往"要命的地方"踢。她没法理解，为什么法律先是把她的官司一把推开，调解了事；后来又让她请律师，告那位曾经帮助过她的公安局长（不服公安局维持司法助理员调解处理的复议决定，提起行政诉讼）。而一旦发现男人受了轻伤，便不管两家事实上已经和解，把村长送进班房。她的"说法"明明是再简单不过的"理",一碰上法律,事情就复杂化了。苏力说得好,"[法律]制度的逻辑限制了一种人人知道的知识以及其他的可能性"(第26页)。

于是,苏力把讨论引向对普适主义法制的批判。他指出,所谓"现代的"(西方式)法律只是正义的一种,没有资格自称"大写的真理",代表着语境的、普适的权利界定和权利保护。如果我们对此不保持清醒的怀疑态度,那"大写的真理"就"可能变得暴虐,让其他语境化的定义、思想和做法都臣服于它"(第27页)。在苏力看来,"任何法律制度和司法实践的根本目的都不应当是为了确立一种威权化的思想,而是为了解决实际问题,调整社会关系,使人们比较协调,达到一种制度上的正义"。因此,至少从秋菊的困惑看,"中国当代正式法律的运作逻辑在某些方面与中国的社会背景脱节了"(第28页)。就是说,国家法律的现代化过分强调了与国际"接轨",而在运作中压制了民间法及其他传统规范(道德、习俗、宗教和行业伦理等)的成长,忽略了这些非正式法律和规范曾长期有效地调整着的那些社会关系。结果正如《秋菊》描绘的,正式法律的干预破坏了社区中人们传统上形成的默契和预期(包括秋菊与村长之间"那种尽管有摩擦、争执甚至打斗但仍能相互帮助的关系")。"一个'伊甸园'失去了,能否回来,则难以预料"(第30页)。

这里涉及一个我认为可以进一步讨论的问题,即正式法律作为国家意识形态的机器(apparatus),在实际运作中跟民间法等传统规范究竟是什么关系?回到《秋菊》,也就是秋菊讨"说法"究竟与什么相冲突?这冲突于我们法治的现代化又具有什么意义?

我觉得《资源》的基本观点已经触及了这一问题的实质,但作者更关注的是批判西方法权的普适主义和本质主义,论证法治利用本土资源的正当性和必要性。限于篇幅,他没有展开对秋菊讨"说法"本身的讨论,并就此考察"大写的真理"的实际构造和运作。因此我补充以下两点:

一、秋菊的"说法"

秋菊讨的那个"说法"的具体内容,当然是村长和官方"调解人"都明白的。不然村长就不会说秋菊"过分",司法助理员就无从调解,公安局和法院的干警也不能帮助秋菊讨"说法"了。秋菊讨"说法"直接挑战的,并非国家的法律。她腆着大肚子,让小姑搀着一趟又一趟走出村去惊动上边的领导,心中最不安的恐怕是包括她男人在内的村民们。这说明村子里多数人持的是一种不同的"说法",或者说,同一种"说法"他们主张不同的讨法。事实上秋菊之令人同情,很大程度上就因为她在村里、家里得不到支持;而巩俐无与伦比的表演,让观众自始至终替秋菊担心、着急,为她的勇气和志气所感动。她不光要面对村长的粗暴威胁,还要承受她男人和村民们的冷言冷语。她的讨不回"说法"誓不罢休,多少是要让村里人知道,他们的老一套其实是过时了。这个案子的难办之处也在这里。秋菊固然占着"理",可村长也得有一个"说法"交待:他的面子、说过的话往哪儿放?多年为党为人民工作,"没有功劳也有苦劳"嘛。损害了威信,今后叫他怎么工作?难怪司法助理员最后没办法,只好自己掏腰包买一盒点心代村长送给秋菊,希望这样一来双方都有台阶可下。这个和事佬因此第一个倒霉,吃了处分——他只顾调解当事人的"说法",忘记了"以事实为根据,以法律为准绳"。

诚然,如果正式法律不干预,秋菊的"说法"在村长救了她母子性命之后也就烟消云散了。她和男人已经去过村长家恳求和解。村长保住了面子和威信,也就同意了——他嘴上没说,但抓他的时候,他已经让家人先上秋菊家去,自己则慢慢刮胡子,准备再拿几分钟架子才动身赴宴。

这是一个 O. Henry 式的故事结尾,凸现出法律一旦触动,干预起来的猝不及防,不留余地。但这恰恰又是村里人一开始就说过了的:秋菊要个"说法"也许是在理的,但她的无休止的讨法却大错特错了。抬头不见低头见的乡亲之间,怎么可以打起官司?在这个意义上，秋菊的困惑并非民间法和传统规范的困惑。在村里人看来，她之所以会"失去'伊甸园'"，纯粹是因为她做事太"过分"、"不近人情"，像老辈人说的，"头发长见识短"。

二、法治与法盲

那么，秋菊讨"说法"的失败和法治的"现代化"又有什么关系呢？首先，我们必须区分现代的（西方式）法律作为一种基于"个人权利"的话语构造和此种话语在我们社会生活中的实践，两者颇不相似的作用和目的。法治的理想，如苏力指出，总是趋向于扮演"大写的真理"，主张普适的公民权利，为的是让秋菊们相信，在"理性化"（理想化）的法律面前，非但有平等的身份，而且有公正的"说法"。法治的实践，包括形形色色"说法"的讨法，却主要是围绕着各个政治、经济和社会利益集团常新的斗争、联合，彼此间势力的消长而进行的。因而具体的、适用的法律是不一定非要解决实际问题，与传统价值和风俗习惯和谐，达到逻辑上的统一的。它可以为一丁点形式上、技术上的差错或缺漏，例如证据规则的一项限制或排除，名正言顺地牺牲掉一个完全合情合理乃至"普适"的权利主张。

现代化的法治因此是一个人为的矛盾的统一体。它之所以能标榜自己比以往任何样式的法治更加"理性"、更可预期、更"不坏"，无非是因为它把不懂得预期它的干预、没办法认可它的裁断的秋菊们放逐到了"法律意识"或"权利意识"之外。秋菊的困惑，其实正是法治得以"现代化"的不可缺少的前提条件。

换言之，法治现代化作为主导地位的意识形态（文字化、科层化、职业化的意志、手段和说教）的首要任务，便是设法保存并且每日每时地生产出秋菊们来，让他们成为自己教育、改造的对象，成为非文字化的、"简朴"的、"自发"的、互相矛盾的、愚昧无知的一个一个的"说法"，以便区别对待，细心保存。在这个意义上，

秋菊的困惑

"她之所以会失去伊甸园",是因为"做事太过分","头发长见识短"。
[法]列维-杜尔美(1865-1953):《夏娃》

法治的建设或"法律移植"（如果把法律看成西方式法治的产物），虽然离不开"大写的真理"和普适的权利的宣传和普及，包括大量的艰巨的"理论工作"，但它本质上不是理论的事业（enterprise）。这倒不是因为老黑格尔说过，理论的猫头鹰要到傍晚才起飞，而是因为法治（换掉苏力的一个字）只能是全体人民社会生活，包括他们的斗争、失败、压迫和解放的产物。在这个继往开来的事业里，每一个秋菊都必须充分认识到自己的"法盲"身份和位置。法律之手插在谁的口袋里，手心里捏着谁家的正义，从根本上说，不是靠哪一种权利话语的分析和解释能够预料的。法律因此是远比秋菊的"说法"要脆弱、多变、难以捉摸的东西，很容易被人操纵利用，常常服务于金钱和权势。法律，有时候变成了某个人的意志、"威权化的思想"，他说了算；有时候，法律干脆就是"和尚打伞，无法（发）无天"。

　　回到波士顿，正赶上独立节。电视上播出火星登陆成功的喜讯和探测器发回的一幅幅黑白照片，人类的意识形态机器在利用地球以外的资源了（拉图尔，第 37 页）。为避免落到个秋菊的"法盲"境地，次日便和太太上电影院一块儿接受一部好莱坞新片《接触》的教育。电影说的是一位女科学家（Jodie Foster 饰）寻找外星文明的故事。有一天，她在新墨西哥沙漠里用射电望远镜听到了来自织女星（Vega，即天琴座阿尔法星）的低沉的讯号。这讯号分析下来，居然是由一连串的素数（prime numbers）序列组成的（数学据说是"宇宙的语言"）。这一发现以及后来从讯号中破译的"织女星人"的星际航行舱三维设计图，引发了一场凶险的国际角逐，各派政治、宗教、商业势力都想控制航行舱的研制并分享利润。

　　经过种种波折，女科学家终于坐进了航行舱，在梦幻般的晕眩中"飞"抵那个向无知的人类伸出援助之手的文明。她发现自己站在一个夏威夷海滨样的幻景中央，和去世多年的父亲重逢了！原来父亲是织女星人变的。他捧起一把沙子让她看，沙粒在他掌心闪烁出天琴座（Lyra）的星图。女儿惊喜之余问道，何时再能相见？父亲答道，从地球来到织女星访问的，她并非第一人。"我们一直关心着你们的历史演变，时不时还到现场观察；你们当中，也常有人来此。"

女科学家然后被送回地球。整个星际旅程在她的摄像机里留下了十八个小时的静电噪音，可是在发射基地，人们告诉她那只是一次意外事故：高速旋转的航行舱没能升空却坠入了大海，指挥中心和她的联络只中断过四分之三秒。她到底是出了事故，在极度紧张的情况下产生了幻觉，还是在那四分之三秒的间隙里，进入了另一时空，接触到了织女星的文明？她必须向国会交待事件的"真相"。各个政治、宗教、商业利益集团又立刻活动起来。

从电影院出来到停车场取车，又是满天星斗。不知怎的，脑海中 Jodie Foster 听说事故后一脸茫然的形象慢慢变作了秋菊。秋菊的那一次"事故"，在法治的记录里，大概也就是几页纸的"噪音"吧。可是对于秋菊，那是从冬天到冬天，用她家仅有的两大车晒干的红辣椒换来的一趟"接触"。而她终于顶着凛冽的北风站到法律面前的时候，法律用远去的警车声对她宣示了什么呢？恐怕也就是——

"我们一直关心着你们的历史演变，时不时还到现场观察；你们当中，也常有人来此。"

一九九七年七月

苏力：《法治及其本土资源》，中国政法大学出版社 1996 年版。
格兰顿（Mary A. Glendon）：《法律家治下的国度》（*A Nation Under Lawyers: How the Crisis in the Legal Profession Is Transforming Amercian Society*），哈佛大学出版社 1994 年版。
拉图尔（Bruno Latour）：《我们从未现代过》（*We Have Never Been Modern*），Catherine Porter 英译，哈佛大学出版社 1993 年版。

"生活中的美好事物永存不移"

这是一句广告标语。配合它的是香港明珠台的一则英语电视广告：一九四八年，上海。一个英国小男孩和一个上海小女孩一块儿吃麦芽糖、撑木船、走在铁路桥上（请不要联想苏州河，当年老远就可以闻到它的臭气）。小女孩咳嗽了，小男孩忙解下自己的围巾给她围上。画面跳到今天的上海，一位英国老先生的目光碰上一位上海老太太的目光。老太太从口袋里掏出那条完好如初的围巾，给身边一个长得挺像她的小女孩戴上。

王蒙先生在《读书》上借这"美丽围巾"的故事，谈了艺术和人性、艺术理想和功利目的的关系。王先生说，自己很受广告的感动，只是遗憾这"如诗如画"的故事竟然是港府的宣传。因为，假如"美丽围巾"是商业广告，就恰好证明了他的看法："高明的与成功的艺术应该具有一种'解毒'性机制……真正的艺术将使作品中非艺术反艺术的歪曲因素的含量特别是影响作用减少到最低限度"（第100页）。

其实，这"美丽围巾"还真是商业广告，不是港府的宣传。王先生忽略了广告片末尾，在小女孩围上围巾，"拜拜"之后，大约两三秒钟功夫，就在那句标语上方，一道光辉照亮了一个美术体的大写"B"字。这就是赫赫有名的英国高级男装（包括围巾）商标"Burberry of London"。而"生活中的美好事物永存不移"便是 Burberry 的商务标语。王先生看了短片的"第一个感受"完全没错：这就是一则围巾广告。

于是王先生的问题，"广告能不能成为艺术"，就多少是修辞性的了。世界上既然有像 Burberry 那样"精练、完美、动人、内涵丰富简直无与伦比"（第 96 页）的商业广告，广告就肯定够格艺术而当之无愧了。然而这一问题的提出，却又颇具深意。因为它实际上问的是，为什么我们习惯上或者感情上不愿把广告看作艺术，觉得它杀艺术的风景。这跟王先生关心的艺术要讲人性（而人性自然包括经商赚钱和搞政治）是不同的问题。因为即使一则广告充满了"人文精神"乃至"终极关怀"，我们仍然有所保留，希望广告不要拆了艺术的藩篱，希望艺术拥有自己的一方天地。

那么广告中究竟什么东西，使得我们拒绝承认它也算艺术的一种呢？现代商业广告并非简单的产品介绍。例如 Burberry 的这段广告片，固然用了一条围巾作主要的道具，也有的观众不但像王先生一样看了大受感动，而且还起了购买的念头；但它的首要任务不是描绘具体的货色如何，而是宣传一个商标，也就是那个大写的"B"和词组"Burberry of London"。广告的目的，就是要在观众即消费者心目中，在商标和特定的商品或服务之间，建立起独一无二、排斥一切同它竞争的商品或服务的习惯性联想。用时下流行的话说，就是"创名牌"。

那么商标又是什么呢？商标和专利、版权一样，是知识产权的一种。知识产权是对于特定资讯（information）的特定使用的垄断，具有私有产权性质。不过，专利和版权保护的是发明、创作等具体的思想和表达；而商标的保护对象，却是宽泛得多的一种象征或记号的识别性（distinctiveness），即商标权人对用于相同或类似商品或服务的一切相同或类似的记号的排斥。商标因此也称作市场经济条件下商品和服务的推销手段（marketing device），其民法上的原则是出于"善意"（good faith）的公平竞争。

商标对于广告，有两点关键的意义：首先，因为商标的私有垄断性质，使得广告宣传得以吸引巨额资本。若无商标而宣传一件产品（如围巾），不啻替所有花色品质类似的围巾做了免费宣传；因而除非是独一无二的产品，不然就不会大做广告。其次，在市场经济条件下的竞争，同类产品往往数量多而新品种层出不穷，使得消费者很难仅凭经验挑选商品。故商标宣传，尤其是高档商品广告，势必不能停留在产品介绍和比较（即间接的比较；直接比较在很多国家是法律禁止的，我国亦然），而转向营造由商标所代表的生活质量和社会地位等特定消费群体的消费理想。

换言之，商标因了广告宣传，便不再仅仅是商品或企业的标记。它成了我们这个消费者社会的消费文化的中心环节，而与它配合的商务标语，则是为使商标和产品在最大范围内发生联想所给的提示（详见下文）。

一位消费者（比如说白领女职员）选购一瓶"巴黎 Lancôme"香水，买的当然不止香水盒上注明的那些功用，如润肤、醒神、驻颜之类；她买下的还有靠千万计美元投资宣传，由西方名模表现的那一种女性形象和女性魅力，那一种女性生活和女性地位。一句话，一个国产香水品牌在现阶段尚且不可企及的理想"境界"。

然而，广告之美犹如武器之美是纯粹工具性的。武器之美之于士兵，完全在它的威力，它的轻便、隐蔽、构造简单而便于维修或精密复杂而打击准确。再漂亮的武器，一旦技术过时，被新一代装备所取代，便不再有用，不再美。它可以成为收藏家鉴赏的对象，却不再是战场上的利器。广告也是这样。美的广告对于商家只有一种，就是卖得动货、造得出消费欲和商标神话的广告。这当然也算一种人性的表露或"人文事件"，但不是我们通常对待艺术的那种非功利的理想主义态度。

在广告商看来，艺术仅仅是实现促销的手段。只要能够达到预期的效果，广告可以收购并利用最美的艺术（例如联合航空公司广告中贝多芬第九交响乐《欢乐颂》的片断）。但广告并不屑于成为艺术；艺术不过是"名牌战略"的成本核算中的一个数字。在激烈的广告战中，广告必须不断更新，替商标创造并维持常新的神话。因此它和我们一般的艺术经验恰恰相反：它不求经久却必须入时，不求真实却必须打动。广告的本事，便是几锤子买卖。

我想，这大概就是我们不乐意把广告和时装表演当作艺术的主要原因了。这个不乐意的代价，是否定或贬低了广告对艺术的吸纳和通过广告商标对我们审美实践（如减肥）的支配这一明显的事实。因此，它从本质上（用福柯的话说）是一个伦理的而非历史的选择。我们要艺术和广告划清界限；我们把广告归入平庸，不管它如何机智、聪明、大胆而富于想象。再动人的音乐、表演，再美丽的容貌、身材，一旦用于广告，即与艺术的理想无缘。

然而广告的"平庸"，从实际的推销战略出发，却多半是有意为之。最明显的，就是许多大公司的商务标语，专门避开诗意盎然、独具一格的语言。如福特公司的标语："你最近驾驶过福特车吗"（Have you driven a Ford lately）？它的竞争者丰田公司在北美市场则报之以"我爱你为我做的一切"（I love what you do for me）。西北航空公司的标语，乍一听完全是废话："有些人就懂得如何飞翔"（Some people just know how to fly）。人们或许以为微软公司会找一句精妙的韵文宣传它的高科技产品（如"视窗"软件），可它用的竟是"你今天要上哪儿"（Where do you want to go today）？这样一句一年级英语。

人们不禁要问，这些由特邀专家设计，恐怕也是世界上最昂贵的一类标语为什么如此平淡无奇？标语当然要便于记忆，最好是听过、见过就不会忘记。但如果是这样，那么诗句和独特的字眼应当是首选。实际上，商务标语更要紧的任务是和商标配合，扩大垄断的范围，排斥同类产品的竞争。商务标语的设计，是为了给商标和企业/产品形象在消费者心目中划出最广泛的联系渠道。商务标语经过若干时间的宣传，在消费者中间建立起可识别的形象和含义之后，也可以获得垄断的使用（即抗拒假冒和不公平竞争），甚至申请

木腿正义

"我们要艺术和广告划清界限,把广告归入平庸,不管它如何机智、聪明"。

[捷]穆恰(1860-1939):五幕剧《茶花女》招贴画

注册商标。因此，标语越是普通、简单、空泛，它的排斥力就越大。福特要与"驾驶"融为一体；丰田要人们记住"你为我做的一切"；西北航空不许别人"懂得飞翔"；而微软干脆包下了"上哪儿"这么一句日常用语，意图但凡问起上哪儿，人们就自然联想到微软商标和它的产品。

"生活中的美好事物永存不移"（The beautiful things in life never change），这句标语，也是为着同样的目的制作的。它是"美丽围巾"故事的点睛之笔，也因了"美丽围巾"，给 Burberry 神话划出了最宽泛的联想范围。首先，它向我们暗示，生活中真正美好的，远非我们一般人的生活经验所及，而属于"美丽围巾"代表的那种"高尚"的历史感受和时代风流。这是宣传的关键，因为 Burberry 男装的顾客并不希望买一条人人都能享用的围巾。这里必须营造消费的等级意识。其次，那"高尚"的感受，是针对着特定市场特定阶层的意愿和幻想而精心布置的。它的"自然"联想的基础，乃是几部以旧上海法租界为背景，讲一个英国或美国男孩的冒险经历的小说和电影（如《太阳帝国》）。广告以高度凝练而细致的手法复述了这类故事的浪漫情调。最后，也是这句标语的特别成功之处，是把这样一种专为"目标消费群"设计的情愫扩展成为一个让一般消费者都能产生共鸣、为之同情的 Burberry 世界——借了好莱坞的东风，"美丽围巾"出售给我们一个"既怀旧又达观、既温柔又节制、既天真又深沉的人生沧桑感"（第 98 页）。而售价是公允的，只需我们付出感动，只需我们在心中记住一句最普通、简单、空泛的标语："生活中的美好事物永存不移"。

一九九六年十一月

王蒙：《美丽围巾的启示》，载《读书》1996 年第 8 期。

鸡生蛋还是蛋生鸡
或中国干人权何事[*]

——评《自由与生存之间：中国与人权》

人权管中国的事有好几年了。人权何以管得了中国？又中国干人权何事？这些问题，法学界至今在理论上仍是人言人殊。但只要牵扯上国情、民生、价值、传统，最终还是绕不开一个鸡生蛋抑或蛋生鸡式的命题：人权始于吃上早饭，还是始于享有要求早饭的自由？论者对此问题的解法很多。[1] 最近较受注目的一次尝试，是澳洲国家大学研究员、中国问题专家安·肯特的新著《自由与生存之间：中国与人权》[2]，采用的是Henry Shue和R. J. Vincent等人发展起

---

[*] 原稿为英文，载 *Hong Kong Law Journal*, 24:3, 1994. 中文稿增添了注释。

[1] 换一个角度，则是两类基本权利的实现条件相互冲突的问题。公民与政治权利要求限制政府权力以保障个人自由；经济、社会、文化权利则要求加强政府对社会组织的干预，为发展福利提供条件。甘曼卡认为，现代国际人权法的道德支柱《世界人权宣言》（1988年）从一开始就被这个根本矛盾所困扰，因而十分无力。Eugene Kamenka, "Human Rights, Peoples' Rights," in J. Crawford ed., *The Rights of Peoples*, Oxford: Clarendon, 1988, pp. 137-138.

[2] Ann Kent, *Between Freedom and Subsistence: China and Human Rights*, Hong Kong: Oxford University Press, 1993. 以下括号内页码均指此书。"中国"指大陆。西方中国问题专家多有汉名，笔者未及查询，暂从俗译作肯特。

来的核心权利（core right）理论。[3]

肯特的出发点，是预设权利本身有一种"普遍性格"，反映在她进而设定的权利话语在相互冲突中发生的汇合。汇合之处，便是诸话语都认可的权利"核心"，叫作"生命权"。这生命权的优点在于意识形态的中立，因为它兼容了中国（社会主义和第三世界国家）和西方（发达资本主义国家）分别侧重的两种基础权利：生存权（right to subsistence）和人身安全权（right to physical security）。前者意指"获得足够衣食居所和起码卫生条件的权利"，后者则是"免受谋杀、酷刑、残损、强奸和殴打的权利"。两权合一，乃是行使其他任何权利的先决条件（第 15—16 页）。

由此可见，核心权利和普遍权利（universal right）有所不同。核心论者在证成自身理论时，较普遍论者略具优势。[4] 因为，普遍论者须时刻想方设法驱逐文化相对论的影子，乃至不惜将古人说的"天命"和"民本"跟人权挂钩，以证明中国没有理由"特殊"。[5] 而核心论者只需设定话语的对立与斗争最终止于汇合与多元即可。这当然是一种值得尊重的理想或信念，我们后文还会涉及。笔者的主要兴趣，却在作者从信念推演、转化出来的一个"比较国际人权法的框架"（第 3 页）：借此框架，她在"自由与生存之间"重构了一篇关于中国"权利历程"的历史叙述。兹举其中一个主题为例，略

---

[3] 参见 Henry Shues, *Basic Rights: Subsistence, Affluence and US Foreign Policy*, Princeton University Press, 1980; R. J. Vincent, *Human Rights and International Relations*, Cambridge University Press, 1986.

[4] 关于普遍权利，参见 Louise Henkin, *The Age of Rights*, Columbia University Press, 1990. 基于普遍权利对中国法律制度和人权思想的一般表述，见 R. Edwards, et al., *Human Rights in Contemporary China*, Columbia University Press, 1986. 普遍权利论的自然法渊源，可以上溯到斯多噶学派对自然和理智的讨论和西塞罗关于真正的法是理智与自然合谐的说法（*De Republica*, III. 22:33）。参阅 John Finnis ed., *Natural Law*, Dartmouth, 1991.

[5] 如 J. F. Copper, "Defining Human Rights in the People's Republic of China," Yuan-li Wu, et al., *Human Rights in the People's Republic of China*, Westview, 1988; S. Young, et al., *The Tradition of Human Rights in China and Vietnam*, New Haven, 1990.

作分析。

　　据作者观察,中国前三部宪法(即五四《宪法》、七五《宪法》和七八《宪法》)与中国社会的现实权利状况基本协调。表现为政府严格控制社会,一方面任意限制、取消公民的公民与政治权利,另一方面又致力于实现承诺,改善公民的经济、社会、文化权利。[6] 这样牺牲公民与政治权利换取经济、社会、文化权利的结果,造成一种马克思主义的权利重心倾斜或"权利交换"(trade off)。八二《宪法》却背离了变革中的社会现实。其条文坚持的马克思主义"权利交换",在实际生活中早已为中国"非正式的和实体的权利现实"所突破(第231页)。自一九七九年起,改革大大削弱了中国公民享有的经济和社会权利(如工作权);而同时期的公民与政治自由(如迁徙、言论、出版、集会、结社自由)在缺乏部门法和程序法支持的情况下,得到长足的发展,成为某种"非正式"的权利(第96—97页)。然而宪法规范和社会现实之间的不协调日益扩大,业已带来严重后果;尤其是政府与人民原先"共有的价值体系"的失落,使固有的权威淹没于"无序状态"(anomie),威胁到在中国社会占主导地位的基于社区(Gemeinschaft)传统的协商和调解工作(第234页)。作者警告,中国目前形势严峻,政府若不停止"权利交换",对公民天天行使的非正式自由予以法律保障,整个政治局面将趋于动荡。因此,核心权利论不单为平衡、兼顾两类(或两代)权利所需,[7] 更

---

[6] J. A. Cohen 首先注意到新制度下的这种协调关系,认为和一九四九年以前国民党宪法的民主承诺与专制统治之间的反差成为对照。J. A. Cohen, "China's Changing Constitution," *The China Quarterly*, No. 76, Dec. 1978, p. 798. 甘曼卡则主张唯有共产党宪法取得了两类基本权利的和谐,即规定行使宪法赋予的权利,只能就现阶段政治、经济、社会制度的发展而发展,目的是建设社会主义。见注1,第137页。对于社会主义宪法类型扼要的总结,见关信基:《社会主义宪法比较》,载翁松燃(编):《中华人民共和国宪法论文集》,香港中文大学出版社1984年版。

[7] 关于人权的分代和历史发展,见 R. P. Claude, "The Classical Model of Homan Rights Development," in R. P. Claude ed., *Comparative Human Rights*, Johns Hopkins University Press, 1976.

是保证中国改革成功的一项不可避免的政治选择。

这警告虽然不无道理、值得研究,本文却不必涉及,因为作者关于"权利交换"的论证似乎站不住脚。究其原因,主要是作者误解了改革前后中国宪法和"权利"(包括正式和"非正式"的自由)的性质、状况和作用。我们分两方面讨论。

一、中国宪法与社会现实之关系

在中国,一般认为八二《宪法》继承了五四《宪法》,[8] 重新肯定"法律面前人人平等"的原则。但肯特则将两者对立,并将五四《宪法》归入极"左"路线的七五《宪法》和七八《宪法》一边。她的着眼点不同,对中国的宪法学者应该有所启发。但如果我们也取肯特的角度,检讨一下四部宪法的条文规范与"中国公民实有权利之非正式状况"之间的"互动关系"(第3页),则结论很可能刚好相反。

众所周知,四部宪法的一个重要任务,是否定——黑格尔和马克思常说的那种辩证的否定——前一个宪政所代表的过了时的政治路线和阶级斗争方式,同时亦宣布新的总任务、建立新宪政。故至少在宪法通过实施的短时期内,条文不论作为承诺还是作为规定,都必须与社会关系的总和大致相符,否则宪法序言所阐述的总任务便无从产生。例如,学者经常论及的五四《宪法》第九十条,规定公民有居住和迁徙的自由,到五十年代后期控制城市户口、粮油定量供应,才变得徒具虚名。[9] 但倘若我们考察整个的宪法实施期,则可以肯定地说,除了八二《宪法》外,没有一部能够与现实协调两年以上。原因很简单:前三部宪法都未能跟上党的路线的变动。

五四《宪法》是对五十年代初"急风暴雨"式的阶级斗争(土

---

[8] 参见张友渔(编):《中国法学四十年》,上海人民出版社1989年版。
[9] 参见徐国栋:《迁徙自由与城乡差别》,载《中外法学》1992年第5期。

地改革、镇压反革命等）的否定。根据序言提出的"过渡时期"总任务，规定所有制除全民（国有）、集体（合作社）之外，还包括个体劳动者和资本家的所有制（第五条）；国家依法保护农民的土地和其他生产资料所有权（第八条）、资本家的生产资料所有权和其他资本所有权（第十条）；并且承认公民在法律上一律平等（第八十五条）。可是这些规定不久就过时了。一九五三年开始组织初级农业合作社，入股土地已经实行集体经营，分红时"土地报酬一般地应该低于劳动报酬"，以体现劳动创造财富的原则。[10] 一九五五年五月国务院通知，要求"在实际工作中应防止农民不必要的出卖和出典土地"。买卖、典当均得报请乡人民委员会审核，转报区人民委员会批准。[11] 一九五六年推行高级农业合作社，入社农民须将土地、耕畜、大型农具转为合作社集体所有，取消土地报酬。至此，农村的集体所有制正式建立。[12]

城市社会主义改造运动亦于一九五六年完成，资本家所有制及其相关权利随之消亡。次年的反右运动，翻开了阶级斗争的新一页。"法律面前人人平等"的原则遭到公开批判。五四《宪法》与社会现实格格不入，从此成为整个法律制度的写照，这种情况一直到一九七九年才开始转变。理论上，法律是专政工具，代表统治阶级的意志；[13] 实际上，那时的法律既不能正确表达意志，也当不了专政工具。在被连续不断的政治运动左右的社会生活中，它太"本本主

---

[10] 中共中央《关于农业生产互助合作社的决议》（1953年2月）。引自南路明等：《中华人民共和国房地产法律制度》，中国法制出版社1991年版，第9页。

[11] 《关于农村土地的转移及契税工作的通知》（1955年5月）。见国家土地管理局政策法规司编：《土地管理政策法规汇编》第三辑，农业出版社1988年版，第60页。

[12] 这个制度最后定型，则在公社化运动之后。一九六〇年中共中央《农村人民公社工作条例修正草案》（六十条）发布，刹住共产风，公社土地集体所有、集体使用，生产队土地（包括自留地和宅基地）不得出租买卖的模式才固定下来。

[13] 参见北京大学法律系法学理论教研室编：《法学基础理论》，北京大学出版社1984年版，第19页以下。

义"、太官僚,因而太容易挫伤革命群众的积极性,而不能及时反映变动着的阶级关系和阶级力量对比。

七五《宪法》和七八《宪法》垮得更快。前者随"四人帮"倒台而失去效用;后者宣传了几个月便无法继续。一九七八年十二月中共中央十一届三中全会确立了改革开放的路线。一九七九年七月,"适用法律"面前人人平等的原则重新写进法律。[14] 虽然没有宪法支持,全国人大常务委员会在一九七九至八二年间自行为新法制的到来立了十一部法。[15]

只有八二《宪法》在实施十二年后的今天,仍能服务于它的总任务和总路线。这首先是由于改革开放政策(如家庭联产承包制和劳动合同制)总体上保持了连贯性,同时也靠着宪法修订使它得以调整,适应政策的发展(如一九八八年修正案承认私营经济,允许土地使用权依法转让;一九九三年修正案为"社会主义市场经济"引入一系列变动)。更重要的是,八二《宪法》与现实的协调拥有一个新的法律制度的中介,诸如"公民"和"权利"这样的概念第一次被赋予实体法和程序法的意义。[16] 在越来越多的案子里,一个人的自由、利益和责任渐次变得能够通过法律的程序操作和文书记录来加以确认,乃至根据这样的确认可以在一定限度内预测、影响或控制那个人的行为(或不行为)的后果。"有法可依,有法必依,执法必严,违法必究。"法律终于获得了它的工具性意义。

---

14 《人民法院组织法》第五条;《人民检察院组织法》第八条;《刑事诉讼法》第四条。

15 七八《宪法》第二十五条第三款规定,人大常委会只能解释宪法和法律、制定法令,无权制定法律。参见郭道晖等:《立法——原则、制度、技术》,北京大学出版社1994年版,第262页。

16 八二《宪法》通过后,学者即开始呼吁、讨论建立违宪审查制度。简要的介绍,参见韩述之(编):《社会科学争鸣大系·政治学法学卷》,上海人民出版社1991年版,第266页以下。

二、所谓马克思主义"权利交换"和劳动权

肯特认为,中国政府在改革以前为公民"交换"来的最主要的经济权利是劳动权。[17] 改革开始,家庭联产承包责任制取代人民公社,农民的劳动权随之打破。农业生产非集体化接着引发了一场"圈地"运动,农村剩余劳力流向城市和沿海开放地区,寻求工作和赚钱机会。作者用"权利的语言"解释说,中国农民其实是用他们原先"赖以生存的源泉"劳动权,即在集体所有的土地上劳动的权利,来换取一个新的选择就业的经济权和一个新的迁徙自由的公民权(第118页)。一权换二,宪法上马克思主义的"权利交换"在中国已难以向现实交代。

中国农村是否正在被"圈地"运动吞没,不在本文讨论范围之内。但当年农民享有一个劳动权作为他经济权利的核心一说,却是未经求证的"大胆假设"。大凡在人民公社谋生过的人都不会忘记,劳动究竟是农民的权利、资格,还是他的义务和生活必需。诚然,三部宪法在第三章(公民的基本权利和义务)都写上了这项"权利"。[18] 但更切合现实,农民也必须遵守的,还是宪法总纲的要求:"不劳动者不得食"[19]。劳动作为"光荣的职责"[20],只有病老残可以部分豁免。农民可不敢怠慢了这项职责;只有充分行使,他才能"按劳分配"拿到口粮,养家糊口。如果肯特的劳动权还包括不得无故除名辞退的"铁饭碗"制度,这碗饭农民却是吃不上的;它和国家粮一样,属于国家企事业单位职工的待遇。当然,即便在社会主义改造完成之后,仍有人可以不劳而食,而且食得比大多数人还好。这些人若按霍菲尔德的法律关系分类,享受的并非权利,而是

---

[17] 五四《宪法》第九十一条;七五《宪法》第二十七条;七八《宪法》第四十八条。

[18] 同上。

[19] 七五《宪法》第九条;七八《宪法》第十条。

[20] 七八《宪法》第十条。

不劳而食的特权。特权与无权相对,同义务相反。[21] 区分义务和特权的,是人的地位与成分。那时的中国,人们的地位、待遇和自由,是严格按照阶级成分划分的。[22]

这样看来,所谓马克思主义"权利交换"是个相当含混、不合时宜的概念。因为在宣布权利如何交换之前,我们先得问一问在那个社会有没有"权利"这样东西;或者换一角度,问一问有没有"公民"这种人物来主张和享有宪法承诺和规定的"公民权利"。

所谓"公民"和他的平等法律、平等权利,大致到一九五七年夏,已不能公开主张。取而代之的,是毛主席关于人民民主专政条件下,正确区分和处理两类不同性质矛盾的理论和由其指导的实践。[23] "人民"是一个政治概念,其范畴在不同时期、不同地区,依党的中心任务和统战政策而变。所以肯特提出"公民权利"的"交换",未免和现实不太协调。她的问题——按照政治审察表格的要求——本该是:谁是这个"公民"?什么姓名、年龄、籍贯、职业、政治面貌、家庭出身……?有没有主动向组织汇报思想、交代问题、检讨错误?在革命与反革命两大阶级阵营之间,他同什么人站在一起,反对什么人?没有一种"权利的语言",哪怕是"马克思主义"的,可以回答这些问题。而一旦进入"权利的语言",作者的历史叙述便不得不为"权利交换"划出一个大大的例外。这就是"文革"中亿万人民运用过的"四大自由"(大鸣、大放、大辩论、大字报)。肯特以为,这些自由是为了发动群众打倒"党内资产阶级"而受到鼓励的一种公民与政治权利(第57页)。可是正如"劳动权"一样,"四大自由"也是持有者"光荣的职责"。作为革命群众的一员,不使用或使用不当,是政治立场不坚定的表现;只有积极正确的使用,

---

21. W. N. Hohfeld, *Fundamental Legal Conceptions as Applied in Judicial Reasoning*, ed. W. W. Cook, Yale University Press, 1964.
22. 这方面开拓性的研究,是 J. F. Billeter, "The System of 'Class Status'," in S. R. Schram ed., *The Scope of State Power in China*, London: SOAS, 1985.
23. 两类矛盾即人民内部矛盾和敌我矛盾,后者可用法律解决。参见毛泽东:《关于正确处理人民内部矛盾的问题》,《毛泽东选集》第五卷,人民出版社1977年版。

才能代表积极正确的政治觉悟,才能保住既得利益并且不断"进步"。这种"非正式"的政治自由依阶级地位而产生,其实是持有者不可推卸的阶级责任。[24] 换言之,只有忠实履行了这些阶级斗争的自由／职责,才有资格占有符合相应政治立场和社会地位的种种好处。直到改革开放,公民作为权利的主体重现,这些自由／职责才有可能作为权利赋予个人而不论他的阶级立场和阶级觉悟,才有可能作为保障个人权利的义务约束政府。"四大自由"也不例外,也开始失去群众运动的性格而变得近乎肯特所熟悉的权利。当然,作为权利,它们被及时取消了。[25]

上文指出,肯特这本书是借中国的"权利历程",历史地叙述一种权利汇合和权利多元的信念。颠覆了她的核心权利论的,却是从这一信念生出的一系列设定和误解。因为无论历史还是逻辑,都无法为我们保证,"自由与生存之间"的对抗一定是某种不协调或"交换"的结果,而两者的妥协或"汇合"必然来自权利本身的"普遍性格"。至少在中国,叫作"权利"的未必就是(西方意义上的)权利,有时恐怕恰恰与权利相反,甚至排斥、消灭权利。同样,权利构筑的话语,也未必是构筑权利的话语。今天,话语的对抗和冲突之所以多半取权利的形式、办权利的手续,也许仅仅说明西方式法律的用场大了——作为跟胜利了的全球资本主义接轨的社会控制系统,能够更为"理智"地(或"本本主义"地、官僚地、职业化地)摆脱或消解一切以资本为前提的挑战和批判,包括核心论在内。

或许作者也意识到了自己理论的局限,所以她在结论中请来韦

---

[24] "四大自由"入七五《宪法》第十三条,属总纲的规定,与第三章"公民的基本权利"有别,目的是巩固党的领导与无产阶级专政。七八《宪法》移至第四十五条,和言论、罢工等自由并列,暗示性质已经转变。

[25] 五届人大第三次会议关于修改《宪法》第四十五条的决议(1980年9月10日)。见中国人民大学法律系国家法教研室(编):《中外宪法选编》,人民出版社1982年版,第19页。

伯，引经据典地谈起社会的"有意识的转变态度"、"内容理性的法律"，以及跟法律的"新意义"和"新规则"匹配的人的"新行为方式"（第 237 页）。这些法治要件在中国当然尚付阙如，只不过我忍不住要问一句：法律的"新意义"、"新规则"和人的"新行为方式"，到底是哪个生哪个呢？

一九九四年九月

法学的理想与现实

——兼评龚祥瑞主编《法治的理想与现实》

今天诸位座谈社会科学的规范化和本土化,多少是觉得本土现有的一套学术体制、标准和做法不中用了,谓之"失范"。失范本身算不算学术问题,维纲兄已经就美国汉学家墨子刻先生的批评作了精辟阐述。[1] 我所关注的,是具体方法和技术问题。[2] 方法服务于目的,技术产生于需求。不同目的和不同需求的学科便有不同的方法和技术,本来是无可厚非的。学术规范是学者的发明,现代学者是大学的产物;大学又是许多学者谋生的地方。像美国大学那种高度行业化的学术生产和再生产技术、"不发表则淘汰"的选拔制度所要求的学术质量管理方法,就未必适合正面对着"下海"大潮的中国学者。这样看来,所谓"失范",无非是方法帮不了目的,技术跟不上需求,或者说学术的理想和现实脱节、互相矛盾的现象。我就在这个意义上,谈谈现阶段法学研究中的失范问题。

---

1 陈维纲:《学术与践道》,载《中国文化》第八期,1993年,第194页。
2 冯象:《论证过程中论据的真实性和相关性》,载《中国文化》第八期,1993年,第198页。

普通法国家和地区法学院的课程,大都通过分析案例讲授。研究失范,也可以从案例(即学术著作)入手。案例示范存在的问题,引导我们溯本清源。我因为教课需要,正好留意过一些失范的案例,其中在学术界颇有影响的,便是中国第一份关于《行政诉讼法》(1989)实施现状和发展方向的调查报告,题为《法治的理想与现实》,龚祥瑞教授主编。[3]

关于《行政诉讼法》,国内外研究已经不少。但在全国范围就这部法律的宣传、理解、执行开展实地和问卷调查,却是龚先生和他领导的课题组的创举。促成这次"方法论突破"的,是龚先生和北京大学行政法专业研究生自一九八七年开始的几次实地考察。尤其是一九九一年夏,龚先生在东北某基层法院一住四十天,跟着庭长下乡,看他办案"普法",认识到自己"一向作为西方法治原则介绍的若干观念,正由我国基层司法人员加以实践"——乃至于龚先生"带着来自西方文化库的对法的一种理解去到这个远僻的山镇,居然和这位庭长达到了某种意想不到的融合"(第2—3页)。[4]

课题组的调查于一九九二年夏进行,对象包括法官、行政人员[5]、律师、原告和普通公民(工人、农民、干部、知识分子、离退休人士、个体户等)五大类。调查问卷共计281个问项和答案选项,由九名研究生和两位教师带到十二个"有代表性的"城市直接调查。另有二十个边远省份和地区,则由北大"高级行政法官班"的两届同学(均在职法官)和"亲朋好友"代办调查。采用的方法包括分组座谈、个别谈心、通信(以原告居多)等。得来的数据输入计算

---

3 龚祥瑞(编):《法治的理想与现实》,中国政法大学出版社1993年版。以下括号中页码均指此书。

4 龚先生举出的中西观念融合的例子包括:"重刑轻民"面貌的改观,法律面前(解作"法庭里")人人平等原则的宣传,改"不告不理"为主动巡回审判,以及基层法院集司法、行政、监察于一体的"综合治理"(第3页)。

5 注意:"我们所调查的行政机关工作人员中有相当部分是法制处(科、办)的干部,他们的法律意识比较高"(第207页)。

机做定量分析（第1—2页）。除了一般调查，课题组还挑了两个既非先进也不落后、成绩居中的行政庭搞"焦点调查"，目的是考察和评价立案至执行全过程中，法院内外各种因素（包括社会环境和关系网，承办人员的知识结构、行为能力、工作态度、生活目的等）对秉公执法的影响（第5页）。

龚先生对调查寄予厚望，称之为"一种从事实中抽象出诚实判断的研究方法"。认为调查报告往"观念陈腐、思维保守的法学研究领域"吹进了"新鲜空气"；希望自此法学可以开始摆脱"政治化"，把从"长官意志"和"红头文件"出发、定了"调子"和"指标"下去搜集"事实"的老一套颠倒过来，让学术竞争的"奥林匹克精神"光大（第2—3页）。

可惜课题组这次"实证研究的尝试"，从选择材料、分析数据到提出问题、论证观点，没有一个环节逃脱了失范。而且因为尝试得"大胆"，它集中反映了现阶段中国法学的全部病症和弱点。于是龚先生的厚望并未全部落空；作为失范的典型，这份调查报告反而成为治中国法的学者的必读书。

以下我就分四题考察一下它的失范。然后就（我们这场讨论迟早要涉及的）学术失范的本土意蕴提出一点看法。

一、统计数字漏洞百出

问卷调查的报告，一般第一章都要详细交待调查方法，调查人员和调查对象的人选标准，问卷设计和答案合格率如何控制等技术细节，以确立调查结果的可靠性。本书对这些细节语焉不详，却一味强调"诚实"的思维方式，完全没有想到主观意图并不等于客观效果。

更不可理解的是，五大类问卷（普通群众卷、法官卷、律师卷、原告卷和行政人员卷）的答卷人数都没有准数。例如普通卷的答卷人有四类，分别是群众、法官、律师、行政人员，按地区、性别、年龄、文化程度和政治面貌五项分别给出统计数字。可是这些数字互相出入而不加说明,不知它们代表了有效答卷还是答卷总数;如果是前者,又包括哪些漏项,为什么包括等。见以下两表:

表一(第272－273页):

普通卷调查统计结果

个人情况(四类答卷人五个项目人数)

	群众	法官	律师	行政人员
地　　区	1589	71	29	79
性　　别	1555	68	28	78
年　　龄	1552	69	29	75
文化程度	1546	65	29	77
政治面貌	1417	60	27	74

表二(第291－292,307－308,319－321,330－331页):

法官卷、律师卷、原告卷和行政卷

五个项目答卷人数

	法官	律师	原告	行政人员
地　　区	277	126	92	305
性　　别	266	122	84	282
年　　龄	269	123	95	286
文化程度	242	124	90	285
政治面貌	259	119	85	270

统计数字这样明显的出入，确乎意外。令人对整个调查的设计、调查人员的训练和工作态度、调查报告所提供的数据的可靠性，都不敢信任了。

二、百分点统计不能预测趋势

课题组的目标，除了描述《行政诉讼法》的实施现状、还致力于预测和解释它的发展方向。但是课题组所依据的，是一系列百分点统计。众所周知，百分点统计只能描述过去（现状一经描述即成过去），而无法推导将来。例如小菜篮子的菜这个月比上个月贵了多少，可以用百分点表示。下个月菜价是否继续上扬，却和这百分点没有因果关联。道理很简单：可能影响菜价的因素很多，往往还相互关联；只有知道了足够多的变量在过去一段时间内的曲线，以及它们和我们要调查的那个变量在那段时间内的一些可以确立的关系，我们才可能预测该变量将来的走向。这就需要用回归统计。回归统计是将一个变量与一组变量用一等式相连，以求得它们的动态参数的统计方法。而百分点统计只描述了一静态参数（过去之事实），而不能解释、推导和预测任何事实。百分点不涉及参数间的互动关系，即不揭示事物的因果关系。[6]

又如行政诉讼案件撤诉率高，一直是研究者关切的。课题组在河南省南阳地区五县市法院焦点调查的结果表明，一九八八至一九九二年五年间，除一九九一年南阳县和内乡县撤诉案件数比上年有所下降外，五县市撤诉案件的总数一直在增加。尤其是土地行政诉讼案件的撤诉，占了行政诉讼案件撤诉总数的近 50%，南阳市更高达 75%。课题组因此得出一个"撤诉率"逐年升高的结论（虽然并没有给出五年中每一年的撤诉率），并且进一步解释说，撤诉率高的

---

[6] 严格说来，没有一种量的统计能提供真正可靠的预测，故无论工业管理还是社区调查，都必须辅之以质的控制和监督。但这里我们只讨论百分点统计的局限。

实质是行政审判难（第 126－127 页）。这就犯了一个逻辑推理的错误。原告和法院迫于各种压力而导致撤诉，确是行政审判难的一种表现。但行政审判难却并非撤诉的唯一原因。所以即使存在撤诉率高的事实，也不能不加限定地把它和行政审判难相提并论。

三、问卷混淆了应然和实然问题

中国人传统上讲规矩，说话内外有别，加上多年来深入细致的思想教育，在中国做问卷调查，难度可想而知。调查者首先要考虑的，就是如何避免调查对象对有关"实际如何"的问题作出"应该如何"的回答。因此，问题设计和问卷说明必须遵守非常严格的标准，才能保证调查的质量。一些涉及大道理或敏感的问题，除了直接提问，还应该对不同对象设计多角度、多层次的间接提问，以便把对象的觉悟和行为区别开来。

可是课题组忽视了这些最基本的问卷控制。例如，因为许多法官同意了几种社论式的说法（"无论如何，作为法官我很自豪"，同意者 54.1%；"有理想有正义感的人才能加入法官行列"，同意者 72.0%；"目前在中国要当个好法官是需要勇气的"，同意者 80.8%），或表示了成为法官的主要原因是"工作需要、组织安排"（52.2%）和"自我选择，因为有某种理想和追求"（35.7%），就评价说"中国社会有一支自我感觉比较良好的法官队伍"（表 2－7－1，2－7－2，第 17－18 页）。这似乎太天真了一点。法官的自我感觉到底如何，还需要从他们的具体行为和工作态度上得到验证。这和政审是一样的道理。

再如一个相关的毛病是大问题套小问题，不知得到的回答是针对问题的一部分还是全部。表 6－5 问：赞同不赞同"《行政诉讼法》的制定，对中国法制建设来说是进了一步，是一次重大突破，引起了国外人士的关注"（第 280 页）。但是，不赞同者可以是不觉得"进步"、"突破"，也可以是不知道外国人的"关注"。再说，泛泛地赞同"进步"和"突破"这些用得很滥的大词儿，又有什么研究上的意义呢？

这就暴露出病根是课题组的疏懒，一厢情愿地从自己的结论出发提问题，有时候甚至连自己需要什么样的回答都没闹清楚。这才有了表2—3—1和表2—4的矛盾回答：绝大多数（89.3%）的律师完全不赞成或比较不赞成"有没有《行政诉讼法》没有什么两样，社会上各种不法现象依然如故"这样一句拗口而空泛的话。同时却有40%的律师同意"行政审判是一种形式，实际上解决不了什么问题"（第11—12页）。

四、先入为主的循环论证

课题组大而化之的论点不少，而且往往要答卷人直接表示赞同或不赞同。赞同了便是结论，不赞同则是问题。这样循环论证得出的结论，归纳起来约有三条：一、《行政诉讼法》是走向法治的第一步，因为行政诉讼在中国和西方一样，也是要驯服政治权力的"脱缰野马"（第26页）。二、法治源于西方；在西方文化中，法被视为正义"或达到正义的一种制度"。法因此受人信仰，法治遂得以实现（第73页）。三、中国行政诉讼难的根本原因，是人民不信仰法。种种来自领导和社会关系网的干扰，都是国人囿于文化意识（或称思维模式），未能将法等同于正义，缺乏基于此种正义的善恶判断标准的结果。无怪乎中国人至今"虔诚地相信"，法是统治阶级的意志（第72—73页）。

三条当中，前两条是为达到第三条而下的判断，先已看作是不证自明的真理。但是我们只消读一读《行政诉讼法》第一条，就会发现在中国行政诉讼的目的，主要还不是限制政治权力。法庭的受案范围，只列出了八项"具体行政行为"以及法律、法规规定可以提起诉讼的其他行政案件（第十一条）。看来，课题组混同了理论上或西方观念里的行政诉讼和《行政诉讼法》，才会宣布后者为"民告官的基本法","旧传统死亡和新观念再生的分水岭"(第2页)——尽管"民告官"原来哪个朝代都有；不许百姓伸冤，皇帝怎么坐得稳江山？

法如何看待，才算信仰了正义，也是十分模糊的说法。因为恐怕举不出一个社会，法律不是以这样那样的正义的面目出现的。中国古代的法也是"平之如水"，用来"明断曲直"的。所以课题组实际要说的，是传统中国没有现代西方那种基于自由意志、天赋人权的正义理论。但是现代法治并非正义治国，而是一整套西方民主制度。分权制衡和民主选举，恰巧是不信什么抽象正义和良心的结果。故法治的核心问题不是法（"法"的文化定义或它的蜕变物"法律意识"），而是权力。是脱去了信仰的世俗政治权力的再分配和新操作，复以法律的名义赋予由此而生的新的权力意识以正义的象征和信仰的比喻。如果中国的老百姓至今还不懂法的这层象征和比喻，倒是再自然不过了：没有享过抽水马桶之福的人，叫他如何想象坐在马桶上看书的乐趣？

然而我们最终要探讨的问题，并非失范如何发生，而是作何解释。龚先生为本书题记云："人间没有无现实的理想，也没有无理想的现实。"这句话十分警策。既然失范有本土的现实，本土就该有失范的理想了。这没说出来的理想，我们可以从课题组沾沾自得，从"事实"抽象出来的"诚实判断"看到它的轮廓。本书严厉批判了法学界"制度内看制度"，就条文说条文的"本本主义"，它主张放开眼光和胆量，寻觅"条文之上的价值"。《行政诉讼法》的实施，因此被叫作一个"新时代"的开端，释放出"法律背后无往而不在的压力"和"潜在的取之不竭的生命力"（第344页）。话虽说得含糊，意思却是清楚的：课题组真正的目标和成功，是挣脱"本本主义"的狭隘视角的束缚，自由地喊出"法大于权、宪大于政、民大于官、人大于民"的口号。喊口号，最要紧的是时机与决断。我们不妨把这种勇敢的报告文学式的品质和目标，看作当前法学的一种"本土"的理想；而那公开宣布的"实证研究的尝试"，不过是这"本

"故法治的核心问题不是法,而是权力"。

[英]兰西尔(1802-1873):《立法者》

土"理想的象征和比喻。

课题组多次提到的伯尔曼教授,在他的名著《法律与革命》前言里引用了美国诗人麦克利希(1892-1982)的几行诗[7],大意是:

> 一个世界死了比喻,
> 它便到了末日。
> 一个时代……意象失落了意义,
> 留着意象,它也不能支持。

---

7 Harold Berman, *Law and Revolution*: *The Formation of the Western Legal Tradition*, Harvard University Press, 1983, p. v.

那么,我们今天讨论学术规范化和本土化,对于法学的这个刚刚开始成长的"本土"理想,是否有必要揭去它的比喻,拿走它的意象,还它赤裸裸的失范(或规范)呢?

一九九四年十月

一九九七年香港知识产权法
改革与台商权益

这次台湾大学会议的题目是"九七"以后的台港法律关系。说到"九七",先得从"九七"过渡谈起。而过渡是一个大题目,牵涉到许多公法上的问题。在座的我的同事们是这方面的专家。本文只打算讨论两个问题:香港知识产权(在台湾也称"智慧财产权")的"九七"过渡,以及与之相关的不久就要完成的香港知识产权法的改革对台商和台湾知识产权所有人、被许可人和其他利害关系人(以下简称"权利人")的影响。

一、"九七"过渡与香港知识产权

一般认为,香港的知识产权制度具有典型的殖民地法律形态。[1]虽然香港和台湾、内地一样,总体上是一个技术和文化产品的输入地,它却照搬了英国(一个主要的技术和文化产品输出地)的知识

---

[1] 参阅 Michael Pendleton, "Hong Kong: Colonial Intellectual Property Law Discourages Local Innovation and Design", *Intellectual Property Asia*, Mar. 17, 1989, pp. 2-7.

产权法。并且在执法上，香港的制度可说是不遗余力地维护外国权利人的利益。在商标注册（包括异议、撤销），商品说明（trade description），专利检索，工业设计和打击"盗版"诸方面，为外国权利人提供高于国际公约水准的，连英国也不曾实行的保护和便利。所以，尽管香港一向有着颇受消费者和旅游业青睐的仿制品市场和冒牌货走私，西方的主要工业国（也即技术和文化产品输出地）仍然承认香港的知识产权立法和执法为"高水准"，甚至把香港誉为亚洲其他地区的榜样。这种对仿制品和冒牌货的"理解"和"容忍"态度，归根结蒂，当然源于香港的政治地位（英国统治）和投鼠忌器的顾虑。

"九七"以后，香港作为北京政府属下的享有高度自治权的特区，这种"理解"和"容忍"便很可能难以为继了。香港多半会同内地、台湾及东亚其他技术和文化产品输入地一样，面临日益频繁的知识产权谈判的压力和贸易制裁的威胁。事实上，随着"九七"到来，出于地缘政治和自身经济利益的考虑，美国已经明确表示香港问题（从人权到知识产权）在"九七"以后将成为推动和制约美国与中国大陆关系的一个新的谈判筹码。下个世纪的香港问题，将是中国大陆和美国之间在政治、经济、文化、军事各个领域广泛发生的利益冲突中，双方寻求平衡、合作和共存的努力之一部分。[2]

"九七"过渡带来的另一个有待观察的因素，是"一国两制"的实施。"九七"政权交接，港台关系起了实质性的变化。香港不再以第三者（英国统治地）的立场"居中"看待港台关系（包括经贸关系），而必须遵循"一国两制"的原则。[3] "一国两制"构想的着眼点，或者说它瞄准的目标，乃是两岸关系的最终政治解决。"九七"

---

2 这方面卓有远见、富于争议的论述，首推哈佛大学 S. P. Huntington 教授《文明的冲突》一文，*Foreign Affairs*, 72/3, Summer 1993, pp. 22-49。内地学者的批评，见王辑思主编《文明与国际政治》，上海人民出版社 1996 年版。

3 参见陈弘毅：《从法律观点看九七过渡对港台关系的影响》，载《华冈法粹》第 23 期，1995 年，第 57—67 页。

以后香港特区政府处理涉台事务，包括台湾权利人和台商的权益，必然受到两岸关系的总政策走向的左右。这在法律本本上的表达，便是《基本法》对特区政府独立处理港台关系的权限的设定，一概阙如。这意味着给"一国两制"处理涉台事务预留了充分的政策空间。特区政府将听取中央政府的指示，贯彻也许是更灵活的，然而却步调统一的两岸关系政策。

这样，港台之间关于知识产权保护的任何双边安排，也必然是两岸关系总政策的一个具体步骤。而因为台湾不是主要国际知识产权公约（如巴黎公约和伯尔尼公约）的成员，这样的双边安排对保护台湾权利人在港的权益是至关重要的。即使将来台湾和内地同香港一样，加入了世界贸易组织，两岸三地互相承担起TRIPS义务，[4]"一国两制"依然会是港台经贸中知识产权保护的政策基础。

"九七"过渡的完成，因此标志着两岸关系包容港台关系的开端。研究台港法律关系，应该首先研究两岸关系。后者并非法律问题，不属于我们今天讨论的范围。但是，法律问题的实质，是政策和策略的选择、调查和实施。这一点，怎么强调也不过分。

虽然如此，我对港台经贸合作，包括台湾权利人和台商权益的保障，总体上持乐观的态度。历史地看，"一国两制"的构想其实是把两岸关系的最终政治解决，有条件、有限制地押后了。这似乎是自五十年代起就定下的基本方针，可以看作一种"风物长宜放眼量"的远景发展战略。故"九七"以后包容在两岸关系之中的港台经贸合作，可望有一个尽管充满变数，但总体上保持稳定的法律秩序。

以上是我们讨论台湾权利人"九七"以后在香港的法律保障，以及港台之间与知识产权有关的经贸关系的总背景。换一个角度看，也是《基本法》承诺的香港保持自由港地位，对包括台湾在内的区

---

[4] 即《关贸总协定与贸易（包括假冒商品贸易在内）有关的知识产权协议》。中译文见《知识产权审判手册》第二辑，人民法院出版社1996年版，第1112页以下。

域贸易和国际贸易伙伴一视同仁，不区别对待的政治基础。[5]

二、香港知识产权法改革和台商权益

基于北京和伦敦政府的共识和谈判达成的理解，香港政府近年来在知识产权法方面出台了一系列改革建议。新的商标、专利和版权（即著作权）条例可望在主权移交之前走完立法程序。由于我们在这里关注的是法律改革对台湾权利人和台商权益的影响，下面我只讨论改革涉及的几个侧面。我所依据的是港府知识产权署公布的条例草案和说明；将来通过的条例肯定还会有一些修改和增删。但新条例的大致保护水准和主要的新规定，大概是不会变了。

1. 商标

香港的现行《商标条例》大致是英国一九三八年《商标法》的翻版。因此商标注册分为 A、B 两部。A 部注册要求商标业已具有识别性（distinctiveness）；B 部注册则只要求商标可能（capable）在使用中获得识别性。A 部注册商标享有较宽的保护范围，如七年之后其注册效力便一般无法对抗；而 B 部注册商标则无此资格。后者也不能对抗能够证明不会引起误解或欺骗用户的使用。一些识别性不够显著的商标因此可以先在 B 部注册，在香港使用五年之后证明其获得了识别性，然后再申请注册 A 部。

这个分部注册制度的好处是比较宽松，和普通法的使用原则正好配合。可是因为英国无法拒绝欧洲一体化进程而必须与欧洲大陆法系国家取得知识产权法上的"合谐"（harmonization），以便建立统一的欧洲商标，英国一九九四年《商标法》放弃了分部注册。故香港的商标条例草案也建议取消分部注册，并且将首次注册年限从七

---

5 《基本法》第一百一十四至一百一十六条。

年延长到十年，之后的续展则从十四年缩短到十年。由于台湾和内地的制度都受大陆法系的影响，相信新条例的合部注册对于台湾权利人而言，是容易理解和接受的。

另一项源于英国一九九四年《商标法》的改革，是放弃了商标标识（sign）须满足"视觉感受"（visually perceptible）的要求。可注册商标的范围于是扩大到任何"能够用图符表现"（capable of being represented graphically）的标识，[6] 包括听觉、嗅觉乃至触觉标识。例如MGM公司放在电影片头的那个有名的"狮子吼"（Lion's roar），便可以在香港注册商标了。因为根据美国的经验，吼声和音乐一样，是可以用文字和符号表现，亦即记录并公布在政府公报或注册簿上的。可注册标识还包括商品形状和包装。这就使得曾经在英国和欧洲大陆被拒绝注册的"可口可乐"玻璃瓶形状，在"九七"后的香港有可能获得注册。

条例草案还为确定相对识别性增加了一条不予注册的理由，即与在先商标相同或近似的申请注册商标，不得就不同类别的商品或服务注册，倘若该在先商标在香港已建立声誉（reputation），而申请注册商标无正当理由的使用会不公平地利用或损害该在先商标的识别性特征或声誉。[7] 所谓"在先商标"（earlier trade mark），包括两种情况：一是申请日（包括优先权日）在先的已注册商标；二是虽未在香港注册，但在申请注册商标的申请日（包括优先权日）依照巴黎公约或世界贸易组织的协议得享受驰名商标（well-known trade mark）保护的商标。[8] 后者的商标权人按照条例草案的规定，还可以要求法院发出禁令，禁止他人在香港就相同或近似的商品或服务使用相同或近似的商标。

注意：虽然台湾不是巴黎公约和世界贸易组织的成员，台湾商

---

[6] 参见 Trade Marks Act 1994, s. 1 (1).

[7] 参见 Trade Marks Act 1994, s. 5 (3).

[8] 参见《巴黎公约》，art. 6 bis.

标权人仍可以有条件地享受巴黎公约驰名商标的优惠。这条件就是如果该商标权人在任何一个公约成员国拥有经常住所、居留权或者"真实有效"(real and effective)的工商机构。

例如一位在内地投资或拥有经常住所的台商,他的商标虽未在香港注册,他在香港也不做生意,但只要该商标因广告宣传、商业往来或以其他方式在香港建立了声誉,他就能主张巴黎公约的权利。

2. 专利

香港并无本地的专利制度。发明人或专利权人必须先在英国获得专利或在欧洲专利局获得以英国为指定国的专利,在五年内到香港依照《专利注册条例》注册,才能享受延伸到香港的专利保护。因此所谓香港"注册"其实只是登记,并不经过文献检索和专利性的审查。登记的有效期即英国专利注册的有效期。而专利的效力、修改、撤销等均由英国处理。[9]

《专利条例》草案采纳了较早时港府专利权事务指导委员会《改革香港专利制度研究报告书》的主张,准备建立香港本地的专利注册制度,以使"九七"之后,有关香港专利的效力、修改、撤销等问题,得由本地的专利注册机构和法院处理。又经中英联合联络小组同意,香港的专利制度将允许三处专利局授予的注册专利,作为香港授予独立专利的依据。这三处专利局是:

联合王国专利局
欧洲专利局(以英国为指定国的专利)
中国专利局

前两处专利局授予的专利,在"适当的时间过后",将逐步停止作为香港专利的依据。特区政府视"实际需要"决定具体的日程和

---

[9] 参见王秋华:《九七后香港专利制度的选择》,载《法学研究》1996年第3期,第144-158页。

方式,由中国专利局结束专利史上这部不打不杀的"三国演义"。

英国专利是不包括"小发明"(petty invention)的,但为了鼓励本港的发明创造,同时也方便与欧洲大陆的专利制度衔接,草案接受了指导委员会的建议,增设一个"短期专利"(short term patent),即源于德国的实用新型(utility model)。[10]

上述改革的直接后果,就是接纳中文(与英文并立)为专利注册申请语言。同时还要求发明的主题和摘要用中、英两种官方语言提交,以便香港专利注册机构建立双语的注册簿和资料库。使用中文,对台湾申请人来说无疑是一个便利。他们可以先向北京的中国专利局以中文提出发明或实用新型的申请,然后在规定的期限内在香港登记该项申请和提出注册香港专利。

中国专利局对实用新型只做初步审查,不做全面的实质审查。实用新型因此既可能及早获得保护,又带来不少弊端。例如常常发生重复授予;在侵权讼诉中,实用新型的效力也容易遭到被告的对抗,因为它的"三性",即新颖性、创造性和实用性严格说来还未经确认。[11] 这方面未来香港专利注册机构和法院如何处理,采用什么举证程序和标准,还有待进一步的立法和司法实践。但有一点可以肯定,"短期专利"的设立,为台湾发明人和权利人提供了一个和台湾专利制度相近的保护领域。

3. 版权

香港的《版权条例》是最早提出要修改的,因它照抄的是英国一九五六年《版权法》。后者公认是英国立法史上少有的一部糟糕的法令,规定既混乱不清,文字又冗长晦涩,版权的基本原则也没有

---

10 即台湾"专利法"第二章的新型。

11 详见拙著, Peter Feng, *Intellectual Property in China*, 2nd ed., Sweet & Maxwell Asia, 2003 (1997), pp. 178 ff.

好好呈现，以至于在教科书里列作立法失误的范例。[12] 港府的计划，是大体上依照英国现行版权法，即一九八八年《版权、工业设计和专利法》，修一部新的《版权条例》。

英国一九八八年《版权法》最显著的改进，首先是取消了一九五六年《版权法》把版权保护的客体按著作权和邻接权划归不同章节，分别加以规定，徒使条文复杂化的作法。其次是肯定了计算机程序作为文字作品保护的地位和具体要求。另外还增加了作者的精神权利（moral rights），包括伯尔尼公约要求的作者身份权（right of paternity）和作品完整权（right of integrity），以及委托人在摄影和电影作品中的隐私权（right of privacy）。遵循这些改进，可使香港的新《版权条例》达到较高的保护水准。尤其是正式承认精神权利，台湾和内地的作者已经期待多时了。

在香港，如同在多数国家和地区，版权的实现（subsistence）不需注册或任何法定手续。版权的许可使用和转让（包括版权贸易）一般也只是当事人之间的合同关系。因为台湾不是国际版权公约的成员，台湾作品在香港获得保护，就需要在香港首次发表（first publication），或者依作者身份上与香港的联系（如在香港或任何公约成员国拥有惯常住所）而实现。这似乎是一个不利因素。但是在内地，八十年代中开始建立版权制度的时候，国家版权局曾以行政命令的方式保护台湾作品，虽然内地一向不承认台湾法律的法律地位而只把它视为事实。[13] 故可以设想，"九七"以后特区政府根据"一国两制"的政策，采取灵活的立场，按一定的条件，为台湾作品提供版权自动保护。

值得注意的是，版权保护在少数情况下还取决于所谓"公众利益"对作品的内容有无限制。[14] 普通法案例建立的拒绝版权保护的

---

12 W. R. Cornish, *Intellectual Property*, 3rd ed., Sweet & Maxwell, 1996, p. 302. 参见 William Dale, *Legislative Drafting: A New Approach*, Butterworths, 1977, Chap. 1.

13 详见拙著，注11，第88页以下。

14 参见 Copyright, Designs and Patents Act 1988, s. 171 (3).

作品内容包括：淫秽、诽谤、亵渎宗教、严重欺骗公众等。"九七"以后香港言论自由的政治标准，尚有待于对《基本法》和《人权法案》有关条款的解释。香港作为普通法法域（jurisdiction），将继续通过诉讼和案例来确定与言论自由相关的版权保护范围。这不单是香港人民关心的，也是台湾作品的权利人所应留意的问题。

4. 普通法权利

在知识产权领域，普通法上的权利亦很重要，不可忽视，如反假冒（passing off）、保密责任（confidence）等。这些实体权利及相关救济手段，根据《基本法》的规定应该全部保留，不存在改革的问题。[15]

结束语

综上所述，香港知识产权法的改革对台湾权利人而言，总体上将带来高水准的保护，因此是值得欢迎的。但是台商在港的利益，除了作为权利人希望得到一视同仁的保障和便利，还有作为权利人的相对人，即知识产权侵权纠纷的被告的权益。这个题目本来是我很有兴趣研究的，但是限于篇幅，在这里无法展开讨论。

对于技术和文化产品输入地的厂商和消费者来说，知识产权每一次"进步"，都可能意味着知识产品垄断范围的扩张和生产、销售乃至社会福利成本的高扬。在香港，一如在台湾和内地，本地厂商和消费者要求享有的自由与公平的竞争、便捷和习惯的服务，常常为越来越"进步"的立法所忽视。因而这些权益事实上的存在，便表现为执法同司法上的疏漏和软弱。一个绝好的例子，就是充斥香

---

[15] 《基本法》第八条："香港原有法律，即普通法、衡平法、条例、附属立法和习惯法，除同本法相抵触或经香港特别行政区的立法机关作出修改者外，予以保留。"

港的便宜"水货"。水货即合法生产、但未经许可人授权进入香港市场的商品。如果水货犯禁,有几个人能够心安理得地守法呢?

一九九七年四月

功亏一篑[*]

——评郑成思英文近著《中国知识产权的实施：主要案例与评论》

这本书易读却难于评说。至少，对于读遍此书作者十年来丰饶著述的人来说，尤难下笔。郑成思先生是中国社会科学院法学所的教授，也是中国知识产权界的学者和实务工作者所熟悉的名字。从八十年代中期以来，不论在知识产权的立法领域还是教育、实践部门，人们均已认识到郑教授对在中国建立现代知识产权体系有着突出的贡献。中国政府、各著名国内机构和国际机构授予他二十六个官方的、名誉的、学术的和专业的称号（见此书作者介绍，第v–vi页），充分证明其成就和职责达到了令人难忘的程度。但是，作者"用中、英文在大陆、台湾以及英国和澳大利亚出版的二十四本大学教科书和学术著作"（第vi页）之后，他的这本近著却有很多不确之处、随意引证和不必要的错误。

虽然如此，在详细评论此书之前，我还应当说明该书总体上的

---

[*] 英文原稿载 Hong Kong Law Journal, 28:1, 1998。我要特别感谢译者彭冰同学的大力协助：尤其是他对书评提出了若干中肯的建议，促使我增加注释，并在个别段落作了少许改动。所评著作的英文书名是：*Intellectual Property Enforcement in China: Leading Cases and Commentary*, Sweet & Maxwell Asia, 1997。

积极影响。如本书"前言"和"导论"所言,作者的写作目的之一是为了纠正他认为的一些西方批评对中国知识产权实施的偏见和无知。为此,作者选择了"既展示成功的案例,也展示不成功的案例"的方法,以便提供关于中国知识产权运作的"真实图画"(第 viii 页)。我认为这种持平的方法是值得赞赏的。美国在知识产权和市场准入谈判中对中国采取高压态度,随之,国际媒体对中国知识产权实施状况吹毛求疵,此时,中国的确没有比郑教授更好的人选来向外国读者和法律专家讲述二十二个关于中国知识产权实施的"主要案例"(leading cases)了。

但是,郑教授的评论的最大优点还在于对中国立法发展的讨论。他经常从外国模式和国际规范中获得灵感,对现行法规提出新的立法建议和修改意见。他的某些意见被中国立法者接受,并由法官和知识产权执法人员所实践。甚至郑教授一些妙闻迭出的议论对外国读者也是有益的。例如,他的报告证实在制定人们期待已久的半导体芯片条例方面已取得进展,而商业秘密法的起草工作已经进行多日(第 xxii 和 131 页)。

在材料的组织方面,本书也保持了较好的平衡。本书前半部分由二十二个案例组成(占 140 页),每一案例分三部分讲述:"事实"、"判决"和"评论"。书的后半部分是"附录",包括四部中国主要的知识产权法律(著作权法、专利法、商标法和反不正当竞争法)以及相关的实施条例的英译,还有中美之间两个知识产权协议:一九九二年《谅解备忘录》和一九九五年《知识产权协议》。

这些优点都是显而易见的,无须详述我的高度评价。评论因此集中在作者完成任务的细节上。我准备先从翻译开始,然后再谈案例。

"翻译"

虽然说知识产权一般是法律中比较技术性的领域,但是中国知识产权术语和概念的英译还是比较简单和容易的。许多中国知识产权的术语和概念,本来就得自英语和其他语言。熟悉外国法律(如法国、德国和日本)和国际条约的英文文本的法律家在中英对译中几乎不会遇到障碍。但是,正像本书表明的,一小部分的中国知识产权的术语和概念在英语中无现成对应。这种"术语的精华"(terms of the art)展现的正是法律的"中国特色"或法律的"驯化"(domestication)。

例如,众所周知,中国《著作权法》中的"合作作品"并不必然导致对作品每一部分著作权的共同共有。这是因为中国法将合作作品的概念扩大,不仅包括"两个或两个以上作者共同创作,其中各自贡献无法区分的"作品,也包括各个作者的贡献可构成独立部分、可分割使用的复合作品。这样,《著作权法》中合作作品的著作权条款规定了两种形式:一种将合作作品作为一个整体共同共有著作权,同时,在合作作品为一复合作品的情况下,每一合作作者对他创作的可分割使用的那一部分单独拥有著作权。[1]

因此,本书将"合作作品"译为"共同拥有著作权的作品"(work of joint authorship)或简称为"共同作品"(joint work)(《著作权法》第13条,第145页;《著作权法实施条例》第11条,第158页),表面上看起来很好,实际上是不合适的。这些现成的术语在法律英语中有其业已确定的语义范畴。[2]

同样,"职务作品"也并不等于本书所使用的"在雇佣过程中创作的作品"(work created in the course of employment)(《著作权法》第16条,第149页;《著作权法实施条例》第14条,第158页)。

---

[1] 参见拙著,Peter Feng, *Intellectual Property in China*, 2nd ed., Sweet & Maxwell Asia, 2003 (1997), pp. 102 ff. 关于《著作权法》中合作作品的认定,简明也最有说服力的讨论,我以为是马原(编)《民事审判实务》第十一章,中国经济出版社1993年版。书中提到郑先生的《版权法》(1990年版,第187页),谈及一些国家法律对"共有著作物"(日语,即德语 Werk von Miturhebern)的定义(第254页)。

[2] 参见 Copyright, Designs and Patents Act 1988 (UK), s. 10.

用"雇佣"这个词来描述社会主义工作单位中的典型工作关系总有点不伦不类；它所指的合同制劳动关系只是最近才在中国初具规模。实际上，《著作权法》表示得很明白，决定是否职务作品与作者是"雇佣"创作，或是完成其工作单位的本职工作毫无关系。依照《著作权法》第十六条第一款的规定，只有为了完成工作单位分配或委托给作者的特定任务所创作的作品，才是职务作品。不论作者在该单位的工作是兼职还是"借用"，也不论他是否还继续从"原单位"领取工资、享受住房、医疗和其他福利待遇。[3]

另一方面，"职务发明"并不像作者所选的术语"相关工作发明"（job-related invention）或"雇员发明"[employed（应为employees'）invention]（《专利法》第6条，第164页）那样模糊不清。职务发明是一个人执行本单位的任务或主要利用本单位的物质条件所完成的发明创造。在此，"任务"是指本单位规定的发明人的职责，以及本单位分配或委托给他的特定任务。但是，"职责"在司法实践中倾向于作严格解释，例如并不包括董事对本公司的特别信托责任。[4] 在发明人退职、退休或调动工作后一年内作出的，与其在原单位承担的本职工作或分配的任务有关的发明，也属职务发明（《著作权法实施细则》第10条）。[5]

在处理非知识产权术语时，作者的困境就更加明显了。例如，他使用"上诉"（appeal）这个词的方式就很令人困惑不解。中国的法律制度对所有类型的诉讼都只容许上诉一次。二审的判决或裁决是终局的，不能再上诉，但在认定事实、法律适用方面有严重错误，或司法发生腐败的情况下，当事人不服可向二审法院或上一级法院

---

[3] 详见拙著，注1，第105—106页。

[4] 见"陶义诉北京地铁地基工程公司"案（1992），《最高人民法院公报》1992年第3期。

[5] 详见拙著，注1，第194—199页。关于职务发明与非职务发明，较全面且贴近审判实践的论述，见杨金琪：《专利诉讼》，载沈关生（编）：《经济审判专题研究》第二卷，中国政法大学出版社1994年版，第200页以下。

"申诉",申请通过"审判监督"程序再审(《民事诉讼法》第178、179条)。因此,申诉和上诉有实质性区别,它并不停止所涉判决或裁决的执行。但在本书中,所有的"申诉"都被译为"上诉"而无任何解释。

在案例四("广播电视报"案,1994)中,二审法院柳州中级人民法院认为,被告煤矿工人报未经原告广播电视报同意,转载原告的电视节目预告表,损害了原告的"一定的民事权利"。书中告诉我们:"被告不服(中级法院的)判决,上诉至最高级人民法院(应为:省高级人民法院)",但是高级人民法院未"准许"(allow)"上诉"(第36页)。

同样,在案例十八("狗不理"案,1994)中,原告商标所有人,不服二审判决向省高级人民法院申诉后胜诉。作者不可思议地将此案称为"惟一容许上诉到第三级法院的商标案"(第119页)。在高级人民法院重审之后,据说被告之一将"他的所有材料和记录寄给作者"并"向最高人民法院上诉"(原文如此)。这种不可能的"第三次上诉"促使作者在"评论"中思考、讨论最高人民法院是否应该以及如何"重审"此案这样一个虚构的问题(第120—122页)。

也许此不过为智者一失。但在案例十六("贵州醇"案,在审)中,作者进一步混淆了"上诉"与被告"申请"取消原告注册商标的区别,后者的依据是《商标法》第二十七条第一款(第111页)。在向二审法院上诉的同时,被告向商标评审委员会申请取消原告的注册商标。因为商标评审委员会的裁决是终局的,并不受人民法院审查,此申请使法院审判程序中止,等待商标评审委员会对争议注册商标的有效性作出裁决(《商标法》第29条)。因此,在商标侵权案中;此为被告的一种标准的防御技巧。作者显然也明白此点,但他对"上诉"的解释可能会使细心的读者失望(第112页):

> 商标评审委员会有全权最终决定注册商标是否有价值(应为:有效)。所以,当人们向该委员会提出上诉(应为:申请

取消）时……法院应当中止听证程序（应为：审判程序），等待委员会作出最终裁决。

本来，只要一些耐心和语感就能纠正此类错误。诸如将中级法院称为"中等（medium）法院"或"调解（mediate）法院"（第44页及多处）之类的明显错误，读者自己就可能发现和纠正。但是，其他的错误考验的就不止是感觉（sensibility）了，还有见识（sense）。[6] 比如此书"附录"没有说明《著作权法》和《专利法》的英译本来源。但在《商标法》和其《实施细则》的译文后面，各有一条注释说明译者为国家工商局的商标局。奇怪的是，该注释接着声明："两种文本不同之处，以中文本为准"（第220及296页）。细心的读者或许会想，倘若译本和原本一致又将如何？答案其实再简单不过了：无论译本是否忠实原文，均以中文本为准。中国大陆的法律制度并不实行双语。

"事实"

上文提到，本书中案例分为三部分叙述，标题分别为"事实"、"判决"和"评论"。按理，"事实"应包括当事人的陈述要点（既有主张，也有答辩），以及合议庭在采用的证据基础上认定的实质性事实。但是，作者倾向于将他个人的观点和评论织入"事实"之中。

例如，在被称之为人民法院受理的第一起著作权纠纷的案例一（"姜思慎诉乔雪竹"案）中，"事实"部分忽而演变为作者对中国司法实践的杂感（第3页）：

> 虽然本案和它的判决方式对西方读者会很陌生，但看起来解决问题的实际需要，即使只是顾全面子的和解，也比寻求为

---

[6] 此处"sense"和"sensibilty"是双关语，借自英国女作家 Jane Austen 的小说《理智与情感》（*Sense and Sensibility*）。——译注

> 解决问题所需要的连贯而明确的法律基础来得更加迫切。这种就事论事的实用主义方法倒也并非完全陌生——它令人回忆起英国普通法当年突破僵硬的救济措施的方法……

这确是非凡的洞见,只可惜论坛不对。作者个人的观点和评论应当放在另一标题下。事实上作者在别处就是这么做的:在他一九九一年出版的书中,[7] 同样的这段话就出现在同一案例"事实"部分的前面(第35页)。

而更严重的问题是,作者某些随意所发意见中的事实不准确。在一些地方,作者声称中华人民共和国在一九九○年《著作权法》(1991年6月1日生效)之前不存在著作权制度(第35页及多处)。但是虽然"缺乏任何特定的法律规定著作权"(第3页),中国的行政和司法当局却并不吝于解决著作权纠纷。人们不免要问,法院和著作权行政机关是依据什么样的法源(legal authority)作出决定的。在"姜思慎诉乔雪竹"案(一个电影剧本作者和她的编剧之间的著作权纠纷案,1985)中,如果依照作者的说法:"共同作者(joint authorship)的概念在此时……为法律与实务部门所不知"(第7页),那么法院又是如何合法和令人信服地主持调解,使当事人同意成为"共同改编者"的呢?

同样,在案例九("李淑贤诉李文达"案,1996)中,中国末代皇帝爱新觉罗·溥仪(1906—1967)的遗孀主张溥仪是其自传《我的前半生》的惟一作者,那么,在一九八四年此著作权要求第一次提出时,其法律依据是什么呢?读者们读到该案先经由文化部的版权处(Copyright Office)调解,然后又被送到新成立的国家版权局。一九八五年十一月,国家版权局发布正式"解决意见"(Suggestions for Decision),试图解决此纠纷,该意见认为此自传系合作作品。因此,遵照国家版权局的意见,此书的著作权应首先由溥仪和被告编

---

[7] Zheng Chengsi & Michael Pendleton, *Copyright in China*, CCH International, 1991.

辑共同享有；当年是后者负责，使该书最终定型的（第63页）。⁸

实际上，早在《著作权法》（1990）颁布之前，中华人民共和国就开始保护著作权了。自从"文化大革命"结束，知识分子平反，著作权就成了讨论和争议的主题，虽然是以个人对作者身份及相关利益的要求形式表现出来的。紧接着一九七九年《中美贸易协定》，一九八〇年二月一日，国家出版局就向全国各出版和文化单位发文，传达了《贸易协定》的第六条。该条承诺，在互惠条件下，依中国法律"并适当考虑国际做法"，保护美国作品的著作权。但是，为了避免时机未成熟就给外国作品以互惠保护，中华人民共和国的第一个著作权制度是依一份内部文件创立的。此即文化部于一九八四年六月十五日发布的《图书期刊版权保护试行条例》，次年元旦生效。虽然是保密的，但该条例显然在行政执法和审判实践中被广泛适用。它经常出现在当时一些著名的著作权案例的公开讨论中。一九八七年，国家版权局发布了一个通知，重申该条例仍然是内部文件，"不允许发表，不允许披露给外国人"。通知进一步规定，媒体在报道著作权事件时，应将该条例称为"国家有关规定"。⁹

不知何故，作者不愿意讨论该条例，虽然国家版权局曾在"李淑贤"及其他《著作权法》公布前的法律纠纷中咨询过他。但是，如果不对该条例有深切的了解，许多《著作权法》之前的法律判决从今天著作权法理的"高度"（vantage point）来看，就显得缺乏内在一致性，不符合逻辑，甚至无法理解。

例如，该条例为了适应社会主义计划经济，在作者的精神权利受到尊重的基础上，允许对已发表作品的合理使用（fair use）作宽

---

8 关于此案当事人的主张和立场，参见《光明日报》1985年4月30日，第3版；《法律咨询》1986年第2期，第30－32页及1990年第6期，第18－22页；《民主与法制》1988年第5期，第25－27页及1988年第10期，第30－33页；《法律与生活》1990年第9期，第10－14页。

9 详见拙著，注1，第65页以下。本段引述文件，见周忠海、阎建国（编）：《中国知识产权实务大全》，北京广播学院出版社1992年版。

泛得多的解释。因此，一九八七年，杭州市某区法院承认一所电视大学不经某教授的同意，复制该教授的讲座磁带并卖给他的数千名学生是合理使用，该判决并得到杭州中级人民法院的支持，也就并不令人"大为吃惊"（案例八，"高某诉浙江广播电视大学"，1993，第85页）。[10] 依据此条例，如果对已发表作品的使用是为了"本单位内部使用，而不是在市场上出售或借此赢利"，即为合理使用（第154条）。复制的数量（本案为20,505盒）或复制的字数（400,000字）对决定是否合理使用并无实质影响，而不是像现在《著作权法》那样。实际上，六年之后，省高级人民法院在重审此案时，推翻了原判决，采用了适应新的市场经济要求的现代的合理使用原则。[11]

此条例的"缺位"似乎便利了作者持有一种想法，认为一些外国案例可能教会了中国法官如何解决《著作权法》前的纠纷。在"广播电视报"案中，省版权局和一审法院曾先后依据国家版权局的两个通知，拒绝了原告对每周电视节目表主张著作权（1989，1991）。但是作者却声称，美国最高法院的一个案例（Feist，1991）和欧盟法院（EC Court of Justice）的一个案例（Magill，1992–1995），"影响了一审法院的判决"，因为这些著名案例判决的时间相近，并在中国报道过（第35页）。不幸的是，这大胆断言并不符合事实，实际上在这两个外国案例之前数年，一九八七年十二月十二日，国家版权局的通知就已确认，电视节目预告表为不受保护的新闻报道，虽然广播电视报的整体作为一份周刊，是此条例第八条规定的编辑作

---

10 该书误将杭州中院的二审作一审，将浙江高院的再审作二审，这里已改正过来。

11 参见马晓刚、高华苓（编）：《著作权案例百析》，中国人民大学出版社1993年版，第185–188页。

品，可以享有著作权。[12]

"判决"

此书中，"判决"这一标题似乎既指法院的判决，也包括作者的一段解释性评论。例如在"姜思慎诉乔雪竹"案中，"判决"部分包括两段：第一段描述法院主持的调解结果，第二段则解释所用程序（第6—7页）。

但是，在一些法院尚未判决的案例中居然也有"判决"。这些案例的"判决"似乎应为"评论"的一部分。案例十四（"鳄鱼牌"案），原告的商标被从商品（牛仔裤）上取下，然后贴上被告的商标出售，即所谓的"反向假冒"（reverse passing off）。"判决"部分既向我们提供了"在写作时（1996年8月）"案件正在审理中的信息，又包含了作者的建议，认为该案应依照《反不正当竞争法》第二条和第二十条判决（第97—98页）。

因此在"判决"部分，作者也随意地将个人观点、评论与事实混淆。结果是，当作者试图用自己的语言改进法院的判决时，就会有令人困惑的叙述。在案例六，"沃尔特·迪斯尼公司诉北京出版社、新华书店北京发行所"案（1995）中，迪斯尼卡通形象和米老鼠、白雪公主、灰姑娘故事等美国版权的拥有者，起诉北京出版社和图书发行人擅自出版发行中文版迪斯尼图书，要求立即停止侵权，书面保证不再侵权，赔礼道歉，以及超过177万元人民币的经济赔偿。

---

[12] 详见拙著，注1，第85—86页。此案曾引起争议。较详细的报道见《中国审判案例要览》（1995年综合本），中国人民大学出版社1996年版，第834页以下。《最高人民法院公报》（1996年第1期）的"重述"，对二审判决的理由有所改动。被告的辩护立场，见孟勤国："也论电视节目预告表的法律保护与利益平衡"，载《法学研究》1996年第2期，第15页以下。该文部分是为了与梁慧星教授精彩的分析商榷。见梁慧星："电视节目预告表的法律保护与利益平衡"，载《法学研究》1995年第2期。

出版社声称其通过第三人（大世界出版有限公司）获得了中国大陆简体字版的出版权，而图书发行人则辩称作为一个集中发行人，无义务也无能力审核所发行的每一本书的版权合法性，而且出版社已同意在有侵权的情况下，承担全部责任。在其注释（第51页）中，作者声称他对案件的叙述是基于一审和二审法院发布的判决。他在"判决"部分将北京市中级人民法院的判决分四部分表述为（第50页）：

（1）已构成侵权。因为在向北京版权局申请登记（出版社与大世界公司的许可协议）时，两被告（原文如此）已被告知，[13] 他们均不持有真实的（应为：有效的）版权证明，他们必须在出版沃尔特·迪斯尼书籍时先获得证明。但他们均未注意这则建议。

（2）虽然中国加附（adhere）（应为：加入）《伯尔尼公约》和《世界版权公约》是在一九九二年十月，[14] 但是在同年二月已签署了《中美知识产权谅解备忘录》。同年三月，《谅解备忘录》生效。因此被告在三月份之后的侵权行为是可以处罚的。

（3）新华书店总店北京发行所因其出售侵权书籍也应承担责任。但它可以依照与其他两个被告（原文如此）的合同，向他们追偿其已支付（应为：判决支付）给原告的款项。

（4）大世界（应为：大世界出版社有限公司）应当承担主要责任，因为其未履行获得真实（应为：有效）版权证明的义务，导致了侵权。

---

[13] 两被告可能指北京出版社和少儿出版社。后者据一审法院调查，实为前者的一个编辑部，负责发行少儿类图书，不是独立的法人。见《最高人民法院公报》1996年第4期，第137页。

[14] "加附"即在只接受部分公约原则的情况下成为公约成员。见 *Black's Law Dictionary*, 6th ed., West Publishing Co., 1990, "adhesion"和"accession"条。

如果这就是判决的准确复述的话,坐在合议庭上的法官们真要羞愧难当。因为其既未处理原告的任何请求(除了侵权),也未清楚说明所适用的法律。实际上,合议庭的判决是精心准备的。毕竟,这是由美国版权持有者依照《谅解备忘录》提起的第一件官司。媒体对此的严密关注是可以想象的。所以自结案以来,最高人民法院和案件审理法院的法官和研究人员出版了数篇关于此案的详尽报告,并有推理严密的评论。我就在这些报告的基础上概括法院的实际判决,而读者可以将它与上述偏离的叙述相比较。

一审法院认为,自一九九二年三月十七日起,美国作品依据《中美谅解备忘录》在中国应受到保护。因此,未经适当授权出版和发售所涉迪斯尼图书的中文版,构成侵犯迪斯尼公司的版权。即使在出版社因第三人大世界出版公司的欺诈,签有所谓出版迪斯尼书籍的"许可协议"的情况下,也是如此。因为国家版权局规定所有涉外版权交易均需登记,所以,图书发行人得承担举证责任,表明其无须对此类版权交易尽合理注意义务。出版社与发行人之间的免责条款并不能免除后者的侵权责任。

但是,法院拒绝以十万美元的"保底版税"(cushioning royalty)和869564.80元人民币的律师费(legal fees)为基础,来计算原告的经济损害,尽管迪斯尼公司声称前者为其从香港和台湾获得的版税。法院只承认所称律师费用中的262606.65元,这是依照迪斯尼公司与其律师之间费用协议中直接涉及代理本诉讼的律师费用。但是,费用协议在中国并不能作为计算损失的依据。因此,法院引用了有关部门的规定,认定了损害费用中合理律师费用这一部分。法院也没有采用传统的计算赔偿的方法,即或者是权利持有人的实际经济损失,或者是侵权人可证实的非法利润——在此案中,一个独立的会计师事务所被法院委托帮助调查,结果发现侵权销售实际是亏损的。法院创造了一个称为"法律意义上的盈利"的方法来取代它,该方法为非法出版的总金额减去合理的成本(印刷费、税收等等),再加上合理的银行利息和原告诉讼费用。[15]

在考虑了这些和其他一些因素后,一审法院于一九九五年五月十八日"根据《中华人民共和国著作权法》第 29 条,第 45 条第 5 项,第 46 条第 2、3 项规定"作出判决:

一、北京出版社和新华书店总店北京发行所于判决生效之日起立即停止出版发行《迪斯尼的品德故事丛书》。

二、北京出版社于本判决生效之日起60日内在一家中国出版的、全国发行的报纸上向原告沃尔特·迪斯尼公司公开赔礼道歉。

三、北京出版社于判决生效之日起 15 日内向原告美国沃尔特·迪斯尼公司一次性支付赔偿费人民币 227094.14 元。

四、大世界出版有限公司于判决生效之日起15日内向北京出版社支付赔偿费人民币 90837.66 元。

五、驳回原告沃尔特·迪斯尼公司的其他诉讼请求。

第三人大世界出版公司上诉。北京市高级人民法院维持一审判决第一、二、三、五项,但将第四项大世界出版公司向北京出版社支付的赔偿费改为 45418.80 元人民币。[16]

"评论"

在这儿,事实、判决和评论的分界终于不再困扰作者了。他可以沉思案例提出的问题,也可以评论相关法律领域的新发展,还可以对现行知识产权体系提出各种改进措施。例如案例十五,"北京大磨坊有限公司诉北京太阳城商场"商标侵权案(1993),就有一则信息丰富的"评论":不仅描述了中国对驰名商标保护的条件和一九九三年《商标法》实施以来的进步,而且进一步讨论了一九九五年《中

---

15 参见宿迟等(编):《知识产权名案评析》,人民法院出版社1996年版,第1—9页。

16 参见《最高人民法院公报》1996 年第 4 期。

美知识产权协议》中涉及驰名商标部分的要点与谈判背景。明显地，《协议》采取的立场促进了国家工商行政管理局《驰名商标认定和管理暂行规定》（1996年8月）的颁布。

但在一些地方，这些精彩的评论为作者叙事风格的某种习惯所损害，即在概括时走了极端。例如案例十三，"香港美艺金属制品厂诉中国专利局专利复审委员会"案，一香港专利权人成功推翻了专利复审委员会的裁决，该裁决认为他的"惰钳式门"专利无效。"评论"无任何限定地宣称（第94页）：

> 这在中国知识产权领域是第一次，一个政府部门成为被告并输掉了官司……一些以前对中国专利制度没有信心的人，现在也相信该制度（主要是此制度中法院的作用）真的管用了。

虽然专利复审委员会的确是政府部门，但人们很难相信如此绝对的断言，即在此案（1992年判决）之前，中国的政府部门在整个知识产权领域从来没有输过一个案子。也许作者应当指出是在哪一类知识产权纠纷中或知识产权的哪一领域，本案可以作为一个里程碑式的案例。有了准确的资料，读者才会信服。[17]

"大磨坊"一案（1993）也是被三下五除二地概括为："第一件外国公司成为当事人的商标案"（第101页）。这明显与作者自己的报道相矛盾，作者称美国沃尔特·迪斯尼公司曾于一九八八年在江苏（应为：广东）起诉一家中国公司侵犯其"米老鼠"和其他卡通人物图形和文字的注册商标（第104页）。再者，本案原告北京巴黎

---

[17] 也许这个建议苛刻了一点。但在学术著作中，除了常识和普遍认可的事实、命题，作者均有责任尽量就其提出或引用的主张、数据、断言等给出出处，或者限定自己主张、数据、断言的范围。否则，必须承担读者的怀疑和不信任。这是因为学术著作的作者是要把读者看作平等的讨论者和挑战者：资料占有和发言地位上的任何优势都必须放弃（即公开出处和限定范围）。惟其如此，学术讨论才能开展，学术规范才能建立。鉴于到目前为止，我国行政和司法体制的透明度尚低，可靠的统计数据更是匮乏，我以为在这里郑先生对断言加以限定较妥。

大磨坊公司其实是中国法人,故一般报道称"涉外"案件。"涉外"在司法实践中也包括"涉港"等。一九九一年,另一广为报道的"涉外"商标案审理完毕:"香港山顿国际有限公司诉深圳市华达电子有限公司"(广东省深圳市中级人民法院)。[18] 据报告此案的《要览》编辑的解说,该案属我国"较早的一起通过诉讼解决的涉外商标侵权纠纷";"该案作为我国保护涉外商标权的第一个成功的案例,已由中国代表向世界知识产权组织提供"。[19] 这是颇有限定的说法,可以与郑先生对大磨坊一案的概括对照。

另一个相关的毛病是作者的随意引证。本书所选案例的结尾,都注明了作者叙述的文献来源。这样注明(acknowledgment)有助于读者作进一步的研究。但令人惊讶的是,根据这些注释,二十二个案例中居然有十三个的事实和/或判决从未被报道或"官方报道"过(见案例1、2、6、8、9、10、12、14、16、17、18、21和22的注释)。至于其他那些"事实和判决"被报道过的案例,其中三个取自报章杂志的报道(案例3、7和13);五个来自《最高人民法院公报》(案例4、5、15、19和20);另一个则号称最先披露于一九九四年作者编的一本案例选里(案例11)。

实际上,这二十二个案例在中国均是广泛评论、争议和学术讨论的对象,因为他们确实是来自人民法院的"主要案例"。据我所知,所有这些案例,包括那些被宣布为"从未报道过的",均在官方媒体、大众法律宣传杂志、专业期刊和/或人民法院系统的出版物上出现过。

那些"从未报道过的"案例,其中四个甚至登上了《最高人民法院公报》;《公报》为最高人民法院的官方季刊,而作者却疏忽未提。这四个案例是:案例六,"沃尔特·迪斯尼公司诉北京出版社等"

---

18 《最高人民法院公报》1992年第4期。
19 《中国审判案例要览》(1991年综合本),中国人民公安大学出版社1992年版,第1073页。

（1995，《公报》1996年第4期）；案例十二，"陶义诉北京地铁地基工程公司"（1992，《公报》1992年第3期）；案例十三，"香港美艺金属制品厂诉中国专利局专利复审委员会"（1992，《公报》1992第2期）；以及案例十八，"天津狗不理饮食（集团）公司诉哈尔滨天龙阁饭店和高渊"（1994，《公报》1995年第1期）。

这疏忽之错部分解释了，作者怎么会在"狗不理"案中（见上文讨论），漫不经心地加上一段关于所谓被告"第三次上诉"到最高人民法院的前景的讨论，而实际上，早在一九九五年三月，《公报》已刊登了经由最高人民法院审判委员会批准的审结案例的文本。更令人惊异的是，在案例十二中，与原告陶义的专利所有权有争议的被告地铁地基工程公司，却神秘地变成了北京市专利局。结果，作者宣称该案"极端不寻常"，是"在中国极少数政府成为被告的案例之一"（第88页）。

对《公报》的忽视，也使作者失去了一个机会，来提出和讨论此类同时是"公报案例"的"主要案例"的特殊地位。在中国，人民法院的判决像许多民法法系的国家那样，并不成为有法律效力的先例。但是，《公报》案例必须被区别对待。它是从下级人民法院向最高人民法院定期报告的数百件案件中挑选出来的。所有为了在《公报》发表而经过"编辑性"重述的案例，都必须首先提交最高人民法院的审判委员会讨论通过；此委员会是法院系统里享有最高司法决定权的机构。因此，在中国法官和实务工作者眼里，《公报》案例具有不同寻常的权威性。虽然依照官方说法，《公报》案例仅对司法推理和判决提供"指导"，但是偶尔也会改变现行的规定，甚至创制新的规则。依据某些研究，多年来《公报》案例已渐次获得了"准司法解释"（quasi-judicial interpretation）的地位，并且一些它"举例说明"的规则也习惯性地被人民法院系统的实践所遵守。[20]

---

20 关于这个问题，梁慧星教授有精辟的讨论。见《公报工作通讯》（1995年9月9日）。英文著作中，主要的研究成果是刘南平博士的 *Opinions of the Supreme People's Court: Judicial Interpretation in China*, Sweet & Maxwell Asia, 1997.

也许，这种令人遗憾的疏忽（我宁愿相信这只是一个疏忽）是作者评论所采用的一般方法的派生物。上面提到，那方法主要是立法中心主义的和外国／国际模式启发型的。以作者广博的专业知识，本书采用这种方法是完全可以令人理解的，事实上，它也使阅读此书成为极大的享受。我的遗憾主要是，作者在选择了九个《公报》案例作评论的情况下，却没有对《公报》的权威性展开讨论，从而也就未能探索这些案例丰富的司法意义。

一九九七年十二月

论证过程中论据的真实性和相关性

学术论文从提出问题到得出结论，作者为读者展现的，应该是一个思辩的论证过程。这一过程技术上的关键一环，在于组织论据。因为不管问题多么复杂，论点多么高明，结论多么美妙，读者最终要作者交代的，是他"自圆其说"的依据何在。此即古人说的，发议论须"持之有故"、"言之成理"。换成现代证据学更为精确的语言，"有故"就是满足了论据的基于事实的真实（或真理）性；"成理"就是满足了论据与论点（或结论）之间的充分的相关性（即可由逻辑或经验证实的、不可排除的必然因果关系）。一论据的成立，便由这两项条件——真实性和相关性——构成。其具体含义和分析方法，可以举一道证据学思考题为例，说明如下：

思考题：未名博士审女巫

未名博士（Dr. Who）在英美是个家喻户晓的"人物"。他是英国同名科幻电视连续剧的主人公，经常穿梭往返于现在、过去和未来，替宇宙间不同发展阶段的文明排难解危。有一次，他把时钟拨到公元一六八六年，来到了北美洲马萨诸塞殖民地的撒冷村。那是一个宗教与迷信尚未分家的世界，虔诚的村民们随时防范着魔鬼的诱惑。未名博士发现有三个女人被指控为女巫，关进了监牢。村里的长老们惊异于未名博士的神秘降临，决定请他主持审判。

当时裁判女巫，有两种方式可供选择。一是神判，就是将被告人捆绑起来沉到湖底，同时由教堂执事高声诵读主祷文。念完三遍，如被告人仍未淹死，则证明其灵魂纯洁，不是魔鬼的使者，许获自由；若人已死，则判定有罪，且罪有应得（即死刑）。二是流放，就是将被告人逐出殖民地，令她永远与野兽为伍。村民们说，选择沉湖的女人，至今未有得了无罪判决的；而那些遭流放的，从此便消失在一望无际的荒野里，谁也不知她们的下落。

未名博士有心救那三个女人，就答应了主审，条件是审判得按照现代（即英国普通法）诉讼程序进行。长老们同意了，但坚持陪审团的成员只能从他们中间挑选。开庭后，担任公诉人的教堂执事要求，将三被告人曾经拒绝被判沉湖一事作为对三人起诉的证据。

请问：此项证据能否成立？在这个问题上——不考虑诉讼程序的技术细节，如举证责任和陪审团的作用——未名博士和撒冷人的分歧何在？

让我们就上述构成论据（即本案证据）成立的两项条件展开讨论，然后得出若干关于如何组织论据的一般性原则。

第一项条件，证据的基于事实的真实性，是证据成立的起码条件。本案三被告人拒绝神判与否，可假设为不难确认的事实，不涉及基于信念道德或价值标准的主张或断言（这一点很重要，详见下文）。第二项，证据与论点（在本案中即起诉所称罪名）是否充分相关，则需要详细分析。

乍一看，未名博士和撒冷人的分歧，在于对神判的效力及公正性的不同认识。在前者看来纯属荒谬的沉湖考验，在后者的经验中，却是历来灵验、无可争议的有效裁判方式。长老们认为，凡拒绝沉湖的，必然是畏惧神明惩罚，结果暴露了女巫的罪恶灵魂。同理，一个人若不是魔鬼的使者，就绝无理由怀疑全能的上帝偏偏这一次会让神判出错，冤枉了无辜。只有女巫才会拒绝沉湖。长老们的推

论证过程

"那是一个宗教与迷信尚未分家的世界,虔诚的村民随时防范着魔鬼的诱惑"。
[西]戈雅(1746-1828):《女巫安息日》

断可以这样表述：

$$\frac{\text{是女巫} = \text{畏惧神判} = \text{拒绝沉湖}}{\text{非女巫} = \text{不怕神判} = \text{接受沉湖}}$$

但问题是长老们的断言（只有女巫才会拒绝神判），并没有经过具体事实的验证；相反，它是基于信念的主张（我们现在知道，其实是迷信的偏见）。而信念的树立，是不一定非要事实支持的。所以，摆在法庭面前的问题，不是神判的有无效力，而是就算神判历来灵验，三被告人拒绝沉湖一事与判定她们是不是女巫有何相关？在未名博士看来，依照被告人是不是女巫，信不信神判，她们做出的接受或拒绝沉湖的决定有以下几种情况：

	相信神判	不信神判
是女巫	拒 绝	拒 绝
非女巫	接 受	拒 绝

而长老们的推断只承认了第一至第三种情况，而忽视了第四种（不是女巫的人也可以不信神判）。诚然，在一六八六年的撒冷村，属于第四种情况的人数可能很少，绝大多数的村民依旧信赖着神明的公正。但是统计意义上全体趋向于实施某一行为的概率大小，不能用来推导具体个人是否实施了该行为——打比方说，某社区 16－35 岁年龄组失业黑人男性犯罪率偏高，并不证明该区某黑人男青年失了业并出现于犯罪现场附近就一定参与了犯罪。所以，本案的这项证据（三被告人拒绝沉湖）与公诉人希望达到的结论（她们是女巫）之间，没有充分的相关性。证据不能成立。

未名博士和撒冷人的分歧，在于后者不像前者一样，看到神判的公正与否和信不信神判之间并没有不可排除的必然因果关系。

未名博士审理本案的结果,已在本文题目的范围之外。但通过以上分析,我们已经发现撒冷人的指控很难成立。其中的教训,可以转换成这样三条一般性原则,适用于我们组织论据展开论证:

一、"论据的基于事实的真实性"意谓论据不能仰赖未经事实验证的主张或不需事实支持的信念。这一条怎么强调也不过分。

二、虽然在逻辑关系上,论据为因,论点或结论为果,但在学术论文实际写作过程中,作者往往是在研究的基础上先已形成了大致的论点,然后才开始考虑如何组织论据,证明论点。这就需要作者特别注意论据与论点之间相关性的充分程度,即有没有可能建立"不可排除的必然因果关系"。相关性不充分,论证就走了题,变成了题外话。

三、无论我们的人生还是学术经验,都不可能是完备无缺的。换言之,并非任何问题、观点都可以在我们这里达到充分的论证。或因事实掌握得不完整,或因知识积累有限,一证据的成立(真实性和相关性的满足),常常要求作者对由此推出的结论(或论点)加以限定,附带保留条件。"循名实而定是非,因参验而审言辞";组织论据也是参验名实的过程。

这三条原则背后,则是一条总的治学准则:既然论证的百发百中是不可及的理想,作者就应当把读者看得比自己高明,才会少出错误。如履薄冰、如临深渊的警惕心,永远是学者的美德,为的是少一点撒冷人式的愚昧和偏见。

一九九二年十月

格林、内森(Eric Green & Charles Nesson):《证据学》(*Problems, Cases and Materials on Evidence*), Little, Brown & Co., 1983。

法学方法与法治的困境[*]

今天这个题目,本来叫"法学方法与法治的胜利"。可是我想大家会抗议的:胜利什么呀,都腐败成这样子了,还说胜利!就改成"困境"了。不过下面分析完法学方法上一些常见的错误,我将证明,这些错误的层出不穷和人们对之习以为常,其实正是胜利在望的一个征兆。

我讲三个问题:一、学术论说中常见的方法论错误;二、法学方法的一般要求;三、方法论错误的结构与制度根源,及理论意义。

这几年一直有个想法,跟北大和清华的同仁说起过,如果条件许可,开一个讨论班,十来个人,每人拿一篇论文,一块儿切磋,找出方法上的不足之处和改进的办法。学术研究与写作跟一个人的思想性格、学术倾向和面对的具体问题密切相关,非常个性化,小班讨论较好。泛泛而谈,难以奏效。可是事太多,抽不出时间,就只好暂且妥协,采用今天讲座的方式与同学们交流了。

---

* 本文为节选,原是作者二〇〇五年十月访问北大、清华、法大及参加浙大"法律与人文"研讨会所做的一次讲座,故保留了讲演的语气。为此,首先应感谢苏力、王振民、方流芳和孙笑侠教授的周到安排和四校同仁一如既往的热情接待与交流。讲稿的修改,则要特别谢谢邓正来、舒国滢、龙卫球、何兵、张守东、汪庆华诸先生的点评和宝贵意见,以及法大法律评论社同学不辞辛苦誊写录音。

一、学术论说中常见的方法论错误

有件事我想诸位都听说过,时间是去年九月三日,地点在人民大会堂,一位颇有名望的老先生做报告,题为《易经对中华文化的影响》(人民网 2004 年 12 月 12 日)。他讲了三点:一、"《易经》影响了中华文化中的思维方式,而这个影响是近代科学没有在中国萌芽的重要原因之一"(原话如此,但我们不讨论他的语病)。具体说,就是"中华文化"只懂归纳法,不知推演法(演绎法)。而归纳法源于"《易经》的精神",如"易者象也","圣人立象以尽意"之类。二、"《易经》是汉语成为单音语言的原因之一",因为卦名如"乾、坤、讼、师",还有"元、亨、利、贞"等爻辞都是"单音符号"。三、"《易经》影响了中华文化的审美观念"。这末一点是前两点大而化之的发挥,可以略过不谈。

我举这个例子,并非指摘老先生的想法"大胆"(详见下文),更不是因为他在人民大会堂说了错话——那地方错话太多了,依循惯例,言者得享有豁免权——而是因为他错得极有代表性,恰好作前车之鉴,让后人吸取教训,坏事变好事。

我觉得这篇短短的报告里至少有五个方法错误。我们先简单分析一下,然后再回返法学。

第一个错,是企图以两项反事实的假设("中华文化"只懂归纳而不知演绎,此缺陷可追溯至《易经》),简单地推断某事之"无"或不发生("近代科学没有在中国萌芽")的原因。这在方法论上是不成立的。让人想起过去史学界争论不休的一个问题,资本主义工业革命为什么没有发生在商业发达的明朝。法学界也有类似的讨论,如中国古代为何缺乏西方式个人权利的观念。结果都不了了之。什么道理呢?

中国现代语言学的开拓者赵元任先生有句名言:"说有容易,说无难"。论证其"无"的假设(有待证明的结论),一般说总是比论证其"有"的假设来得弱些，即难以排斥或克服相反或矛盾的假设而建立（反事实的／理论上的）因果关系。因此就方法而言，我们讨论"无"的时候应当尽量综合，多加限定，留有余地。不是一概不许说"无"，而是得小心翼翼地说。明清以降中国科学落后于西方的原因是个大问题，很多人感兴趣，英国的李约瑟博士也考察过。但他是多方面论述，举出种种可能，不像老先生那样一句话说死：《易经》影响了"中华文化"的思维方式，以致近代科学未能"萌芽"。这话太玄，无事实根据，经不起质疑。

让我引用一位西方物理学家对这个问题的思考，你们听听他怎么说的。爱因斯坦在给友人斯威策的信里谈到（1953年4月23日）："西方科学的发展是以两项伟大成就为基础的，即：希腊哲人发明形式逻辑体系（在欧几里得几何学中），以及在文艺复兴时期发现通过系统的实验有可能找出因果关系。在我看来，中国的贤哲没有走上这两步是不足为奇的。令人惊讶的是，这些发现竟然做出来了"（希伯来大学《爱因斯坦档案》61-381）。

两相对照，看问题的眼光和方法论的高下就再清楚不过。一位真正伟大的科学家回顾科学史，他立刻敏锐地察觉到要点在"有"，不在"无"。中国人"没有走上这两步"很自然，是古代社会的常态。值得研究的是居然有人"例外"，走出了那两步，就是古希腊的哲人，以及开普勒、伽利略用科学实验的方法来掌握数据、建立模型、验证假设。

也是凑巧，前两天遇上一位出版界朋友，他送我一本他编的书《走近爱因斯坦》。随手翻开，正是爱因斯坦的牛津讲演，和今天的题目有关，我给大家念一段："我们推崇古希腊是西方科学的摇篮。在那里，世界第一次目睹了一个逻辑体系的奇迹。这逻辑体系如此精密地一步步推进，以至它的每一个命题都是绝对不容质疑的"。爱因斯坦那么高度评价欧几里德几何的公理系统。但是他接着指出："纯粹的逻辑思维不能给我们任何关于经验世界的知识"——这句话非常重要——"一切关于实在的知识，都是从经验开始，又终结于经验。用纯粹逻辑方法所得到的命题,对于实在来说是完全空洞的"(第156页)。所以,仅有形式逻辑还不够,要走出科学实验这一步,纯粹理性(概念、定律、结论)与经验知识相结合,才成就了近代科学。

于是我们看到了老先生的第二个错:混淆概念。他把爱因斯坦说的西方科学的两项发展条件之一,即欧几里德几何包含的形式逻辑体系,用"两条寻找自然规律的方法",即归纳法和演绎法给掉换了。因为他的论据,是《易经》与"中华文化"不知演绎,只会归纳。他没弄明白,归纳、演绎,还有类比(类推),只是古典形式逻辑的基本方法,也就是人类交流思想(远不止"寻找自然规律")所必不可少的推理形式。远在《易经》之先,近在非洲那些(白人殖民者看来)"未开化"的部落里面,人们交流思想,只要内容稍微复杂,例如组织打猎,都必须使用这些基本的逻辑方法。不然社会生活便要解体,知识也无法积累传承。

我这儿再给诸位讲个笑话。解放初年,院系合并前,清华还有哲学系。大家响应党的号召学习辩证法,请了党内马列主义理论家艾思奇来做报告。当时哲学系的负责人兼文学院院长是金龙荪(岳霖)先生,中国现代分析哲学与逻辑学的一代宗师。艾思奇一上讲台先把形式逻辑骂一顿,学苏联,批它形而上学。批完,才开始讲辩证法。报告结束,金先生陪他走出会场,对他说:艾思奇同志啊,你骂了形式逻辑之后,所说的话完全符合形式逻辑,没一点错误。艾思奇道:有那样的怪事?张奚若先生在一旁扯金先生的衣服,让他别说了。金先生说:他的讲演确实逻辑性强,我在找错的思想指导下听讲,也没发现错误(参见刘培育,第9页)。

你们看,连批判形式逻辑也得符合形式逻辑。同理,若想论证《易经》造成"中华文化"欠缺逻辑思维,阻碍科学进步,那论证的方法先得过关,不可混淆了基础概念。这是最起码的要求。

第三个错,是老先生批《易经》,在逻辑出发点上混同了两种性质各异的关系:听说欧几里德《几何原本》蕴含了西方近代科学的发展条件,就想当然把《易经》拿来比照,论证近代科学未能在中国兴起的原因。可是《易经》无论对"中华文化"有何影响,它同中国科学发展的关系,与《几何原本》同西方科学发展的关系,是没有任何类比的基础的。轻率地用《易经》说近代科学,跟欧几里德几何作对比(报告中还提及明末徐光启与利玛窦合作译《几何原本》),便违反了古人总结的一条逻辑法则:异类不比。墨子讲"言有三法",即立论的标准和演绎的法式。后期墨家的代表作《墨经》发展了这一思想,进一步探讨了归纳法和类比法。"夫辞,以故生,以理长,以类行也者。"意谓论断须有根据、理由,并按照事物间的种属包含关系来推理(类比、归纳、演绎)和论证。"立辞而不明于其类,则必困矣。"性质非同类的事物,是不可随意比照、抽取结论(归纳)而自作主张的。

顺便说一句,类似的"比较研究"在法学界比比皆是,几乎成了论文的定式。然而比较的对象若非同类,数字和结论就毫无意义。例如,统计中国的媒体侵权官司,与美国的新闻诽谤案作对比,藉此评价媒体的言论自由。可是两国的司法程序、侵权的认定标准和学说完全不同:中国是《民法通则》下的名誉权(含隐私保护)诉讼,不允许被告媒体直接以《宪法》条款(如言论自由)抗辩;美国媒体则主要依靠言论自由(包括新闻自由)抗辩,故而动辄形成宪法诉讼。这两类官司如果放一处研究,就要当心异类不比,不轻易给统计数字下结论。这个问题,我们下面还会讨论。

第四个错,则是老先生第二点主张,把《易经》的卦名爻辞视为"汉语汉字的成因"(原话如此),或"单音字"的起源;以为汉语是"单音语言",全世界绝无仅有。有道是"无知者无畏",完全不懂语言学常识(汉藏语系有多少种"单音"的亲属语言?),还忘了历史:到底是先有汉语,还是先有《易经》?先有《易经》,抑或先有汉字(甲骨文、钟鼎文)?这种错法,叫作次序颠倒或因果倒置。

最后一个错,可称"大胆假设",亦即胡适博士那句脍炙人口的"大胆假设,细心求证"的前一半。如上文分析,老先生的求证略欠细心;其实,他的"大胆假设"先已出了毛病。理由如下,也是经大学问家阐明了的:

从前北大中文系有位王力先生,研究古汉语的权威。文革结束恢复高考招研究生,王先生给新生讲过几堂如何做学问的课,就反对"大胆假设"。当然,大胆加细心,是学者应有的品质。不大胆探索,便难有学术上的突破,而突破通常离不开细致的功夫。但是王先生指出,做研究有个顺序,先归纳,后演绎。而假设(有待证明的结论)须得自于归纳,处于归纳的末尾;不能倒过来,先做结论,再找例证。"大胆假设"如果不是基于充分占有资料的归纳,便极易落空,或误入歧途。上述老先生的三点"大胆想法"即是一例。实际上,爱因斯坦称道的科学实验,也是一个归纳、演绎,即从特殊到一般、再从一般到特殊,如此不断往复深入的认知过程。所以我觉得王先生讲的非常好。我们做研究写文章,将来各位毕业以后办案子、处理法律事务,都会碰上这假设放在哪个推理环节才能有效论证的问题。

以上五种舛误,都是现在屡见不鲜的。总结一下,大致有这样几条教训,我想不仅对人文社科,对法律人也是适用的。

首先,法律人应该读一点逻辑学。法律工作无论实务还是理论研究都十分强调语言的严谨,即逻辑统一。因此需要训练我们的逻辑思辨,培育一种良好的职业语言习惯,这样可少犯错误。

其次,凡论及语言尤其词源,最好查一下专著。一些术语的来历,像"人权""民主""宪政",还有民法原则"公序良俗"之类,论者喜欢追溯到外国或古代文献比如罗马法里去。那自然是不错的。但要注意一点,语词的历史不等于观念的历史。一个词在今天的用法,和它在古汉语或用它转译的某些外国术语的原意,可能有差异。语词的外壳(文字记载)与它所负载的观念之间,也未必是一对一的关系;同样的观念可用不同的语词表示,反之亦然。刚才指出的老先生的舛误，归根结蒂是出于无知——不知中国古人自有一套术语，如墨家和荀子讲的"类"（种属关系）、"故"（条件）、"理"（规律），用于考察逻辑思维的基本范畴。也不知例如魏晋之际，刘徽作《九章算术注》十卷，"以演绎逻辑为主全面证明了《九章算术》的算法"（《辞海》刘徽条）。只是刘徽的演绎法体系或算法理论，未能发展出《几何原本》那样的严密的公理系统罢了。

第三，同学们读书思考和写作，可以再专业化一点。要提倡读原著，啃两三本大部头。现代法律是一门西学，制度架构和术语学说全是西方泊来的。随着中国加入全球化的经济体制和市场竞争，在西方尤其美国的压力下，这趋势恐怕还得继续。好在法学院年轻一代的学者和优秀学生，英语基础大都不错。常听人说，国内法学著作粗制滥造的多，包括一些译作，那就更应该下工夫读原著了。我说英语，而非法语德语日语俄语，是因为全球化之于法律人，说穿了就是美国化——美国化的跨国规范（如 WTO 框架下的各种协议），以及各国（包括西欧日本在内）日益普遍的美国化的司法学说与律师实务，从公司上市、专利战略到保障人权（见何美欢，第一章）。

法国思想家德里达逝世前一年，有人给他拍传记片。进书房一看，满满一屋的书，就半开玩笑地问他：德里达先生，这么多书，您都看过？德里达回答：哪里，我只读了其中四本，不过读得非常之用心！大概也是开玩笑。但我想，那也是实话。人生有涯而学海无涯，一个人真正能够谙熟运用，据以为自己学术思想根基的书，肯定是为数不多的。

提倡读原著，目的是建设中国的法学，解决中国的问题。所以法律人必须脚踏实地，关注现实。结合现实生活中的事例和问题写读书报告，分析法条学说，批判法治意识形态，这顺序不能搞反了。反过来便成了普法教育：从法条的"正确"适用和教科书上的学理概念出发，搜寻、编写"典型案例"，那是糊弄法盲。

至于写作，包括硕士和博士论文，我赞同王力先生的主张：写小题目，作大文章。切忌教材式的通论，那是你们老师和老师的老师写的东西，功用不同，属于博导教授的任务。为什么要写小题目呢？王先生给的理由很实在：学生时间紧、压力大，材料消化不了许多。况且论文不是教材，是写给同行专家看的，用不着长篇概论、罗列观点、面面俱到；应当问题导向。不写大题目，方能深入开掘，"牛毛茧丝，无不辨析"（黄宗羲语），把道理说透；方能提出有意义的理论问题，对学术传统有所贡献。这就是大文章了。

总之，各行各业都有它的方法。关于方法，柏拉图有言：课堂上小学生练习拼写单词，是为了记单词呢，还是掌握语法规则？显然，后者更为重要——通过拼写一个个单词，训练一种举一反三的思维方法。所以他说，解决具体问题只是学习的次要目标；若我们相信理性（logos），就会把最高的敬意留给理性的方法（《政治家》285c）。可见，方法应是法学训练的基础内容。方法是知识、能力，也是程序。你们知道，程序出错，实体结果就往往不能令人信服。对法律人来说，研究问题、提问分析和论证的方法正确与否，便是非常实际的一门技能了。

二、法学方法的一般要求

关于法学方法，国内学界已有不少著述，尤其解释学这一块。这儿我想换一角度，针对当前法律教育面临的深重危机，与同学们探讨几个问题。

刚才说到，法律就其正式的名分上的制度架构和术语学说而言，是一门西学，虽然它的日常运作和政策内容不免是本土的。这一套西方进口的知识与话语权，如何用来处理——不仅仅论说，还要解决或掩饰——中国的问题，便是新法治成败的关键。我在《政法笔记》里分析过新法治的一些基本策略及其工具主义原则。不幸的是，工具主义跟大学教育和学术的理想是完全背道而驰的；教育产业化的政策不但助长了本已猖獗的腐败，还从根本上动摇了文革后重建的学位制度和大学的信誉。法律作为热门学科自然首当其冲。形势如此严峻（不用举例，诸位比我明白），我们对法律人的训练和成长能抱什么期待，对法学方法，又应怎样要求？

我想，至少有这么五点可以讨论：

让我从立法讲起。受过去欧陆"概念法学"和苏联教科书的影响，现时的法律教育大体是立法主导，以法条文字和文本分类来组织学理概念的。这一偏向容易使人忘记，法律从来不是学者头脑的产物，不是由书斋里构想的学说"进化"来的；而是通过一系列远非透明的政治程序，相关利益集团反复谈判交易妥协的结果。诚然，时而有少数学者应邀参与起草或提交修订意见，但那意见一旦进入官僚体系，给个什么待遇？至多被幕僚赏识了，当作一句建言吧。这在主事者眼里，按照官场的逻辑，实在是卑微而不足道的。由此可以得出两条结论：一、法律本身不可能提供解释法律现象的手段即法学方法。相反，法条相互冲突逻辑混乱乃是题中应有之意；法律即使在本本上也不会有完善的一天。二、不同身份地位的人在不同场合对法律的规定总会有不同看法，法条的含义并无一种永恒"中立"或"本质主义"的正确诠释（见桑斯坦，第 8 页以下）。干部执法要考虑政策；法官司法须顾及民情；律师出于对客户的义务，只消不违反职业道德，就可以钻法条的漏洞；而学者的任务，则是追究这一切背后掩藏的问题和社会矛盾，并揭示其理论意义。社会批判和理论建构，便是我们法学方法的根基。这是第一要明确的。

第二，表面看来，现代法治的司法推理多取三段论的形式，实质上却是一路循环解释：即从法条中抽出原则和学说，再用该原则学说来分析法条的含义（例如若干要件）、论证其正确或错误的适用（对于剪裁了的案中事实而言）。司法推理其实是一种"非形式逻辑"的论辩推理（dialectical reasoning），是经常需要诉诸权威、经验、修辞乃至法槌法袍一类"人民民主专政"的象征，才能让人接受的。难怪在实证主义者看来，法律不是别的，就是"主权者的命令"。但是,以政法策略观之,这循环解释却是有特殊功用的。正因为"自说自话",自有一套定分止争的术语学说,法律才可以抵挡一些政治因素的直接干预,维持"独立"地位,至少在纸面上。这一点,并不因大量法条变为具文而有所改变。

第三,有鉴于此,我们对法律在纸面上的"独立",它的各色装扮即现代法治意识形态,应保持警觉和适当距离。否则就难以观察法律的全貌,清醒地做出判断、采取行动。换言之,我们在校期间学习的其实有两类知识:一类是教科书上用法条术语和学说搭造的知识,包括司法推理;另一类,是课堂外广阔的社会生活展现的与前者格格不入的经验,以及为揭露事物真相所需的怀疑、反思与批判能力。显然,这两类知识都是法律人应当掌握的。只不过,到目前为止,后一类知识还普遍不受重视。当然,这也是政法体制的一种设计。

所以第四,我希望同学们多做社会调查。我们念法律,接受学术训练,求职谋生学术兴趣之外,无非是为了处理人与人之间,公民、法人与政府机构之间的一些纠纷,包括国家法律所涵盖不了的一部分社会矛盾。多做社会调查,研究现实生活中的问题,有助于我们看清法律的全貌,培养独立思考的习惯。社会调查可以是一手的,也可以是二手或结合文本解读的,视问题类型、资金条件及对象范围而定。但无论取什么方式,必须注重事实和数据的收集、分析。这就有一个立场方法的问题。我举一个例子,清华大学王亚新教授关于民事诉讼改革的调查。

王教授的法社会学研究是开拓性的。他有一篇文章论及最高人民法院《关于民事诉讼证据的若干规定》(2002年4月1日实施)对民事一审程序的影响,发表在《北大法律评论》,我推荐大家细读。他于实施前后,在全国各地选了两组法院做调研。问卷中有一道题,问如何看待和运用新的举证规则,受访法官可选择答案:(1)如果当事人不能继续举证,即使案件关键事实不清也应判不能举证者败诉；(2)举证责任的分配决定胜负的方法应尽量避免；(3)不应按照举证责任来决定当事人谁胜谁负；(4)其他。

比较两次问卷调查得来的数据，选择答案(1)即肯定新举证规则的人数居多，约占七成，后一次比前一次少2%；而选择否定性答案(2)和(3)的，下降了5%；但取保留态度或不愿说明(4)的，则上升了13%。

两次结果看似相近，肯定和否定的人数百分比都略有下降，但答案(4)大幅上升，如何解释？普通外行的习惯，见了统计数字就急于评价，设法推出一个大而合意的结论。但作者认为：除开两组法院本身可能存在的差异，上述变化也许可用两种矛盾的假说来解释。一是举证责任分配可以决定胜负的观念，已逐渐向审判实务渗透，为多数法官所理解与认同（所以肯定者稳居七成）。二是相反，因为第一次调研正逢《规定》发布不久，学界大力鼓吹之时，法官可能"不假思索"就表示接受（或反对）。而实施后，随着运用中出现问题和困难，便产生疑虑，有所保留了（王亚新，第20页）。这是把两组数据加以限定后，审慎考察得出的假说；虽无定论，却令人深思。

同一篇文章再举一例。现代诉讼制度应体现理直者赢或"当胜者胜"的原则。如果一般而言，民事原告"大都持有正当的理由及相应根据"（同上，第21页），原告的胜诉率便可用于验证诉讼制度的公正与效率。作者经调研发现，中国法院样本的统计数据和日本的非常接近；若以败诉方承担全部或部分案件受理费来定义胜诉，则原告的全胜和部分胜诉率相加可高达92%。那么，是否这就意味着中国民事诉讼制度功效正常，和日本一样"当胜者胜"呢？

作者写道：对照现状，原告的高胜诉率可能还有一解。一方面，"是非极为分明""都会频发纠纷而且诉诸法院，说明了市场秩序的混乱和诉讼制度在间接意义上的无效率；另一方面，原告能够轻而易举地在大部分诉讼中取胜，还可能暗示许多稍有含糊之处的纠纷都未能提交给法院处理，表现的是当事人对民事司法的信任度较低"(同上,第22页)。这假说极具洞见——当然,作为假说,如作者所言,下一步的论证需要详细的统计分析支持,并控制变量——揭示了欠透明司法制度的复杂性。同样的数据,在日本可以说证明了"当胜者胜",但在中国则未必:国情不同,异类不比。

值得注意的是,王教授添了一个注:最先提出这一假说,并试图以案例证实的,是某某(论文见《中国社会科学》2002年第2期)。他充分尊重别人的研究成果,但同时指出:该项研究由于"基本概念的混乱、样本与母集团关系的模糊、一些关键性推论的不符合逻辑"等等缺陷,"虽然经过了作者口头的澄清与解释,仍很难令人信服"(同上,第22页)。这个注,让我们看到了学术标准与学术道德的结合。

可见,正确的方法有时能帮助我们避免道德失误;严格的学术道德必然要求严谨的学术方法。诚然,正确的方法未必产生于道德约束,但道德理想肯定有益于正确方法的培育和求知者的学习。爱因斯坦在悼念居里夫人的演讲中说:"第一流人物对于时代和历史进程的意义,在其道德品质方面,也许要大过单纯的才智成就。即使是后者,它们取决于品格的程度,也远超过通常所认为的那样"(第219页)。这话是一点不错的。

强调社会调查,还意味着新一代法律人的知识结构有必要稍作调整;学一点社会科学,如社会学、政治学、经济学,侧重其理论和方法。采取社会科学的视角,借用各学科的理论,不仅可丰富法学方法、拓宽研究领域,还能启发研究者怀疑"政治正确"的法治话语,逆向思维,关注"自说自话"的法条之外,真实世界中规范着人们行为与伦理选择的那些非正式制度和制度间的冲突(见苏力,第八章):为什么人们选择规避法律?为什么大部分法条形同虚设、纯属具文?具文之下,权益怎样保护,损害怎样救济,国家与社会又如何"共谋"?如此等等,都是亟需认真研究的课题。

最后,与社会调查逆向思维相关,有一个我觉得十分要紧,但许多人不愿谈的问题:法律人要锻炼政治头脑,要讲政治。

一般情况下，学者不应卷入政治。除非转行从政，业余关心一下即可。所谓"术业有专攻"，不懂政治不是问学者的缺点。但是法律和大部分学科有别。现实生活中的法律问题经常缠绕着政治，是政治的延续与变相。不仅如此，有些法律问题如果处理得当，可以促进政治问题向法律问题转化，甚至达成妥善的解决。反之，若应对失当，则可能由此引发政治对抗，造成预想不到的困局。这是法律人要有政治头脑的一层意思。

讲政治还有第二层意思。让我绕个弯，从民国时期三位法学大家说起。

这三位都是有名的学者，恰好又留学于对旧中国法制影响最大的四个国家：吴经熊先生留学美国，然后到德国深造，回国不久即成为学界和政界明星。他对基督教（严格说是罗马教会）自然法传统的阐发，至今仍被人引用。蔡枢衡先生精研刑法，旁及法史法理，是日本留学。王伯琦先生则擅长民法，兼论中西法律文化，为法国留学。暑假中收到许章润教授编的三位的文集，通读一遍，有些感慨。他们说的一些话，我觉得颇有意思，念给大家听听。

一九三三年，吴先生写了篇文章，说中国的传统是"轻法学，贱法吏"（白居易语）。"哪料到了今日，一般人士非但不轻视法学，并且对于一切法律问题觉得大有兴味；茶后酒余时常以法律案件来作谈助。舆论界对于法律更有一种很好的缘分，各地的小报差不多没有一天不载有讼案的描写和批评；海上的大报也多辟有法制专栏，或曰'法坛'，或曰'法言'。书坊中之识时务者对于发行法学的书籍无不钩心斗角，互相竞争；法学家当中稍负时望或有一艺之长的……文章大有求过于供之概"——那繁荣景象简直和今天一模一样——于是吴先生大受鼓舞："我国法学再不能发达，尚待何时？法学的过去属于西洋，法律的将来或许属于中华"（吴经熊，第214页）。

那是抗战前的事。到了四十年代中，抗战胜利，情形居然还是跟现在相仿，连说法也差不多，如蔡先生批评的："法学不出翻译

"法学的过去属于西洋,法律的将来或许属于中华"。
[法]杜米耶(1808—1879):《法律人》

抄袭之境地", "坊间之法学书籍, 尤多粗制滥造之作"(蔡枢衡, 第 25 页); "幼稚得难以形容"(第 90 页)。

另一方面, 王先生回忆, 一九四六年, 哈佛法学院院长、美国社会学派领袖庞德先生应邀来华, 国民政府聘为顾问, 协助立法, 改革法律教育。庞德后来在教育部法律教育委员会上讲话, 直言: "以后中国的法律, 不必再一意追求外国的最新学理, 中国的法律已极完美, 以后的问题, 应当是如何阐发其精义, 使之能适应中国的社会, 而成为真正的中国法律"(王伯琦, 第 77 页; 参见庞德, 第 309 页)。

你们看, 六十年前, 在头号法治国的法学领袖眼里, 本本上中国的法律就已"极完美"了, 而且法学家文章"求过于供"。

我感慨的是, 我在三位前贤的文集里没有看到一句话, 哪怕是暗示, 那"极完美"的法律连同支撑它的独裁法统、阐释它的"幼稚"法学, 业已到了崩溃的边缘。即便是蔡先生——他是把法治看作抗战胜利后"建国事业的一部分"的, 希望"把中国法律和中国社会当作法学的对象, 从事认识, 构成体系"(第 93 页)——也没有着力探究他称之为"法律惟一的根源"的"次殖民地之资本主义性", 及其自我否定的条件与后果。身处法治倾覆的前夜, 却与当时中国社会的核心问题, 即中国革命的进程尤其革命的政法策略, 处于隔绝或视而不见的状态: 作为优秀的法学家, 这隔绝便是致命的学术缺陷了。

二十世纪上半叶的中国学术, 各门学科都有骄人的建树, 惟独法学遗产单薄(立法"完美"不算学术, 得归功于"翻译抄袭")。当然不是因为法学家著述不勤, 也不能全怪历史的变迁与法统的中断。根本原因, 我想还是在学术眼光和政治洞察力; 未能跟上时代洪流, 参与社会批判而切中大局的要害。

今天, 法治的形势与六十年前大不一样了。但法律依然充斥着政治, 纸面"独立", 照旧是"政治的晚礼服"; 法律人不能不关心、思考政治问题。政治本身通常不是法学家的专长(或者说因人而异)。实际上,法律人讲政治,在多数情况下都无关个人喜好;只因为政治太经常地介入法律运作包括客户的业务,一种职业性政治敏感和经验积累才变得不可或缺了。

二〇〇五年十一月

爱因斯坦:《走近爱因斯坦》,许良英、王瑞智编,辽宁教育出版社 2005 年版。
柏拉图: 《政治家》(*Politikos, etc*),Harold Fowler 英译,哈佛/罗伯丛书,2001 年。
蔡枢衡:《中国法理自觉的发展》,清华大学出版社 2005 年版。
冯象:《我是呆账我怕谁》,载《法律人》2004 年第 8 期。
何美欢:《论当代中国的普通法教育》,中国政法大学出版社 2005 年版。
刘培育(编):《金岳霖的回忆与回忆金岳霖》,四川教育出版社 1995 年版。
庞德(Roscoe Pound):《中国法律教育的问题及其变革路向》,载《中国法律教育之路》,贺卫方编,中国政法大学出版社 1997 年版。
桑斯坦(Cass Sunstein):《偏颇宪法》(*The Partial Constitution*),哈佛大学出版社 1993 年版。
苏力:《也许正在发生:转型中国的法学》,法律出版社 2004 年版。
王伯琦:《近代法律思潮与中国固有文化》,清华大学出版社 2005 年版。
王力:《谈谈写论文》,载王力、朱光潜等:《怎样写学术论文》,北京大学出版社 1981 年版。
王亚新:《实践中的民事审判(二)——五个中级人民法院民事一审程序的运作》,载《北大法律评论》第 6 卷第 1 辑,法律出版社 2004 年版。
吴经熊:《法律哲学研究》,清华大学出版社 2005 年版。
熊明辉:《从非形式逻辑角度看法律推理》,载"法律思想网"(www.law-thinker.com)。
徐昕:《论私力救济》,中国政法大学出版社 2005 年版。
许章润:《书生事业无限江山——关于近世中国五代法学家及其志业的一个学术史研究》,载《清华法学》第四辑,清华大学出版社 2004 年版。

我是呆账我怕谁

腐败的"出生率"大于"死亡率",这个状况叫作"腐败呆账"。为"迅速消化腐败呆账,挽救大批失足干部",最近国家社科规划"新世纪中国惩治和预防腐败对策研究"课题组经过五年探索,获得一项"设立全国退赃公开账号"的科研成果:"为保密和消除退赃者顾虑,退赃者可以在全国任何一个县以上国有商业银行匿名退赃(也可由亲友代退)。退赃时,只需分栏目按'特种资金缴款单'(一式三联)上的时间、金额、来源三项填写,无需公开本人任何情况。据报道,此成果"跳出了反腐常规思路","具有一定的超前性和可操作性",是献给全国人大、中央纪委、高法、高检、监察部等机关的一条"锦囊妙计"。配套实施的还有遗产税、赠与税、高薪养廉、奖励举报等一系列制度,统称"反腐特别行动"或者"一二三工程"(新浪网 2004 年 5 月 31 日转载《了望东方周刊》)。

查网友评论,一片骂声。也有指课题组炒冷饭的,炒那个两年前就已经搞不下去只好撤销了的"廉政账户"(新浪网 2004 年 6 月 17 日转载《中国青年报》毛飞文)。真是这样的话,又一笔国家社科基金扔水里了。

转念一想，问题不止是浪费。比如，"记者注意到这样一个细节"：参与课题组十二个子课题的"专家"共计六十九人，除了学者，还有省监察厅副厅长、省人大法工委主任，以及"部分地市的纪委书记等厅局级在任官员"（上引《了望东方周刊》）。他是当作好事报道。可是，腐败呆账主要发生在哪儿？在各级政府官员身上。因此官员（包括纪检监察部门的干部）便和本课题有了因职务和隶属而起的利害关系。从学术研究和调查设计的角度看，他们就应该是课题组调查分析的对象和研究成果的受益方，而不能是课题的主持人和"专家"，以避免利益牵连或冲突，影响学术独立和研究成果的可信度。当然，政府部门需要经常反腐倡廉，拿出得力措施，但那不是学术研究，不应纳入国家社科基金的支助范围，混淆了官、学的分野。这个道理，跟政府不该允许官员参选两院院士是一样的。官员当中或许五百年内也会出一个华罗庚或钱学森，不能排除这一微小而珍贵的可能。但信誉和尊严是院士制度的生命，与其让官场的腐败有机会染指，宁可一刀切拒官员于门外。万一真有那么一位做出了"院士级"科学贡献的官员，授予他别的光荣称号和奖励就是了，例如从前人人称羡的"劳动模范"，或者申请吉尼斯（健力士）记录。换言之，可以请科学家院士出任部长，但不宜选部长充当院士搅扰科学。这是廉政的政策底线。

回到呆账课题，正因为参与官员可能有（即在公众眼里看似有，但不必证明业已发生）利害关系和利益冲突，其科研成果就难以令人信服。比如"专家"们建议："对在规定期限内主动并如数退赃者，无论职级高低和问题大小，无论问题将来是否暴露，一律不给任何处分，一切待遇不变"（同上）。这么宽厚周全的退赃"挽救"方案，本来是必须由外人来说，例如放在学者口中才可以避嫌的，怎么就自己作科研成果宣传？实在太不谨慎。难怪遭群众恨了。

其实，这课题本身并没有错，包括各地试点不成功的"廉政账户"，都可以研究检讨、总结经验。课题组的出发点，我想批评者多半也同意，就是法不责众。用课题组的话说，便是呆账"涉及的面大、人多",依法或依靠"现行的手段"已经"治理"不了,如同困扰人民法院的"执行难":"一道无解的难题"(高执办《"执行难"新议》,载《人民司法》2001年第5期)。所以才不避嫌疑,跳出常规,"寻找更符合当前实际"的出路。

这倒提醒了我们,既然问题一时解决不了,建设中的法治便要学会忍让,同腐败分子相处周旋,打"持久战"。新制度实际上是受了他们的要挟:每天小心招呼他们贪污贿赂的"权利"不算(见拙著《政法笔记·腐败会不会成为权利》),时不时还得想方设法用"廉政账户"、遗产税、赠与税之类的名目,帮他们洗钱,"挽救一大批"。不然自己没台阶下,被人家一句话捅破:我是呆账我怕谁?

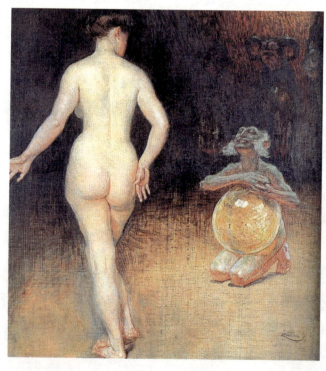

"不然自己没台阶下,被人家一句话捅破:我是呆账我怕谁?"

[捷]库普卡(1871–1955):《金钱》

接下来的问题是：我们怎么办？法律人怎么办？呆账既已坐大，我想首先需要应付的，就是越来越多的法条会变为具文；而具文要影响到新法治的方方面面，立法、司法、律师执业和法学院的教育概不能免。

可能有读者会说：具文，不就是立法者疏忽，调研不够、水平不高的问题？一些复杂前沿的领域，例如公司上市、证券监管、网络时代知识产权的立法，好好参照学习外国的经验，不也就解决了？这话不假，但没点中要害。工作上的疏忽和认识不足容易纠正；可现在的情况是，发现纠正了，把外国的好榜样一条条都抄个遍，仍然具文不断。更不消说那些指出多年还纠正不了，还在天天争议的。例如，国营医院医生看病收红包算不算索贿受贿？是立法技术或司法解释滞后，还是医疗体制为呆账劫持而束手无策？所以，转型社会的具文就其本质而言，是呆账在立法层面的产出。贪官污吏到处把持权力，破坏国家法制，使得相当一部分法规律令走了样、不执行，形成所谓"空白"或"漏洞"，婉称"无法可依"。从而刺激各级立法机关加紧立法，填空补漏。结果，漏洞越补越多，具文愈加冗长繁琐，直至具文掩饰具文，模糊了呆账的真面目。

所以"无法可依"往往是制造具文的借口。具文层出不穷，人们做事谋生便须学会识别不同场合的具文和具文背后真实有效的规则，或"潜规则"。打个比方，现在买菜购物，先要懂得如何辨认注水猪肉、害命奶粉，有毒的这个那个，才敢放心花钱。有鉴于此，法学院的教育是不是也应重视一下识别具文的能力训练呢？不要学生等到毕业以后进了律师楼才突然发现，大呼上当，本本上许多条条款款，根本是不管用或天晓得怎么用的。

然而，具文并非假货。它与潜规则的关系，和假货正品间的关系刚好相反：潜规则必须随时随地、因人而异地视具文的最新动向而加以调整灵活运用，否则即可能失效（"规避"失败），输给官方的律令，后者也就不再是具文了。在此意义上，具文不啻是潜规则之母，一如品牌乃假冒伪劣之父（详见《政法笔记·从卡拉OK

与人体写真想到的》）。由此可以解释，为什么现时新法治的实践，必定是表里不一、"地方主义"、依存惯例却又充满例外的。于是在老百姓"法盲"看来，法律和金钱权势是一回事。具文滋蔓，防不胜防，要价更比那实地现管的土政策潜规则不知贵出多少倍去。《我向总理说实话》的作者讲过这么一个故事：

> 省领导莅临检查工作，农民拦车喊冤。原来有个周万枝，因欠了二千元村提留税费，被司法所雇人强行带到管理区地下室"学习班"，受虐待精神失常、小便失禁，久治不愈。家人多次找作者（乡党委书记）告状，但是管理区与司法所订有合同，按收款比例给司法所"执行费"，出了问题由司法所负责。而司法所属司法局垂直领导，乡里管不了。作者无奈，建议家人到法院和检察院去"依法解决"；实际上是"推托之辞。一个普通农民，凭他自己的能力，根本没可能用法律的武器捍卫自己的权利"。只有党和政府帮他做主，"只有包青天存在他才敢'民告官'……在大多数老百姓的心中，法是为有权有势有钱的人欺压穷人服务的，只有包青天是他们的大救星。"所以周家拦车，县里早有预料，派人扮作省领导接待他们。但是农民也不笨，"省领导"表态之后，还要乡党委书记表态落实。于是作者从真领导身边抽出身来，赶到假领导面前，向农民做出保证，避免了真领导被拦车喊冤的尴尬。"事后，我从市、县、乡里多渠道求援，组织资金给周家补偿，并对管理区主要领导立案审查（因经济问题），事件这才暂时平息。"（李昌平，第85页以下）

具文的泛滥，除了带来上述种种社会成本，还会阻碍法律人职业自律。律师、法官等法律人集团的职业道德规范，是基于国家法律的有关实体规定和诉讼程序制订的。法条具文一多，执行不力，职业道德规范也就成了不切实际也不必遵守的纪律说教。法律人的职业素质降低，无疑会鼓励人们在法制外另辟渠道，解决纠纷维护权益,即求助于私力救济。而且,因为执业伦理的混乱,法律人与私力救济的市场竞争便不仅是政治的(合法非法)和经济的(业务垄断),同时也是伦理的(品行信誉)。即在当事人和公众的心目中,法律人与讨债公司、私人侦探、"二奶杀手"等私力救济业者相比,未必展现了更高的伦理标准和敬业精神(参见徐昕,第85页)。换一角度,也可以说,近年来私力救济之能够蓬勃发展,禁而不止,得到国家的"默示共谋",除了效益成本上的因素,在很大程度上,还因为正式(诉讼)渠道和法律人集团的信誉受到呆账拖累,本身成了社会正义经常谴责的对象。

本来,严格细腻的执业伦理是法律人标榜职业立场"中立"的前提条件和主要手段。无职业"中立"便无程序正义;法律人以程序正义和专业知识的名义主张法治话语相对其他政治话语的独立地位,向政府要求业务垄断的特权,也就自然不能成立——虽然"按理说"现代法治若要顺利运作,离不开职业化的法律人集团的支持——这一矛盾,或伦理立场的失落,我以为是当前腐败呆账对法律人的最严峻的挑战。所有的法律人,从法官律师到专家学者,在此紧要关头,都必须重新审视自己的伦理处境。因为面对具文,"人人平等"已成一句空话。同样的法条语言口号学说,对于不同阶层不同地位不同场合的人,意思效力可以大不一样。一些人视为性贿赂的罪行,另一些人却当作娱乐服务享受、公款报销,而且不用担心具文翻身法条造反。法律规则失去了社会共识和信念,学理就不再抽象,不再是可以被教科书和词典固定而诠解的串串术语。相反,法律脱下皇帝的新衣,露出本相,即处处受制于权力关系的扭曲了的政治话语。作为话语,一如俄国思想家巴赫金(1895—1975)指出,法律如同生活实践中别种的言语(slovo),也是渗透了意识形态的"多声部"的喧嚣。它不可能有一刻"宁静"独立,自成一体;它总是充盈着这样那样的对话与对抗,服务于某些集团和个人的利益,无论具文与否。只是,当具文揭去伪装之际,法律的学习、运用或不用都变得简单了。每件案子、每次纠纷,那原本隐藏在规则术语和专家意见迷雾中的"多声部"的争吵,突然清晰起来:这规则谁定的,谁作的解释,为谁的利益,又伤害着谁?然后,人们便可以根据形势选择各自的立场——那些没有职业伦理和程序正义遮掩,故而必须直面社会冲突和社会正义的立场。

这,其实就是上文"真假省领导"故事里拦车喊冤的农民的处境。法治的喧嚣他们听得最清楚,所以才只寄希望于"包青天"式的干部。因为他们懂得,包公的立场就是百姓的立场。若有包公再世,重做他们的父母官,就保准能讨还公道。您说时代不同了,现在是建设法治,不靠人治?可是他们认定一条死理:呆账猖獗,危害乡里,"现行的手段"一纸具文,"廉政账户"社科规划,凡此种种"无解的难题",不就是从前大宋开封府抓起来打屁股砍脑袋一样的东西?

二〇〇四年六月

巴赫金(Mikhail Bakhtin):《对话之想象》(*The Dialogic Imagination: Four Essays*),M. Holquist 英译,得克萨斯大学出版社 1981 年版。
冯象:《政法笔记》,江苏人民出版社 2004 年版。
李昌平:《我向总理说实话》,光明日报出版社 2002 年版。
徐昕:《论私力救济》,中国政法大学出版社 2005 年版。

推荐书目、编案例与"判例法"

读书人一辈子谈得最多的是书。不但课上课下讨论，而且时有远方不相识的读者和学子来鸿。后者说完感想，每每还请求推荐书目。那恳切的心情很让我感动，因为我在他们的年龄无缘上大学，也是这样四处寻书问书的。然而我拿不出合适的书目，尤其在法学领域：国内的新书好书，我该向求问者讨教才是；美国的学术前沿，又未必与他们的学业和生活相关。法律，我总认为不是普通意义上的学科。一九九三年我到港大任教，香港正处于移民潮之中，法学院考生大减。我问学生什么道理。他们说，法律不是"可转移的技能"（transferable skill），在香港学了法律，到温哥华派不上用场。所以现在入学的，都是对"九七"充满信心的呢！这话没错。法域随主权或社会制度划界，"各庄有各庄的高招"，教育训练执业资格也就画地为牢了，即便两地同属英国移种的普通法，也决不互相承认。当然，法理、人权和交叉学科研究（比如法律与经济学／社会学／文学）等"务虚"的门类不算。这些方面国内的译介和评论，近年来业已初具规模，出版信息应该不难查到。

这么考虑了，我就只谈自己的经验，提醒不要忘记两种。一是瞿同祖先生的《中国法律与中国社会》（*Law and Society in Traditional China*），我的入门书。我念法律时几乎无学习压力，耶鲁法学院第一年基础课根本不打分。得了空闲,便向两位国内来做访问学者和读硕士的朋友请教中国法。坐在图书馆里,从清末民初一路看下去,到史尚宽、王泽鉴,再到八十年代的统编教材,对胃口的实在不多。西文著作就更浅白了。有一天,翻出瞿先生这本书(一九六一年英文版),忽然眼前一亮,脑子运动起来,说不出的舒坦。书中阐述的问题和社会学视角,跟每天课堂上讨论案例的各家理论连起来了。中文版大概是后出的,我没有看过。学子们答复:正准备读呢。我再加一句:要注意作者的方法。

　　二是《人民法院案例选》,最高人民法院中国应用法学研究所编。为什么?学子们感到意外。因为,受大陆法系传统和苏联教材的影响,我们的法学教育一向偏重教科书式的"原理"和法条的讲解。法律是当作一门"科学",或者"适用真理般的规律解决现实问题的活动,不受任何价值观和社会因素的污染"(引自左卫民、谢鸿飞,第73页),这样来看待并赋予价值的。读一读案例,研究一下政法实践的一个重要环节人民法院,及其运用、发展、存疑的学说,至少能补一些学校教育的不足吧。我自己为写书收集资料,从一九九二年十月《案例选》第一辑开始,每辑每案必读,至去年五月,拙著《中国知识产权》(英文)增订版交稿为止。觉得其编辑宗旨、入选案例和供稿法院的评析,均为同类出版物中的佼佼者。特别是责任编辑杨洪逵先生所撰的按语,最为精采。有好几年,他一人负责民、商、知识产权和海事四大块的案例,凡属疑难重大的问题,不论实体程序,皆加按语而细致分析,知识之广博,令人钦佩。许多《最高人民法院公报》上的"典型案例",到了他的手里,才获得了完整的表述。

　　日前看到一篇报道(《中国法律人》2004年第10期,第17页),最高人民法院即将出版一套《中国案例指导》(暂定名)丛书,既在意料之中又感到高兴。法治建设至今,司法活动如何公开透明一直是公众舆论和学界关注的焦点。定期全面地公布审结的案件,不仅是政法实践新策略所要求的"理性化""文牍化"的记录,更是向公众负责的交代。读完介绍,晓得这套"丛书"背后还有一个规划中的希望向"判例法"靠拢的"案例指导制度",再对照上述《案例选》已有的建树,就想到几点建议。不妨在这儿略加讨论,主要为"丛书"的现实目标和读者着想:

据介绍,"丛书"或"案例指导制度"的权威,除了编委会(及其成员)的高级别,还表现在只选编各高级人民法院和最高人民法院终审的案件。这个选案范围,我认为不妥。道理很简单,"指导制度"的权威固然需要编委会的级别支持,但它指导的内容范围,即司法实践中一个个具体的问题,却与终审法院的级别无关。这是因为人民法院受理案件的级别管辖,通常是依据争议标的的金额、当事人或案件类型(例如是否涉外)、"重大社会影响"等因素而定的;一般不管案中程序或实体法律问题的难易或"典型"与否。基层和中级人民法院终审的案件,照样有许多复杂疑难的问题。《案例选》刊载评析的案件,不少是基层和中级人民法院审结的,就很说明问题。所以,"丛书"的选案范围不应受法院级别的限制。至于入选案例的权威,只要最高人民法院以适当的名义声明其"指导作用",鼓励法官、检察官、律师参照引用,就足够明确了。

"丛书"准备多收"新类型、有疑难"的案件,这是对的。但执行庭的案件"暂时不收",说是因为"有很多问题需要研究","在探索阶段",就欠考虑了。须知"执行难"是长期困扰各地各级法院,人所周知的老大难问题,怎么可以避开不谈,不加"指导"呢?适当地讨论一下,把形形色色的阻力拿到阳光底下来,其实有助于消除群众和人大代表的积怨。同理,错案也应当选登。这样,既探讨了法律问题,又提高了司法透明度。《案例选》里就有少数错案,还有一些疑难案件的评析列出了合议庭的不同意见。"丛书"可以进一步,把错案作为"典型案例"来宣传,让大家引以为戒。这就需要改革法院内部的所谓"错案责任追究制度"。此制度的弊端,学界早有论述;实行起来若想不打折扣,我看也难。比如案件被上级法院改判或发回重审,或者刑事案件中不批准逮捕、不起诉或判决无罪的,就不宜一律视为"错案"。案件作为"错案"选编在"丛书"里,当然也不能作为追究办案人员的责任的理由。

"丛书"还准备邀请"著名学者写研究性文章,阐述理论原理和案例精髓,并最后抽象出案例指导原则"。这么做,据说是为了案例的"应用性"。但我看是弊大于利。法院编案例不能学院化,脱离指导司法实践的目标。学者有学者关心的问题和任务,例如这二十多年来,常常热衷于呼吁和推动立法。这自然是要有人做的。可是"丛书"不能变成学者的论坛,不应卷入立法的争议。再如审判委员会的存废,是涉及人民法院体制改革的重大问题,学界一直争论不休,但"丛书"就不必参与。这方面《案例选》的做法可以借鉴:由供稿法院自己评析案例,针对具体的问题而非任何"原理"教条阐发意见。不足或未及之处再由最高人民法院的编辑加按语讨论。法官审理案件、总结经验,不可一味追随学院里的潮流和热点;后者自有学者的文章演讲和教科书负责。另外一种情况,或许有学者自愿效力,乐意按照领导的要求来论述案例,让法院把最新的方针政策放在他的口中说出。这样做,行不行呢?那也不好。学者替法院干活,不论付费奖励与否,最好换一个身份头衔,以免误导公众,混淆了伦理责任。一句话,"丛书"努力的方向不应是把"著名学者"请进法院,而是要学界逐步接受并研究法院选编的案例。什么时候做得到这一步,案例才真正有了权威。

那么,如报道引述的,所有入选案例都要"原汁原味",就是把起诉书、答辩状、判决书等诉讼文书原样照登,好不好呢?介绍说这是一个挑战,因为提高了"案例筛选的要求"。这话我不太懂。全文刊载是最省事的办法,也是司法透明的基本要求。但可惜,"丛书"的目标不是建立案件数据库,而是"案例指导制度"。所以才需要制定筛选,即改变"原汁原味"的标准。然而正如我们在《案例选》中看到的,真正的功夫在编辑和评析。起诉书、答辩状的内容要点,两三句话概括了,附在案情之后即可,案例的重心在法律问题的讨论。故而篇幅一定要控制，剔除芜杂和无关的部分，突出要点，否则就难以起到指导的作用。至于原始文书，另行编辑出版甚至上网发布都行。

总而言之，编"丛书"的计划，乃至设想将来形成"一定程度的判例法"，是一件大好事。古人判案讲究成例；当下的政法实践，从选拔领导干部到拆迁民房，也离不开先例、惯例的运用。不然谁还会托辞"下不为例"？只是一般不必写进判决文书，告示天下而已。如此看来，关键在改革司法，包括司法文书。现在的判决书还是非常格式化的，而且以事实陈述为主，很少分析法律问题。这样的判决不可能用来指导司法实践。选编案件，其实是制作案例；即把案例提出的法律问题放在评析和按语里研究总结，再声明其权威的地位，供法官们审理案件时参照，由此建立"案例指导制度"或中国特色的"判例法"。"判例法"，即便只是"一定程度"的，对司法文书亦即法官素质的要求也远比现行"成文法"制度来得严格。所以现实地看，目前这项改革只有小步前进，一点点磨合，才有望建立不论什么意义上的"判例"。普通法国家的经验表明，判例制度往往趋于保守，或者说需要一个相对保守和稳定的环境（桑斯坦，第16页以下）；它的成长，和运作一样，恐怕也必须是渐进式的。

以上是就事论事。若放在大背景里观察，"判例法"还涉及当前政法体制的均衡，包括最高人民法院的职能定位。法院是个独特的、散落在党政部门"条块"网络中的系统（参见李侃如，第169页以下）。上下级法院间并无垂直领导关系，而只能以业务"指导"关联。但"指导"是弱势的权威，远不及下级法院所在"条块"中"各种社会因素"的影响和监督有力。无怪乎，人们面对司法领域的腐败，总是寻求党政和人大等部门的介入，最终却削弱了法院的独立。"案例指导制度"或"判例法"的探索，也许能在"条块"间铺设起一条新的权威管道，起到促进和维护司法独立的作用。司法改革的当务之急是遏制腐败，长远目标则是争取较为充分的基于每一名法官的司法独立和司法公正。"丛书"的编辑出版,如果能对这两项任务目标的实现有所裨益,也就为司法赢回了一点尊严。

二〇〇四年十一月

李侃如(Kenneth Lieberthal):《治理中国》(*Governing China*: *From Revolution through Reform*, W. W. Norton & Co., 1995)。

瞿同祖:《中国法律与中国社会》(*Law and Society in Traditional China*, Mouton, 1961)。

桑斯坦(Cass Sustein):《一次一案》(*One Case at a Time*: *Judicial Minimalism on the Supreme Court*),哈佛大学出版社 1999 年版。

最高人民法院中国应用法学研究所(编):《人民法院案例选》,人民法院出版社,1992 年起。

左卫民、谢鸿飞:《司法中的主题词》,载《法学研究》2002 年第 2 期。

贵得肆志,纵心无悔

——答沈明

冯老师,很高兴能有机会同您做这个学术访谈。二〇〇〇年以来,您在《读书》杂志上陆续发表了"政法笔记"系列文章,在知识界引起不小反响,我也是热心读者之一。《政法笔记》这本书里的其他文章我也大多读过,而且不止一遍。可是要对这本书归纳出一个总体印象,却不容易。我觉得,您在《县委书记的名誉权》一文的结束语点破了主题:"一言以蔽之:宪政重建。"也许是受到美国法学的某种影响,宪政问题现在已经成为中国法学界(乃至整个知识界)的热门话题,而您的文章也以多少有些"另类"的姿态加入了这一讨论。依您之见,我国宏观社会政法语境的变迁是否足以促成宪政问题在今天的重新凸显?中国素无宪政,何谓"重建"?在法治建设受制于政治体制的条件下,新一轮宪政舆论与理论热潮在多大程度上不是"戴着脚镣跳舞"的"自娱自乐"?

"宪政"是一面旗。一样的旗号,可以有不同的目的用意和行为效果。旧中国也搞过宪政,立了不少法,也有舆论和理论浪潮,但没成功,被革了命。我小时候,有位邻居老先生,他是那个时代投身宪政建设的法律精英,东吴还是什么大学毕业,解放后境遇之尴尬可想而知。前几年回上海探亲碰上,老先生颤颤巍巍拉着我的手说:"你看我,一辈子就这么浪费掉了!你们好呀,你们赶上法治建设的新时期了!"所以现在不是开辟新天地,没有什么激动人心的东西;虽然具体做法要讲究技巧,要运用政治智慧,要善于抓住机会。基础还是清末民初那两代人打下的。就法制和宪政而言,那些人的成就(术语概念组织架构等整套制度的引进和创立),是我们后人不可企及的。

也许是您曾在耶鲁法学院这个美国现实主义法学大本营接受法律教育的缘故,我在您的文章中清晰地感受到了现实主义法学及其后继者批判法学的思想痕迹,比如您对我国一九四九年以后的官方政法意识形态的某种肯定和发挥,进而揭示并在一定程度上解构了现代法治意识形态。在学术界宪政"合唱"与"对唱"的四面楚歌之中,您的声音是"另类"的,但至少在我看来也是一种脚踏实地的、具有中国特色的启蒙。然而,现实主义和批判法学的思想资源对于公、私权力(利)对比悬殊的中国社会现实来说,显然有其消极的一面。另一方面,我觉得一些学者以学术"大词"包装起来的研究,未必尽是"一厢情愿"的理论游戏,也可能是出于各自的政治立场,在社会政法制度博弈实践中采取的一种委婉的策略。是的,宪法和现代法治意识形态都有两重性,然而"皇帝的新衣"也可以解作一个充满智慧的博弈,在这一游戏格局中,"骗子"、臣民和皇帝的优劣处境是显而易见的。不知您怎样看待上述现实主义和"理想主义"(请原谅我这种不准确的概括)两种方法的差异以及它们在中国法治建设中的作用?

又"肯定""发挥",又"揭示""解构",是说"扬弃"(aufheben)吧。这事钱钟书先生在《管锥编》里讨论过。现实主义地说,改革开放以来,关于宪法的各种主张或宪政重建,的确可以看作一场政法制度的多方博弈。这一角度,我想经济学家和社会学家更有发言权吧。我在《它没宪法》等文章中强调的，是意识形态化的公私权力（利）划分和配置亦即现代西方式宪政本身的双重目的。这是批判法学有所触及但不愿捅破的"皇帝的新衣"。算不算一种理想主义呢？看你如何定义了。说到耶鲁法学院，它有一个"务虚"的传统，如同北戴河会议，爱谈大事。当年毛主席在延安批评党内一些干部"鄙薄技术工作"，其实美国的政法精英也是这个脾气。还有就是饭厅的伙食是全校最差的，每学期强迫交饭钱若干，不吃不行。不过常能遇上些有趣的人物一起聊天。有一次饭桌上来了个《纽约时报》的记者，谈起中国的法制改革，她说："我不明白，中国人到耶鲁来学什么。你们需要的是实用技术，不是空阔的理论哪！"第二天又碰面了，她说："昨天我说错了。中国也许应该先把改革的道理和方向弄清楚了，学来的技术才能正确运用。"可是，有时候话说白了，人聪明了，反而坏事。所以学界有不同的声音不奇怪，除了理论立场之分，还有办不办事、参不参与的区别。

您在《法盲与版权》一文中写道："回溯历史引起的历史性'震动'，已经促成中国基本政法策略的转型换代，令版权成为社会控制现代化或法治化的中心环节。……以神圣的产权和契约言说的法治，只有靠不断忘却和改写［掩饰、重构］历史才能自圆其说，成为大写的'理性'而劝人皈依。"不知您是否同意我的理解，即版权之所以成为社会法治化的"中心环节"，是因为它在回溯历史这一点上与法治具有共性，因而它的重要性在很大程度上是象征意义的，否则，似乎就不容易理解版权这个很少有法学家关注的问题，与"基本政法策略的转型换代"有什么关系。此外，如果说法盲与法治的伴生是现代法治社会的普遍规律的话，那么，版权与法治之间不同寻常的关联是不是一个"具有中国特色"的现象呢？

版权（著作权）在私有制西方社会并无颠覆历史的功用，不论回溯与否。但在中国，原先的政法体制是建立在人的教育改造上的，而教育改造离不开革命文艺的宣传灌输。版权在抽象物（作品）上设立私有产权并由此重新界定作者（业者）的身份，回溯适用，就从根本上颠覆了教育改造关系（历史）。而这一颠覆，便成了我们今天论说法治，或资本得以再临中国的前提。不，版权不是象征；版权是颠覆，是私有产权（property）复辟之先，资本要求历史"终结"的唯一出路。

您在《腐败会不会成为权利》、《从卡拉 OK 与人体写真想到的》等文章中谈到权利与法律（立法）、侵权的关系，给了我不少启发。侵权对于"社会关系和伦理选择"的"规范"与"体现"是学者关注较少的一个重要问题。不过具体到您所说的偶像生产、仿真消费和知识产权三者间"难以调和的矛盾"，我觉得倒也不尽然。首先，很多仿真消费（至少就卡拉 OK 与人体写真而言）算不上侵权行为；其次，即便是侵权，也可能意味着（如您所说）西方消费价值观成功登陆中国，进而会刺激偶像生产并在知识产权的维度上强化（西方）法治意识形态。总而言之，智识产品的生产、知识产权保护与侵权之间的关系是相生相克、甚至"剪不断，理还乱"的，"矛盾"的说法恐怕不算一个全面的概括。不知您能否同意？

卡拉 OK、人体写真的流行只是表面现象，背后的那个偶像理想同知识产权的意识形态解释（"原理"）或知识产权保护在第三世界的正当性有矛盾。但这不仅是理论问题。前年，英国政府委托六位（来自英国、美国、印度和阿根廷）的学者调查知识产权在第三世界的状况和对策，去年九月发表了报告。结论是，世贸组织框架内的知识产权制度（TRIPS 协议）确实妨碍了第三世界的经济和社会发展，西方发达国家没有理由把自己的标准强加在别人头上。近年来一些发展，例如巴西、印度、南非等国对药品专利的挑战和对生物品种保护的主张，都是这一危机的表现。反过来看，便是大规模的侵权不可避免。这一点，那些产品进入中国市场的大公司都很明白，关键是怎么利用，宣传推销什么样的偶像和消费价值。所以我说，侵权不是反抗，是已经计入成本的竞争部署。侵权有规范社会关系和伦理选择的功用，因此是品牌战略所必须考虑的，也是可以积极利用、压抑竞争的市场手段。这个观点，我在世界银行和一些学术会议上跟代表美国公司游说中国的专业人士说过。他们先是一脸惊讶，接着就矢口否认，仿佛被我泄露了天机。

在《性贿赂为什么不算贿赂》中，您提及性贿赂在我国未能入罪的原因，似乎在于人们对法官自由裁量权和司法腐败的担心。我觉得这有点"以全概偏"，即以普适的理由来应对具体的个案。法官的自由裁量权是绝对存在的，立法以及法律的任何一种实质性修改都会扩大或者缩小裁量权（腐败可能性）的范围，一定要把它和性贿赂问题挂起钩来，理由似乎并不充分。您在后来的文章中也谈到，问题在于"腐败的逻辑"凭借"掩饰"的法治策略摇身化作了"法治意识"。值得注意的是，性贿赂入罪的提案者是女性，提案受挫，是不是也有几分男性的"集体无意识"的原因呢？有待女权主义者作深入研究。康特尔所言"法治的威力……在劝人相信，那由法律的意象和分类构筑的世界乃是能够拥有的惟一合理的生活世界"，怕是有些理想化了；在道德和价值多元化的现代社会，"惟一合理"的断言不免有一点空中楼阁的味道。我倒是愿意套用丘吉尔关于民主的名言：人们至多相信，法治所构筑的是一个"最不坏"的生活世界。也许，康、丘二人说的就是一回事？

是一回事。"最不坏"了，还能不"唯一合理"？政治家有时候也说实话，将你一军，逼你放弃"多元价值"那张王牌。至于对法官自由裁量导致司法腐败的担心，那好像是国内流行的看法，所以我说它"似是而非"。否则，美国法官的自由裁量权比中国同行大得多，却很少腐败，怎么解释？但立法不是一个按照学理原则组织、合乎逻辑的决策过程，它是各方利益谈判和妥协的"成果"，需要各色各样的理由，再荒谬也行，只要有人相信。性贿赂入罪的提案者是否都是女性，反对者是否男性居多，我不清楚。但西方女权主义法学一个突出的贡献,就是对色情业和性犯罪问题(包括有关立法)的批判研究(参见《小头一硬,大头着粪》)。

法律教育的定位和律师职业伦理是两个密切关联的问题。"法学院不仅是法治意识形态的一个生产基地,也是法律的职业化或业务垄断的门槛"(《法学院往何处去》)。看来大学法律教育只能兼顾职业教育和学术教育这一对矛盾,尽管您的意见倾向于后者。建构并解构法治意识形态的法学最终展示的必定是人生与职业的悖论;而且,法律是"资本的语言",法律的逻辑("法政")必然无法逃脱向真实世界的逻辑("政法")妥协的命运,于是我就看到了法学教育和法律人的悲壮:他们的行动不就是一种"知其不可为而为之"的反驳吗!?悲壮,当然就不容易幸福了。这或许可以算是耶鲁的克朗曼院长"律师为什么不幸福?"问题的一个别解吧(参见《好律师能不能也是好人》)。

克朗曼先生如果听见你这么说,肯定很得意了。不过这不奇怪,"法律是政治的晚礼服"(《正义的蒙眼布》)。惟其如此,法学院更应该追求、维护教育自主和学术独立,拒绝职业主义的诱惑与偏见。只是法学院目前陷于大学"改革"的泥淖,"世界一流大学"的游戏不知何时才能收摊,跟律师执业伦理面临的挑战不同。前者是大学自治问题;后者是业者自律以换取业务垄断、降低竞争的"职业化"建设。

实际上,《政法笔记》中大部分文章都在揭示、分析着贯穿于宪法、司法制度、法治意识形态、法律职业及其伦理的一系列深刻而又彼此关联的矛盾。概括来说,"现代法治在本质上是一种用权利话语重写历史、以程序技术掩饰实质矛盾的社会控制策略"(《好律师能不能也是好人》)。如果"法治的根基在信仰与习惯",仰仗掩饰矛盾、抚慰人心的法治意识形态的成功教化,那么现实主义的法治启蒙会不会对法治实践起到某种颠覆作用?古今中外文艺作

"法治的根基在信仰与习惯"。

[法]杜米耶(1808–1879):《刑辩律师》

品中鲜有代表大众正义的律师这一事实也许可以表明,法律人大多不过是学会了游泳的鱼(《送法下乡与教鱼游泳》)。对于"一天到晚游泳的鱼"来说,"娜拉走后怎样"之类的问题也许是不该问甚至没有解的吧。

说得好,法律人也是一条条学习游泳的鱼。只不过因为他们的游法是花钱学来的、官方认可的,就说周围别的鱼不会游,姿势不对等等;所谓法律"职业化"了。因此,职业批判应该是法学院,至少顶尖法学院的教育和学术的重要内容。不然法学院交给律师协会操办得了,像从前英国那样。这么"启蒙",会不会"颠覆"了法治?我想不会。法治的大敌不是自由的思想的争鸣,而是腐败;而腐败是人人厌恶,无须启蒙的。法学院的难处和大学一样,也在抗拒腐败,学术独立。独立的学术归根结蒂来自独立的人格。而且环境越是腐败,我们越需要坚持"脱心志于俗谛之桎梏"的自由思想和独立精神（陈寅恪先生语）。出于那样的人格理想，我们才能开展批判，推进学术；才能如古人所言，"贵得肆志，纵心无悔"。

谢谢采访。

二〇〇三年九月二十三日

临盆的是大山，产下的却是条耗子
——答汪庆华

这些年来，名誉权官司越来越多，有名人告记者、官员告百姓，还有死人告活人，眼花缭乱，煞是好看。最近"陈永贵亲属诉吴思案"终审判决，舆论大哗，不过是其中比较突出的一个。您在《政法笔记》一书中一针见血地指出，名誉权官司此起彼落的一个重要原因，是被告无法援引宪法上言论自由的规定来作抗辩。借用您一篇文章的题目来说，就是"他没宪法"。

我们可以进一步说，现阶段言论自由（即广义的言论，包括创作表演出版新闻等文化和社会自由在内）的性质范围和诉辩要件，在很大程度上是由此类案件宣布、界定的。宪法权利和宪法原则在借民法说话，要求民事权利的司法解释和诉讼程序向"母法"靠拢。而法院的判决由于种种原因不能或不愿回应，就往往引起公众和学界的批评。我在《政法笔记》里说过，权利冲突的宪法化，是现代法治的一般趋势。但在名誉权官司中，宪法权利的不得主张和坚持讨论还有非常现实的意义，那就是让人们清楚地看到：脱离宪法原则的民法实践，那几条看似"中立"稳当的条款文字，是很容易拿来为金钱和权势服务，做遮掩腐败的幌子的。

美国的"萨利文诉纽约时报公司案"很有启发意义。该案把官员等"公共人物"作为原告的举证责任宪法化了。公共人物除开承担举证责任，还要证明被告"确实恶意"，即被告或者明知错误仍然坚持发表，或者对事件真相"贸然不顾"。换言之，该案使被告获得了一个宪法上的抗辩理由。为什么公共人物当原告的举证责任要超过一般的诽谤侵权标准（例如歪曲事实）呢？贺卫方教授曾经给出一个重要的理由就是平衡原则：公共人物已经从媒体中获取很大的利益。而您则给出了一个语境论思路：在公民、名誉权、言论自由等法治话语取得主导地位之前，我们是根据阶级成分和政治身份来安排言论的，由言论引起的"人民内部矛盾"是让单位、组织来说服、教育。而干部在受到群众批评时，则以"有则改之、无则加勉"的方式来要求干部。但是，当法治逐渐成为主流，传统意识形态对官员的政治伦理约束解体之后，法律的形式平等掩盖了其背后等级制的权力关系之后，"官告民"就如脱缰之马，一发不可收拾了。是这样的吗？

从前说，严重的问题在于教育农民，即革命的成败在基层组织建设。如今"后革命"时代问题变了，是官员缺乏纪律，难以监督。形式平等的法律成了他们的枪手、借口和挡箭牌。因此就政法策略而言，"官告民"其实是"民告官"行政诉讼制度的补充，两头钳紧，叫你动弹不得，这么一个精巧的设计。所以才有源源不断的上访大军，还有悲愤的自杀。是的，自杀的管制和归类解说（合法非法、革命反动等等）最能体现政法策略的权力部署，历来如此。你看看那些上访者自杀的地点就知道了。

在您看来，中国民法引入"公共人物"的困难不在法律知识的匮乏或权利意识的软弱，而在于如何重新界定官员的政治责任，以及对公民参与公共辩论的政治和伦理意义的重新审视。"其核心，则是言论，尤其批评言论的政治地位和宪法待遇、批评者及批评对象双方的政治责任的重建……宪政重建。"您对法治话语一般是采取批判立场的，最能凸显您的立场的莫过于那句话，"法律是政治的晚礼服。"可是，您的上述主张还是流露出一种法治建设论者的思路：审视现有宪政框架，思考重建的可能。倘如此，在公民参与不发达，民主实践限于基层、经验不足的情况下，我们怎么能够保证，精英主导的宪政重建不成为政府官员、经济寡头和知识精英的垄断的合法分赃呢？

这个问题回避不了，俄国已经开了先例。基辛格博士说过，作为历史学者，他对人类社会总体上持悲观的看法；虽然作为政治家，对一些具体问题的解决，他必须抱乐观的期待——他们那一代精英，例如打越南战争的才子国防部长麦克纳马拉，勤于读书的不少，跟美国政界现在的风气大不一样——我深有同感。说到底，给《宪法》装几颗"牙齿"，让它直接间接地进入诉讼，建立一个违宪审查办公室或委员会什么的，历史地看，都不是难事。产权复辟，资本再临，"原始积累"顺利完成之后，自然需要落实宪政或《宪法》对有产者的允诺。这是世界各国，包括中国的左邻右舍在内的通例，没有技术秘密。有的只是五十步对一百步的嘲笑和指责，"曲线救国"跟"休克疗法"之间的口水仗。所以我强调了重建社会政治生态的艰巨性：当"分赃"大局已定，法条变为具文之时（详见前文《我是呆账我怕谁》），我们怎样开展批判，如何打破资本同权势"强强联手"对言论和媒体的控制、引诱与收买，从而让官员和公共人物负起政治与伦理责任。具体到"官告民"和"民告官"案件中，便是此责任向举证责任及其他诉辨要件的转化。

吴思案之所以引起这么大的反响，一方面是判决的专断；另一方面也因为这个案件涉及到了名誉权的方方面面。陈永贵是公共人物，而且已经去世。死者的名誉权一直争议不断。英美法中是没有死者名誉权一说的，您在《孔夫子享有名誉权否》中也提到了。不过中国有其独特的一面。最高人民法院总结司法实践发布的司法解释规定：死者名誉受到损害的，其近亲属有权向人民法院起诉。但是，近亲属行使的究竟是什么权利，是死者的名誉权、近亲属的名誉权抑或其他，语焉不详。我认为，所谓死者名誉权实际上是死者亲属的一种权利，按性质说，它是一种家族权。人的民事权利能力和行为能力终于死亡。既已死亡，何来名誉权？家族权可以解释为什么只有死者的近亲属而不是朋友、师长或学生可以起诉，保护死者的名誉。一个人死后，他仍然具有其所属家族的身份，对死者的侮辱和诽谤，实际上是对家族的侮辱和诽谤。家族成员理当会因别人对其先人的诽谤而感到沮丧、情绪低落和愤怒。实际上，是否保护死者的名誉权体现了一种文化差异，而根本不是一个好坏对错和自由多少的问题。这种权利保护机制体现了中国人固有的祖先崇拜观念：家族观念并没有因为革命而销声匿迹，相反，它倒是换了行头，回到我们的日常生活，并经由法律而重新统治我们。

这倒是新的说法，蛮有道理，可以让民法学家、人类学家和实务部门讨论一下，是否可行。近年来家族的"复兴"有目共睹，法律必须好好回应。不仅农村基层组织的运作，根据港澳台和海外华人的经验，城市资本的发育也十分仰赖家族纽带和宗法道德。当然，视形势需要，家族权益和宗法实践用个人权利的法治话语来装扮也不难。比如包二奶养小蜜，这是传统婚姻家庭制度在短暂中断后的复苏，还有嫡嗣和庶出子女的财产继承权等问题，婚姻法、继承法怎么办？名誉权、隐私权怎么办？抄外国恐怕不行，人家没有这个传统。抄来也是具文，执行不了；一执行就打架，反而助长了"私力救济"。

您在《案子为什么难办》中指出，诸如言论自由、隐私权之类宪法权利或公民权利的纠纷，实际上角逐的是其背后的道德立场与价值形态。这样的冲突既不是可以用自由主义法学关于权利谁大谁小来解决的问题，也不是可以用法律经济学的效率最大化来解释的问题；案件之所以难办，是因为作为理性之体现的法律已经无法解决其背后的种种道德和价值冲突。而在中国这样一个转型中的社会，其难办的程度就可想而知。在行规还不严格、法官无法中立而政治又无所不在的时候，这种难办的案子被乱办一气也就不奇怪了。

我的意思是，即使转型成功，法治完备，并且假设官员一个个都廉洁奉公了，这些案子依然难办；而且会越来越多，充斥媒体。将来的吴思们依然要面对死者名誉权、隐私权或亲族权的诉讼，尽管在本本上，作者大概会享有比现在宽一些的言论自由范围。但他们多数是打不起官司的，下笔之前就得考虑经济后果。于是报告文学这一中国特色的创作类型（genre）恐怕要绝迹了，和西方国家看齐。法治社会里，报告文学或"纪实文学"无异授人把柄，招惹官司；这跟享受宪法权利和经济制度双重保护的八卦艳闻明星裸照的色情业，完全是两个待遇。

一方面，权利纷争愈演愈烈；另一方面，宪政重建长途漫漫。具体的争议需要解决，而本本上的规则又不敷使用。司法机关的角色就尤其令人关注了。目前，司法机关似乎无法承载这样的使命，判决没有带来规则的统一。规则不统一，后果无法预期，本本上权利规定就落空了，尽管规则不统一背后仍有一致的逻辑。例如"余一中诉《新闻出版报》侵害名誉权案"，原告余一中是南京大学外国文学研究所教授，近年来就苏联革命小说《钢铁是怎样炼成的》写了一些"反思性评论"，认为该书是"一炉废钢"，应当送进历史的博物馆。被告《新闻出版报》发表署名文章，说"余一中先生批评的用心值得怀疑"；并配编者按，把问题上升到"是否坚持中国先进文化前进方向的原则"和"大是大非"的高度。一审判决无视原告提供的各种证据，这样写到，"余一中认为《新闻出版报》社将正常的学术讨论上升为政治问题，改变了学术讨论的性质与气氛，担心由此受到影响，要求《新闻出版报》社因此承担法律责任，没有事实和法律上的依据。"二审维持原判，其理由谓："争论双方在表达自己的观点时，只要不构成侮辱、诽谤，就不能认定侵犯他人的名誉权。"这理由本身并没有错，但它是废话，因为没有回答为什么政治色彩浓厚的上纲上线的评论不算侮辱、诽谤。这就和吴思案形成了鲜明对比：在吴思案中，死者的名誉权要高于文学创作自由；而在余一中案中，生者的名誉权要低于"大批判式"的评论。但是，从其背后的原则来说，它们又是一致的，那就是，只有符合某个部门机构定的调调的说法才是言论，方能自由。

一点不奇怪，法条变具文的又一例。所以问题的实质，并非规则的不统一或经常自相矛盾；而是虽然如此，人们为什么还继续追求立法和司法形式的正义？还愿意相信，只要追求得法，一切化作权利，公正就自然降临，信徒便人人平等？这是一个什么样的连"反乌托邦"作家奥威尔也想象不出的"美妙新世界"（brave new world）？我想只能用"教鱼游泳"来形容。

据伦敦经济学院许成钢教授的研究，无论立法多么努力，法律实际上总是不完备的。中国有个奇特现象引起了学者关注，即法律的高度不完备和经济的快速增长同时并存。而作为对比的印度，虽然法律相对完备，经济增长却相对滞后。看来，法律的完备和人们的幸福生活还真未必有什么关系。尽管如此，在中国，人们还是遏制不住对形式主义法治的追求，相信立法万能。似乎法条三千，人权、自由、幸福生活就都有了。

印度其实表现"不俗"，按照西方给中国定的标准；大学教育和一些高科技领域比中国强。我共事和认识的印度学者、学生和医生律师等专业人士，都非常优秀干练。资本的兴起与西方式民主或法治没有必然因果关系，不是新发现。"法律与社会"运动早做过研究。过去香港大学有位来自东非的印度裔教授 Yash Ghai 先生是那运动的先驱之一，他跟我聊过这个问题，还有当年毛主席怎样接见他们非洲青年，很有意思。可惜他退休了，港大挽留不了（他是法学院最有国际声望的学者）。历史上，印度曾是中国的老师。现在，就民主法治的建设而言，又成了我们的"榜样"。印度不但有选择地移植了英式政法架构，还将那架构同人们希望借助它铲除的那些旧制度、旧人事、旧观念全面结合起来：家族政治、官场腐败、阶级分化和种族、宗教、地区冲突一切照旧。我每次听说国内又送年轻干部来哈佛"进修"，跟随政府学院某某退休官员（教授头衔）讨论什么"案例"，就想，怎么不派人去印度取经呢？美国官员有什么可教中国干部的？问责制度、伦理约束完全不同，这是上麦当劳大学学擀面包水饺呀。或许有别的用意吧。

就在我准备这次采访资料的时候，读到了这样一条新闻："广电总局禁止戏说红色经典，《林海雪原》等遭点名"。据报道，广电总局已向各地有关职能部门下发了《关于认真对待红色经典改编电视剧有关问题的通知》。

这下有好戏看了。怎么改编才算"认真对待"，应该几个要件？专家们又有一堆问题可以争辩了。然而，电视剧和刚才谈的报告文学、文学评论不是一回事，是由市场即消费社会的大众趣味驱动的。他不戏说，就吸引不了眼球，拉不到广告费。所以这事得向业内人士打听了才有准数。那通知如果摆弄好了，也许是场及时雨：挑战一下禁令，媒体炒作一番，反而叫座。正规渠道不让播放，就做成影碟流入市场悄悄赚钱。立法往往如此，正应了一句古罗马谚语（贺拉斯《诗艺》139）：临盆的是大山，产下的却是条耗子。

二〇〇四年七月十二日

为什么"法律与人文"*

一

"法律与人文"是我们这次会议的主题。我起个头,简单讨论一下为什么法律教育和法学需要人文这个问题吧。文史哲作为一般的文化修养,是包括法律人在内的公民社会成长的条件。显然,我们今天不是在这个意义上谈论人文。

传统上,法律与人文的关系非常密切。法律依托文本,由人文知识集团操作,是所谓文明社会的一大特征。一切成文法社会,包括英美判例法,都是如此。换言之,人文对于法律人来说,不仅是一般的文化修养,还是法律技术的基础或行业基本功。起草文件、调解纠纷、法庭辩论,这些事都需要人文的阅历。但这种技术性的知识运用也不是我们今天的题目。我们希望探讨的,其实是这样一个学术问题:人文的思想立场,特别是人文的批判精神,能够对中国法学提出什么样的挑战?

---

* 本文为作者在浙江大学"法律与人文"研讨会的两次发言。会上蒙胡建淼、葛洪义、许章润、郑成良、何勤华、刘星、钱弘道、苏力、沈明、刘忠、胡水君、孙笑侠诸先生析疑指正,获益良多,谨此一并鸣谢。

我们来看看中国法学的现状。自七十年代末开始重建法制至今，总体而言，法律教育和法律人的人文成分（考试范围、学科出身）无大变化。但相对而言，可以明显感觉到，社会科学的知识、理论和方法，影响越来越大了。实际上，官方和民间的学科分类都已将法学列为"社会科学"。这样划分是有些道理的，因为法学的方法的确在向社会科学靠拢，经常借用社会学、人类学、政治学、经济学等等的理论。形成这一趋势的原因很复杂，或许和大学的"表格化"管理、消费社会的膨胀有关。也跟现代／西方式法律的保守性格有关。此外，法律是"地方性知识"（吉尔兹语），不能提供分析自身的方法。教科书上的三段论司法推理，其实是一套循环解释的技术；就是从法条抽取原则和学说，再用这些原则学说来分析法条的含义，论证其正确或错误的适用。循环论证是做不了学问的。所以我说，法学若要把"地方性知识"当作自己的研究对象，就得"融入"社会科学（见前文《法学方法与法治的困境》）。当然国内外都有论者指出，即便如此，法学也不属于社会科学，行业性质不同。但无论如何，大家都承认，社会科学的知识、理论和方法正在成为法学的主流。

那么，我们今天怎样看待、进而主张人文呢？能不能"零敲碎打"地主张，比方说，中华法系源远流长，故而追溯传统必须重视史料的收集和梳理？不可否认，这是人文的用处。再如，法律的基本原则、各派学说都可以做抽象的理论辨析，上升到哲学层面讨论，结果诞生了法哲学一门专业。那也是人文。更不用说遍地开花的"法律与文学"运动了。但这只是知识领域的划分，仍旧比不上社会科学在方法论上广泛地介入并引导法学研究。

我有个想法，来杭州前和笑侠提过。我们主张人文，归根结蒂，只有两条理由：一是迄今为止，社科主流对新法治的剖析批判还不很成功。可能因为社会科学在中国尚且不够成熟（相对人文而言），无力突破法治意识形态的羁绊。它很少触及政法体制的深层结构；老百姓每天面临的困境，从上访村到拆迁户，反腐败到基层民主，医疗改革到社保崩溃,它也是清谈多于探究。从体制上看,比起"不实用"的文史哲,政经法等学科的市场资源多,更愿意"跑点"竞贿,收编为"基地""工程"。因此,提倡人文的自由思想和独立精神,是我们坚持教育伦理、抗拒学术腐败、争取学术自由的当务之急。

二是随着腐败日益合法化制度化,法律必然充斥具文,蜕变为"潜规则"的母法。具文化了的法律,仿佛一部冗长的"哈利波特"或续不完的迪斯尼动画片,是社会现实剪碎拼贴再颠倒了的虚构。而且惟有不停地虚构,那颠倒了的现实即"人人平等"的神话才不会化为乌有。这样,当法治的故事与虚幻的正义消除界限,当权利和腐败彼此不分,理论的进步就一定首先是人文精神与思想立场的进步了;反之亦然。注意,我这是就学者的职责,即社会批判和理论建构而言,不是说法律人的日常实务;理论和实务不可偏废,都是同学们在法学院学习、训练的内容。以上两点,便是我们在法学领域寄希望于人文的理论挑战。能不能做出贡献,乃至影响主流,则有待我们的努力了。

二

我总觉得,作者谈论自己的作品是件尴尬事。尤其今天这么严肃的场合,还存在一个悖论,让我难以直接回应大家的精彩评论。刚才几位发言提到罗兰·巴特的命题"作者已死",就是说,作者写完作品便退出语义生成的舞台,作品的"原意"得靠读者和批评家来敷演了。按照这一理论,我该换个身份,"复活"作为读者发言。可是一旦"轮回"做了读者,就违反了法律或"大写的理性"对作者的定义(《著作权法》第十一条),没办法依常理解释,例如当初我这句话是那个意思;更不能诉诸普通读者的同情的理解和想象,以作者身份保持与读者的距离——那段让读者信赖作者、与之对话而跨越"生""死"的心理距离。

所以我想就谈两点：一是如何看待西方尤其美国的学说和实务的"入侵"。中国法制的现代化始于清末民初，大框架取自欧陆，学说则兼采欧美。这是解放前旧法治的情形。解放后受苏联影响，机构设置和教材学理照搬，但组织制度和政法实践延续了中国革命的传统。文革结束，法制重开，西方学说又回来了。九十年代起，美国的理论和律师实务占了上风，从商界和学界成两头夹击之势。官方政法话语随之掉头，词汇提法更新换代。进入新世纪，反而是有些美国专家信息不灵，不太适应了。例如德沃金教授，他来中国讲学，便经历了一场"文化休克"（culture shock）。原本兜里揣着"异见人士"名单，准备掀开"竹幕"传播人权思想西方价值的；哪想到，从官府到学府，满眼西装革履，满耳"人权自由民主宪政"。气得他回到纽约登报批中国人虚伪，传为美国汉学界的笑话。

于是就有了新法治下，中国法学如何借鉴西方学说，并挑战主流立场和原理的问题。这问题一般说是不会有西方专家来为我们解答的，因为西方法学处理的，首先也是本土的传统与实践。毋宁说，许多时候，由于西方学术的强势和法治话语的"正确"，一些西方流行的理论教条和实务做法，极易成为我们思考的障碍和改革的歧路。因此我有这么个希望：认真研究西方的理论与制度、调查分析中国的现状之外，我们的法律教育还应强调一条：要鼓励不"正确"的想法，敢于怀疑、反思、批判。法律之为公民素质教育的重要一环，理由在此。

其次，间接回答各位同仁的提问，谈谈自己对"法律与文学"运动的看法。我们称它为"运动"，是因为其中进路繁多、方法各异，像苏力讲的，看不出它会整合成一个理论流派（《法律与文学·导论》）。作为运动，"法律与文学"七八十年代在美国兴起，原是对法律经济学的保守立场的反动。多数论者对文学作品的解读，后现代、女权及族裔理论的运用，都是以法律经济学为靶子的。但是那样学究气的争论，对于我关心的中国的问题（社会控制、文化生产、政法策略的转型等等）并无太大意义。所以念法学院的时候，我读了很多案例文献，可是如何分析，提出有意义的理论问题呢？考虑了很久，试着写了两篇讨论兵家传统和著作权的论文，也没想明白。后来到香港教书，常回内地，同新法治的实践接触多了，才慢慢把一些基本问题厘清了。就是那些法律绝对保持沉默，千方百计遮掩的事情，例如私有产权的重建。这些年来大力鼓吹私权神圣，无非是要给产权复辟一个说法，争取一个平稳的过渡。但过渡期间产生了巨大的社会不平等、腐败和掠夺，各种特权与强权的合法性，或它们作为受保护权益的地位，又是从何而来的呢？产权复辟本来是毫无道德理想可言的，"私有"二字开头还是禁忌，故而媒体宣传只能从功利或工具主义的角度为它辩护。那么，是什么样的社会与文化屏蔽机制，使得人们，那些最容易被伤害的多数，低头认命而无力抗争呢？

我以为，这便是新法治的任务了。正是通过人们产权意识中最薄弱的环节，即抽象物上的私有产权——知识产权——开始了复辟的"平稳过渡"；在知识产权改写历史、重塑文学的同时，悄悄启动了新的社会与文化屏蔽机制。

我很欣赏李琛老师先前的发言。她说法律文本和文学文本一样，也是一种叙说，有着相似的温情的释读。我们可以进一步说，新法治的"温情"运作，一刻也离不开广义的文学，包括大众文艺与媒体的宣传配合（参见葛兰西，第 389 页以下）。这一点我在《木腿正义》和别处讲过。但我今天要指出的是，由此出发，有可能为中国法学开辟一条进路，促其加入社会批判和理论挑战的前沿。这，就远不止"法律与人文"的题目了。

二〇〇五年十月二十九日

德沃金（Ronald Dworkin）：《在北京认真对待权利》，载《纽约书评》（*New York Review of Books*），2002 年 9 月 26 日。

方流芳:《如何认真地看待学术游戏——读德沃金访华报告有感》,载《视角》3:1,2003。

葛兰西:《文化论集》(*Antonio Gramsci: Selections from Cultural Writings*),David Forgacs & Nowell-Smith 编,哈佛大学出版社 1991 年版。

吉尔兹(Clifford Geertz):《地方性知识:事实与法律的比较透视》,邓正来译,载《法律的文化解释》,梁治平编,北京三联书店 1994 年版。

苏力:《法律与文学:以中国传统戏剧为材料》,北京三联书店 2006 年版。

致《北大法律评论》编辑部（二）

编辑同学：

六卷一、二期收到，谢谢惠赠。今天有空，快快看了一遍。专辑内容（转型社会司法过程和死刑存废问题）十分好。论文、评论和案例分析也很精采，尤其讨论版权来华史、同性婚姻、二奶受赠案与"公序良俗"三篇，都是博士生和年轻教师所作，颇有见地。还有一大进步，翻译的文章少了，名副其实是中国法律的评论了。

催促我写这封信的，是两位主编的"编后小记"。她们的感慨和提出的问题，让我想到了《评论》的方向和未来。这些想法或许于你们有用，算作读者建议供编辑部参考。

感慨因问题而起：编学生刊物真不容易，"我们存在的意义又在哪里？"具体而言，则是八年前方流芳先生介绍《哈佛法律评论》时指出的，美国学生独立经营、学界普遍赞赏的法律评论，如果办在中国，恐怕绕不开两个障碍："学术评价纳入行政渠道"的体制（例如"核心期刊"）和寄生其中的大大小小宗派山头或"门户承继"。"小记"说，后者的影响已在克服之中。通过自筹资金、双向匿名评审、平等对待来稿、编辑不获劳酬并且任职期间和离任两年内不得在《评论》发文等等，一套"过于严苛的编辑规则"，《评论》几经波折，活下来了。

但是,"核心期刊"或现行体制下的名分等级、作者作品待遇,这个"硬约束"仍是《评论》发展的最大障碍。

问题是,这两个障碍的克服其实是互相矛盾而不可兼得的。一九九八年《评论》草创之初,人们或许有理由相信,通过编辑和作者群的不懈努力,以高质量的论文和严格的编辑伦理,能够争取到行政权力的同情、认可,进而消除歧视。今天,在学术生产业已完全陷于行政规划("工程""项目""基地"),变成指令指标的交易以后,我们就不可再抱幻想了。在新世纪法治化的竞贿制"行政评级序列"中,在校学生是最无竞贿资源和意欲,故而也最无资格寻求行政部门和各个山头赏识的一群。而只要参与竞贿,或经济学家所谓"博弈",《评论》就必须放弃自己的立身之本,背叛"过于严苛"的编辑伦理与学术理想。

《评论》怎么办?我想,干脆反其道而行之,跟"核心期刊"体制不接轨、不沾边,公开划清界限,办一份独立的"另类"的法学刊物。

当然,为了生存,《评论》还会继续发表那些"苍白了的思想、激情退却了的智慧",为"规范化"的法学写作服务,为法律的新衣做脚注。但是,当法律在真实生活中已大半沦为具文之时,法律评论(以及法学)在中国的成长,应该还有别样的思想智慧,超越美国模式的想象。因为,有些通行的规矩做法在大体廉洁自律的西方教育和学术环境里可以成立,在中国行不通;通了也得变样。

这意味着,《评论》除了履行一般学刊的责任,诸如训练学者、团结同道、增进学术,还要承担一项艰巨得多的任务:反抗现行评级体制,捍卫学术尊严。明确了这一方向,事情就好筹划,一点点做起来。比如在长篇论文、书评、案例之外增添一栏,专登短小精悍"不合时宜"的呐喊鼓吹之文。

由此出发,还有几处可以考虑改进:

卷末"北大讲坛"一栏,一两页足够了。外国教授专家来华讲演,作为学术动态报道一下,每则消息一段即可。例如这两期的讲演是关于欧美公司治理的，我看就无甚新意，发言提纲而已，不值得全文翻译刊出。

开卷"编者按语"罗嗦，应尽量简短，少作评价。因为作为编辑，公开场合只能说作者的好话（即在读者眼中有此嫌疑）；费劲去想些动听的词汇给他们戴高帽子，何必？不如谈谈专题的来历或组稿趣事，幽默两句；或者并入"编后小记"。"按语"的英译，错得不好意思读了，应去掉；不是双语刊物，突然插进几页英文，既不美观——西文版式包括字体笔画行距大有讲究，可以找几本不同时代出版的外国书来仔细比较一下——又浪费纸张。

说到版式设计，封面的盾形徽标不知哪儿抄来的，不伦不类。右上角一本书摊开写两个拉丁词"法／权"（lex / ius），尤其不妥。《评论》植根北大，不是政府部门、维权组织。法律和权利，是法学院的学习和训练科目，学术批判的对象，不是大学教育和学术的宗旨。大概是模仿哈佛那个"三本书"校徽吧，可那三本书上写的是"真理"（veritas）。追求真理才是大学教育和学术的理想。基于同一理念，又如耶鲁的校训："光明与真理"，语出《圣经》，原指大祭司圣衣胸袋里装着的求问神意的石阄（《出埃及记》28:30，旧译乌陵、土明）。于是忽发奇想，可否将徽标换成一颗图章，镌以"永不核心期刊"字样，印上封面，血红一片，做《评论》的申诉？

"除去德性，神不过是一空名"（三世纪罗马哲人 Plotinus 语）。《评论》也是如此，拿掉"严苛"的编辑伦理与执著的学术理想，一无所有。《评论》的名誉与尊严，便不在行政评级山头接纳，而在反抗者即各位同学的德性，对光明与真理的追求。

顺颂

编祺

冯象

二〇〇五年六月二十二日

下编

"他选择了上帝的光明"

——评罗宾逊《贝奥武甫与同位文体》*

一九五〇年,怀特洛克(Dorothy Whitelock)教授到伦敦大学作演讲,题为《贝奥武甫的听众》(此书现在已是《贝》学经典,下文还要引用),她劈头第一句话说:《贝》学研究最好每隔一段时间"清仓盘货"一次,看看我们习以为常的那些观点经不经得起时间的考验和新证据的冲击。即便到头来一无所获,原地踏步,也值得一试;因为我们至少可以树立信心,在原地继续营造。[1] 这番话不算预言也是方法论的总结。三十七年来,专家学者们确实将《贝》学仓库的积货翻了个个儿:耶鲁大学罗宾逊教授颇受好评的近作《贝奥武甫与同位文体》即一例,本文对这一例的观察,免不了也算一例。

罗宾逊教授是选修古英语的大学生熟悉的名字。他和牛津大学米切尔(Bruce Mitchell)合著的《古英语入门》多次再版,[2] 是教师指定的语法书;他跟格林菲尔德(Stanley B. Greenfield)合编的《古

---

* Fred C. Robinson, *Beowulf and the Appositive Style*, University of Tennessee Press, 1985. 本文标题引自《贝奥武甫》XXXV, 2469: Godes leoht geceas。

[1] *The Audience of Beowulf*, Oxford University Press, 1951, p. 1.

[2] *A Guide to Old English*, University of Toronto Press, 1982.

英语文学研究文献目录》，则是研究古英语文学不可少的工具。[3]《贝奥武甫与同位文体》的前身，是作者一九八二年在田纳西大学"霍奇斯讲座"宣读的论文《黑暗时代的英雄主义和基督教徒的怜惜之情：贝奥武甫的同位艺术》。三年后成书，分三章。第一章举出全诗主题的对比结构，并在语法和文体两层次上分析诗人的同位手法；第二章转到"古英语诗的语义分层词汇"（semantically stratified vocabulary），即复义现象，讨论诗中为"解决基督教和异教间文化张力"所必需的"双重视角"；第三章返回同位技巧，用前两章阐述的理论重新解释诗中经常引起争论的一些片段。

本文准备仔细观察的，是第一、二章提出的理论，尤其是罗宾逊强调的文化张力和同位文体（即论文标题用冒号隔开的两部分）之间的关系。笔者将尽量以实例和第一手材料说明看法，为读者介绍问题的来龙去脉。为省篇幅，讨论中略去了原文（古英语、古冰岛语、拉丁语等），只留术语、专名和个别需要对照的语句，放在紧接着译文的括号内。

一、同位·变体·复义

同位语在古日尔曼诗里，传统上又称"变体"（Variation）。其句法结构和分类研究之集大成者，当推本世纪初德国学者派策尔（Walther Paetzel）的《古日尔曼头韵诗中的变体》[4]。近几十年来对《贝奥武甫》文体风格（包括同位语）下了功夫的，布洛德（Arthur G. Brodeur）的《贝奥武甫的艺术》（1960）是一个代表。[5] 罗宾逊这本书的特点，是第一次把同位语放到了产生两个贝奥武甫——诗与英雄——的不同的宗教、文化、历史背景上来研究，因而是一次

---

[3] *A Bibliography of Publications on Old English Literature, from the Beginnings through 1972*, University of Toronto Press, 1980.

[4] *Die Variationen in der altgermanischen Alliterationspoesie*, Berlin, 1905, 1913.

[5] *The Art of Beowulf*, Berkeley: University of California Press, 1960.

范围比以往大得多的"清仓盘货"。

"同位语"一词源出拉丁语"appositus",意为"置于(一旁)"。罗宾逊曾在一篇论文《古英语诗变体的两个侧面》(1979)里给它下过一个定义:"同一短语中,所指(referent)相同,句法上平行的词或词组。"[6] 但是根据本书的讨论,他的"同位因素"还可以缩小到一个复合词内的两个成分,基础词(base word)和限定词(limiting word),或扩大到同一句子中的两个短语变体(Satzvariationen),乃至作品叙述里平行照应的两个主题,等等。所以书名叫"同位文体",以别于派策尔式的句法研究。同位因素并置的另一要点,是不用连词或其他逻辑关联成分在语言表层结构标明两因素间的句法关系。这种非关联排比(parataxis)依上下文可以表示转折、让步、条件等句法关系,甚至暗示文体上不同的调子;加上古日尔曼文学特有的委婉写法(understatement),难怪被克莱伯(Fr. Klaeber)赞为"无所不在"的"古英语诗风格之灵魂"。[7] 我们从布洛德和罗宾逊的书里各挑一例作一比较(加重号表示同位语)。

例一(布洛德):贝奥武甫听说丹麦王罗瑟迦(Hroðgar)新盖的"鹿厅"遭怪物葛婪代(Grendel)袭击,来到丹麦宫廷帮助除害,受大臣乌父加(Wulfgar)接见。乌父加说(第350-353行):

> 应你的请求,就你的光临
> 我将请示丹麦人的朋友,
> 希尔德子孙的领袖,
> 项圈的赐主,尊贵的主公。

布洛德解释道,诗人用四个不同称呼形容词一所指(罗瑟迦王)的四个不同侧面。"丹麦人的朋友"强调他与扈从们的亲密;"希尔德

---

[6] "Two Aspects of Variation in Old English Poetry," in Daniel G. Calder ed., *Old English Poetry: Essays on Style*, Berkeley: University of California Press, 1979, p. 129.

[7] *Beowulf and the Fight at Finnsburg*, 3rd ed., D.C. Heath Co., 1950, p. lxv. 克莱伯此书为《贝》诗的标准版本。

子孙的领袖"指出他的身份;"项圈的赐主"说他的慷慨;"尊贵的主公"讲他的威望。四个变体之总和则提供了所指的全体特征(第41页)。

例二(罗宾逊):贝奥武甫杀了怪物葛楚代之后,鹿厅里欢宴庆功。王后薇色欧(Wealhþeow)亲自把盏敬酒,并恳请贝奥武甫支持她儿子罗里奇(Hreðric)将来继承王位。贝奥武甫答道(第1836–1838行):

假如罗里奇,
丹麦王的儿子,有意光临
高特人的官廷,他可以在那里
找到许多朋友。

罗宾逊分析说,隆重的礼节和场合——全体扈从,包括罗里奇潜在的竞争者,国王的侄子罗索夫(Hrothulf)都在鹿厅——要求贝奥武甫使用特别委婉的外交语言。"丹麦王的儿子"作"罗里奇"的变体意味深长,是承认王子的王储地位;"有意光临"(him geþingeð,本义"安排、谈判",不纯指礼节性拜访),跟紧接着的一句"有作为的人去远方(feorcyþðu)看看,实在大有裨益"呼应:feorcyþðu的字面意思是"远处熟悉的人或地",双关,更暗示了承诺。难怪罗瑟迦听了大为赞叹,连声说贝奥武甫"长于辞令"(wordcwydas,第1841行)。由此可见,罗宾逊比布洛德多走一步,把语词在特定上下文产生的复义(双关)现象也归入同位文体(第5页),为他后文提出"双重视角"理论作了准备。

同位短语变体(或复合词)的长度,往往正好等于具有两个重音节拍的半行(古日尔曼诗行中间有一顿,分为两个半行),容易被滥用了变成一串同义反复。例如《盎格鲁–撒克逊编年史》"九七五年"条下,有一首诗记载爱德加王(959–975在位)之死,其中描写北盎布里(Northumbria)伯爵奥士拉克(Oslac)被逐,逃向"波涛的喧哗，塘鹅的浴场，水流的集会，鲸鱼的家乡"一连四个套喻（kenning），都指大海。[8] 套喻的理解，尤其本义和喻义间的张力，涉及下文的讨论，所以这儿就古英语的复合构词稍说几句。

古英语和现代德语一样，依靠复合构词表达复杂、专门或引申的概念。复合词的基础成分可有字面和比喻两层意义，前面加上限定成分则可限定或改变整个词的意义。例如，fic（无花果）+ beam（树）= 无花果树；gleo（欢乐）+ beam = 竖琴（欢乐之树）；而古英语《创世记》里夏娃摘食禁果的智慧之树叫 deað-beam（死亡之树），《十字架之梦》称十字架为 sige-beam（胜利之树，即战胜永恒死亡的神树），则是诗人的创造即比喻了。但《出埃及记》用 gar-beam（长矛之树）形容战士——手持长矛坚守阵地，宛如树木扎根于森林——却是套喻。

布洛德沿用德国学者郝士乐（Andreas Heusler）的讲法，把套喻定义为："迂回的称呼，其基础词通过诗人想象，和限定词建立特殊关系，由此将一事物比作事实上完全不同的另一事物"（第 31 页）。但这只说明了套喻的诞生；从效用上说，套喻跟比喻的主要不同之处是：前者一般来讲已经不是诗人个人文体风格的标记，而是传统诗歌用语中合着一定节拍（常等于半行）的套话、成语。例如，古冰岛语诗有把青草叫作"山坡上的海藻"（hliðar þang）的，照字面直译未免离奇，容易引起种种庞德（Ezra Pound）式的暇想，而在当年的北欧"海盗"（vikingar）听来，大概只是虽然文绉绉，但并无多少海腥味的一句老话吧。

让我们回到罗宾逊的主题：从日尔曼异教故事和基督徒诗人的叙述基调间的冲突看同位文体的作用。与西欧中世纪另外两首史诗《罗兰之歌》和《尼伯龙之歌》相比，《贝奥武甫》的故事更古些，讲的是五至六世纪盎格鲁—撒克逊人的祖先在瑞典南部（高特人）和

---

[8] 引自 John D. Niles, *Beowulf: The Poem and Its Tradition*, Harvard University Press, 1983, p. 61.

丹麦（丹麦人、弗里西人、朱特人，等等）的历史和传说。异教传统的描写比比皆是：动物图腾（猪盔、鹿厅、蛇剑）；占卜看兆（高特人长老为贝奥武甫观兆，决定去丹麦除害的行期，第 204 行）；崇拜偶像（丹麦人受怪物葛婪代蹂躏，纷纷去神庙向偶像献祭，第 175 行）；血亲复仇（罗瑟迦因左右手艾舍勒之死哀伤不已，贝奥武甫劝他："与其哀悼，勿宁复仇"，第 1384 行）；争夺黄金（贝奥武甫向看守宝藏的火龙挑战，发誓拼死夺取黄金，第 2535 行）；尘世功名（临死前贝奥武甫想的是用生命换来的宝藏，他高耸在海岬上的坟墓让世人永远怀念着他，第 2794 行以下）。我们举两个异教葬礼的例子。

海葬：《罗兰之歌》的主人公临死要忏悔和祝福，死后有圣徒护送升天；《尼伯龙之歌》的英雄齐格弗里特则有大教堂葬礼。而《贝奥武甫》开头，丹麦人的祖先"麦束之子"希尔德（Scyld Scefing）死后被放入一艘"用胄甲和刀剑装饰"起来的战船："人们在他胸前缀满珠宝，让它们随主人 / 听凭大海的波浪，漂向远方"（第 40－42 行）。

火葬：半丹麦族（Healf-Dene）首领席乃夫（Hnæf），在妹夫费恩（Finn）家做客，死于费恩部下的突然袭击。费恩向席乃夫的族人赔偿。双方讲和，举行火葬："半丹麦人的勇士之杰 / 抬上了火堆。历历在目： / 一件件血迹斑斑的铠甲， / 一只只铁盔上，雕金的野猪"（第 1108 行以下）。接着，席乃夫的妹妹席尔白（Hildeburh）命将儿子（袭击者之一）的尸体也放上火堆（第 1115 行以下）——

> 让舅甥两个仇敌
> 躺到一处，一同加入焚烧。
> 贵妇人边哭边唱着哀歌，
> 柴堆上高高载去了烈士。
> 巨大的死之火旋转着冲向天空，
> 在坟冢前发出震雷般的爆裂。

> 头额熔化了,刀伤炸开了溅出乌血。
> 那贪得无厌的精灵——火,吞没了一切,
> 吞没了敌对双方被一场死斗
> 攫去的全体战士……

另一方面,全诗的叙述基调却带着基督徒式的道德口吻:世界是上帝创造,命运由上帝安排;怪物葛孴代是"来自地狱的顽敌"、"该隐的苗裔"、"上帝的对手"(第101、107、786行)。贝奥武甫在回忆抚养他长大的外祖父,高特人的老王雷泽尔(Hreðel)因长子行猎时被次子误杀,无法要求复仇或赎金(wergeld),郁郁而终之后,说(第2469行):

> 他抛下人世的欢乐,选择了上帝的光明。

"头颅溶化了,刀伤炸开了溅出乌血。那贪得无厌的精灵——火,吞没了一切"。
头盔,英国 Sutton Hoo 七世纪船葬。

这"关公战秦琼"式的"史误"(anachronism)难住了不少《贝》学家。事件叙述中提到上帝,可以归之于作者的基督徒身份,但贝奥武甫怎么可能知道上帝呢?所以有人主张这是后人添的伪笔。可是类似的史误有多处,除非把诗拆了重拼,否则无法清除。例如上文提到的"麦束之子"(这名字还留着先民植物图腾的痕迹),诗里说他"用尽了寿数,/英雄辞世,按时回到主的怀抱"(feran on Frean wære,第27行)。

罗宾逊的解决方案很妙:第一,"光明"(leoht,古冰岛语ljós)可以比喻"地方",如古冰岛语套喻:"fare i ljós annat"(去到另一个光明/地方),也是形容死。第二,手稿不分大小写字母,"god"小写可指异教神。两点相加,便有了这句话的第二解:"他选择了异教神的国度。"这样,诗人活用古冰岛语套喻,借"god"和"leoht"两词的复义,用"同位文体"建立了基督教和异教两个视角,从而避免或缓和了故事听众和故事人物两种宗教、文化传统间的冲突(第1—52页)。

套喻的效用,上文已经说过;古英语和古冰岛语两种亲属语言间词汇的借用,似乎也问题不大。那么这句套喻的依据是什么呢?

"光明"指死后世界大概源出日尔曼神话。古冰岛语《散文埃达》是这么描写天堂的:瑞典王规尔夫(Gylfi)为探听诸神的底细,扮成一老叟访问诸神居住的城堡(Asgarð),得知天上住着许多光明精灵(ljósálfar)。有一座彩虹桥(Bifröst)连接天地,桥头是天陵(Himinbjörg)。诸神之父奥登(Oðin)掌管的英雄灵堂,是诸神用纯银盖起来的。坐上那儿的宝座(Hiðskjálf),奥登可以看见全世界任何一个角落发生的事。天的南端,便是那座美丽无比的宫殿,比太阳还要明亮的(biartari en sólin)火焰宫(Gimlé)。在天地沉沦之后,这里将是全体正直的好人永远居住的地方。[9]

但是,假如《贝奥武甫》的听众知道这个神话,知道为什么"光

---

9 *Edda Snorra Sturlusonar*, ed. Guðni Jonsson, Reykjavík, 1954, pp. 32-33.

明"又指天堂,那他们岂不是很了解故事人物,即他们祖先的异教传统?换言之,这个"双重视角"的前提示,听众必须对异教和基督教两种传统都相当熟悉,否则就难以欣赏罗宾逊设想的复义同位文体。剩下的问题是:这两个视角间有没有冲突,诗人和听众又对之持什么态度。为此,罗宾逊提出了两个问题。

二、两个问题

我们刚才的讨论,是跳到罗宾逊第二章的中间,选一个他得意的例子"他选择了上帝/异教神的光明/国度",来看他的"双重视角"和"文化张力"的理论以及该理论对听众的要求。罗宾逊为这一理论准备的提问,却在第一章开头。他问道(第7页):

> 为什么诗人要回到那么久远的过去找他的主题?
> 为什么一个基督徒,生活在安定环境里,有教会、法规和货币制度来帮助安排他的生存,有书面文献来保护他的利益并丰富他的心灵——为什么这样一个人作了这样一首诗,讲那些几乎不识字的部族为功名和霸权在日尔曼人北方的土地上相互残杀的故事?诗人和他的听众作为基督徒,有现成的基督教文学来安慰自己,有明确的基督教公式来解释异教祖先无望的困境;而诗中人物恰恰是这些异教祖先:他们在那个愚昧无知、充满暴力的世界里得不到摆脱惩罚的启示,逃不脱等待着他们全体,包括贝奥武甫,下地狱的命运。

这第一个问题似乎是修辞性的,因为罗宾逊在前一页已经说明,诗中的事件虽然跟我们所知的日尔曼人历史有相符之处,几个主要情节却是超自然的传说(杀怪、屠龙)。诗人把时代背景推得远远的,是为了让怪物和毒龙在故事中出现而不破坏大部分历史因素的真实性;"诗中每一件事都让人感到是发生在早已失去了的原始的过去"

(第6页)。

但是这回答包含了一个前提，即假设《贝》诗的听众和我们一样，也严格区分历史（科学）的和传说（神话）的因素；为了模糊两者的界限，怪物和火龙就只能出没在"早已失去了的原始的过去"。然而，下文讨论"文化张力"时我们将会看到，那"原始的过去"还远远没有失去（失去了就只剩下一个视角），历史在当时还离不开传说。例如，《盎格鲁—撒克逊编年史》"七九三年"条记载，在北盎布里国，"人们看见火龙飞过天空"[10]。

其次，到底能有多久远，还取决于《贝奥武甫》的成诗年代。直至七十年代末，学界一般认为，《贝奥武甫》成诗于八世纪上半叶，英格兰东北部的北盎布里国基督教寺院文化兴旺的年代，即"可尊敬的"比德作《英伦教会史》，圣波尼法斯深入异教日尔曼部落传教的时期（详见下文）；虽然怀特洛克在《贝奥武甫的听众》里证明，在整个八世纪，"英格兰没有一地区在文化成就上未曾有相当的进步，足以创作并欣赏像《贝奥武甫》那样复杂的长诗"（第105页）。但一九八〇年，阿摩斯（Ashley C. Amos）发表《确定古英语文学文本年代的语言学手段》[11]，推翻了传统上赖以测定古英语文本年代的一大部分历史语言学标准。此后，"八世纪成诗说"大大动摇。"思想解放"的学者如齐尔南（Kevin Kiernan），根据诗中对希尔德丹麦王朝的渲染，而自九世纪三十年代至十世纪末，丹麦海盗屡侵英国，使英国基督徒不可能继续对丹麦王朝历史持同情或欣赏态度这一事实，干脆主张现存手稿的年代即成诗年代，也就是公元一千年前后（"前后"在西方语文学和版本学上一般允许前后各25年）。齐尔南并且进一步认为，史诗成文不可能早于一〇一六年，因为那一年丹麦王克努特（Cnut）在艾兴顿之役（Battle of Ashington）击败了爱

---

10 引自 Derek Pearsall, *Old English and Middle English Poetry*, London, 1977, p. 12.

11 *Linguistic Means of Determining the Dates of Old English Literary Texts*, Cambridge, M.A.: Medieval Academy of America, 1980.

《贝奥武甫》时代丹麦"海盗"船的龙头

德蒙［Edmund，英王爱瑟雷（Aethelred）之子］，然后才建立起盎格鲁／丹麦联合王国（1035年崩溃）。[12] 这一观点实际是把《贝奥武甫》看成了宫廷诗人为克努特王唱的赞歌，显然太过偏激，曲新和寡，却也不易完全驳倒。

罗宾逊倾向于较早的成诗年代。他认为，过去学者鉴于作品对丹麦王朝的友好态度，一直拒绝海盗时期成诗的设想，是可以商榷的；现在一下推到一〇一六年之后则更不妥当。理由有三：（1）诗中硬颚和软颚"g"互押头韵，是阿摩斯肯定的少数几种早期古英语诗的特征之一，因为从十世纪初起，古英语诗的头韵才开始区别这一对同音位的辅音音素（allophones）；（2）专有名词的拼写没有经过（丹麦和北欧海盗讲的）古冰岛语传递的痕迹；（3）故事情节与叙述方法不同于现存古冰岛语文献（第6—7页）。

但是，较早的成诗年代于罗宾逊并不利，因为这意味着诗人的

---

12 *Beowulf and the Beowulf Manuscript*, Rutgers University Press, 1981.

听众更接近本民族祖先的异教传统。同时不可否认，根据目前掌握的文献资料（历史、语言、宗教等等）和考据成果，史诗的成诗年代已经从八世纪初开放到十一世纪初。[13] 换言之，这三个世纪间英格兰各地的大小宫廷，都具备创作、理解并欣赏史诗的条件；任何对作品文体风格和主题结构的讨论，包括罗宾逊的"双重视角"和"文化张力"，都必须面对这一棘手的事实。

罗宾逊的第二个问题才是他建立"双重视角"和"文化张力"理论的关键。这问题首先牵涉到《贝》学仓库的经典存货之一"色彩"说，即作品表里不一反映出来的作者和听众的身份、立场。早期《贝》学家主要是德国人，他们把《贝奥武甫》看作一部关于古代日尔曼世界的百科全书，对故事和人物来源逐一考证；认为《贝奥武甫》和荷马史诗一样，是经过长期民间流传，最后才由基督徒诗人整理成文的民族史诗。[14] 因而其本质是异教的，基督徒式的道德口吻和"关公战秦琼"样的史误，属于某个多事的僧侣后来涂上的一层色彩。[15] 这层基督教色彩的暗淡，起因于一九三六年牛津大儒托尔金（J. R. R. Tolkien）的一篇演讲，传统和现代《贝》学之分水岭，《贝奥武甫：怪物与批评家》。托尔金指出，全诗主题无非是一对比结构（此即罗宾逊同位文体研究的起点）："一个结尾与开端的对立；一个伟大生命中崛起与衰落两个时刻的对照；一个古老而动人的、青年与老年、初次成功与终于死亡之间的对比。"[16]

从此，批评家的注意力从历史考据转到诗歌风格，分析起作品的基督教背景。怀特洛克首先给诗人（而非民间歌手）和听众下了现在普遍接受的定义（《贝奥武甫的听众》，第3页）：

---

13 参见 S. B. Greenfield & D.G. Calder, *A New Critical History of Old English Literature*, New York University Press, 1986, pp. 136-137.

14 参见注7，《贝奥武甫》，第 xlviii 页以下。

15 F. A. Blackburn, "The Christian Coloring in the Beowulf," in L. E. Nicholson ed., *An Anthology of Beowulf Criticism*, University of Notre Dame Press, 1963.

16 "Bewulf: The Monsters and the Critics," 见 Nicholson 书，注15，第81页。

诗人，指给我们现存手稿以轮廓和基调的那位基督徒作者；听众，则指那位作者心目中的听众。

她说，否则无法讨论这部独一无二的长诗现有（而非想象）的状况。假如史诗曾经有过民间流传的异教前身，它一定是一件完全不同的作品。因为现存手稿里基督教因素太浓，不是色彩而是材料，连套喻也渗透了基督教教义。例如太阳叫作"天空的蜡炬"、"上帝的明亮火把"（第 3—4 页）。

新色彩的最后一笔完成在哈佛大学班生（Larry D. Benson）教授手里。一九六七年，他发表《贝奥武甫的异教色彩》，援引历史文献提出，八世纪英国基督徒对异教日尔曼人的态度是感兴趣、同情、甚至偶然赞赏的；"异教色彩"是基督徒诗人添进故事的，为的是让听众同情和赞赏过去的英雄理想。因此，《贝奥武甫》对于它的听众具有双重目的，它巧妙地混合了世俗和宗教两种价值观念："既是一位理想化了的日尔曼勇士的礼赞，又是基督教伦理道德的陈述"[17]。

这个观点便是罗宾逊"双重视角"和"文化张力"的理论基础和他第二个问题的答案。

让我们看一下班生教授的论据。他援引的一篇主要文献，是波尼法斯主教七三八年致全体英国人的信。英国教会对弗里西亚（Frisia，今荷兰北部）的传教活动始于七世纪末，八世纪通过波尼法斯的努力而得到极大的发展。七一六年，波尼法斯离伦敦随一商人渡海前往弗里西亚。在其后的三十八年间，他多次深入北方西撒克逊人部落，终于在七五四年殉难于丹麦边境。这样一位献身传教的圣人，对异教日尔曼兄弟（noster gens）当然是充满同情的。在信中，他请求"全体基督徒向上帝和我主耶稣基督祈祷……求上帝把异教撒克逊人的心引向基督教信仰，让他们为自己受俘于魔鬼的圈套而悔过，并加入母亲教会的儿子中间。请怜悯他们，因为他们自

---

[17] "The Pagan Coloring of Beowulf," in Robert P. Creed ed., *Old English Poetry: Fifteen Essays*, Brown University Press, 1967, pp. 195, 208.

己常说:'我们本是骨肉同胞'(De uno sanguine et de uno osse sumus)"[18]。

由于班生教授的目的和罗宾逊不同,只谈八世纪英国基督徒对异教日尔曼人的态度,他有两个方便之处:第一,他可以坦率承认,同情和怜悯到七九三年就难以维持下去,因为那年挪威海盗焚毁了北盎布里国寺院文化的中心林德斯法恩修道院(Lindisfarne)并当时英国藏书最丰富的图书馆。海盗时期的阴影已在北方出现;英国教会对大陆的传教活动也从此停顿了达两个世纪之久。第二,他用中世纪诗歌常有的史误来解释《贝奥武甫》叙述中某些"异教色彩"遮不住的前后矛盾之处,如丹麦人崇拜偶像,罗瑟迦王宫里歌手唱的却是上帝创世的故事——毕竟,迟至乔叟(的特洛伊)和莎士比亚(的雅典),按惯例,故事中的异教主人公仍可以口称上帝(第209页)。

这两点却是罗宾逊的难处。首先,一九八〇年以来史诗成文年代的开放,使得文体风格的研究必须照顾到八世纪以后的历史。建立在八世纪"同情说"基础上的"双重视角"和"文化张力"理论,必须有另外的支持。其次,罗宾逊的文体理论不能随便接受史误的说法。既然"上帝的光明"用了复义现象和同位文体解释,诗中类似的史误就不得不作同样处理,因而结论只能是,全部史误都是诗人有意为之的结果,是他的文体特征之一。

我们看罗宾逊如何解释。首先,他强调丹麦人搞偶像崇拜一节不是史误也不是伪笔,而是诗人力图表现的两视角之一,异教传统。但为什么学者和读者们仍将史诗想象为基督教基调呢?原来,诗人在叙述中选用了不那么明显冒犯基督教伦理的异教标志,"因为他不愿听众失去对诗中人物的同情……他不表现英雄们弃婴,人祭,巫术;除了第175-188行那一段丹麦人祭献偶像的描写,我们不必看

---

[18] Die Briefe des heilegen Bonifatius und Lulkius, 第46信, 引自 Benson, 注17, 第200页。

上帝的光明

"求上帝把撒克逊人的心引向基督教信仰,让他们为自己受俘于魔鬼的圈套而悔过"。
圣波尼法斯施洗、殉难,法国十一世纪抄本插图

见他们施行异教仪式"（第 11 页）。诗人不直呼异教神祇的名字，却偶尔用了"异教黄金"和"异教宝藏"这样的字眼（第 2216、2276 行）。加之史诗社会里的异教徒说的话，虔诚、含蓄，听起来好似基督徒，即所谓"假基督教（pseudo-Christian）语言"。这一切，都是诗人"精心安排的效果，是将异教主人公改编了，让虔诚的基督徒听众明知他们无望的异教处境，却赞赏起这些英雄来"。这实际上还是"同情说"。不同的是，诗人有了一样法宝，"假基督教语言"，并藉着它积极地（用罗宾逊的话）"企图在人民的集体记忆中为他们无救的祖先划出一席之地"。为了这一崇高而艰巨的目标，史诗需要一种模棱两可的同位文体，一种诉诸间接暗示而非直接判断的风格（第 13 页）。一句话，诗人是在教育大众看待历史，尊重祖先，反思传统；用同位文体（包括复义现象）作一个"解决尖锐文化冲突"的药方，像贝奥武甫一样拯救了人民。

人民需不需要拯救，诗人想不想来教育，我们留到下一章讨论。什么是"假基督教语言"呢？罗宾逊提出一个古英语诗歌用语的"开德蒙改革"（Caedmonian renovation）作为基础。这一改革产生了一批具有双重意义，即所谓前开德蒙（异教）和后开德蒙（基督教）意义的词汇。罗宾逊认为，诗人系统地利用了这些复义词来制造"假基督教语言"。为此他扩充了同位语的定义："句法和叙述结构间的类比，其中各因素呈非关联（常是双关的）并列，以及具有两种'同位'意义的词。这两种同位结构内，两并置因素间无明言的逻辑联系；其意义必须视上下文而定"（第 30—31 页）。

那么什么是"开德蒙改革"呢？开德蒙是熙尔达（Hilda）主持威特比修道院时（658—680）出家的一名修士。比德（Bede, the Venerable）在他的《英伦教会史》里记载了一段美丽的传说：开德蒙原是俗人，直到上了年纪，从未学习过作诗（识字），因此也就不好意思在宴会上像别人一样弹起竖琴唱歌取乐。有一次宴会，眼看竖琴就要传到自己手上，开德蒙羞愧起来，起身回到当晚该他值班的马厩，躺在床上闷闷不乐。一会儿，忽见有人（天使）立于床前，吩咐他:"开德蒙,给我唱支歌来!"开德蒙答不会,因此才中途退席睡觉。那人坚持。开德蒙无奈,问唱什么好。那人道:"就唱万物的开端!"开德蒙茅塞顿开,竟唱起赞美造物主的诗篇。次日清晨醒来,他还记得梦里唱的,"并且渐渐地按着同样的节拍,往歌里加进更多赞美上帝的话"(et eis mox plura in eundem modum verba Deo digni carminis adiunxit)——接着,比德引了九行开德蒙的颂歌。[19]

注意:比德记录这段传说是当作奇迹,而非第一首经过"改革"的古英语诗;事实上,这九行颂歌是传世英诗中最古的一首。开德蒙并无"改革"之意,他只是"按着同样的节拍,往歌里加进"自圣奥古斯汀(St. Augustine of Canterbury)受教皇格里高利(St. Gregory I)之命,于五九七年率四十名僧侣到英国传教以来,就开始广泛使用的宗教语汇(如上帝的称号比喻)。换言之,要有古英语诗歌用语的"开德蒙改革",必先有古英语词汇的改革。不能设想诗藻有了复义,而语言本身还停留在异教时代。须知词汇首先属于听众或全社会;即使到了二十世纪,乔伊斯(1882—1941)那般细心、敏感、迫切,他也只能制造,而不能改革词汇。罗宾逊从《贝》诗挑出来,认为具有复义的神的称号,开德蒙的九行颂歌里几乎都用了(ælmihtiga, frea, drihten, metod, wuldor-fæder)。"每一次诗人的听众听到诗中人物用基督化了的日尔曼词称呼神,他们心中必然有同位并置的两种意义:异教人物或前基督教的,以及在当时占统治地位的皈依后的意义"(第37—38页)。这话不错,假如说的是这些称号最初使用时的效果。但正如一句套喻,用久了,也就失去了标记个人文体风格的能力。事实上,即便在一般认为成文年代先于《贝奥武甫》的《创世记/A》里,日尔曼词和拉丁教会的观念已经结合自如了。例如用典型的首领扈从制(comitatus)关系来形容上帝和众天使:"他(上帝)的强大的骑士们(þegnas = 天使们)赞美他们

---

[19] *Historia ecclesiastica gentis anglorum*,引自 *Beadae opera historica*, Harvard University Press, 1954, vol. 2, Chap. 24, pp. 142ff.

的王公（þeoden＝上帝），欢乐地颂扬他们生命的主公（lif-frean＝上帝），幸福降临于首领的（drihtenes＝上帝的）卫士（duguðum＝天使）"[20]。罗宾逊自己在分析"首领"（drihten）一词时也承认，复义在具体场合一般不易混淆。该词在《贝》诗总共出现二十九次，十五次指人，十四次指神。"没有人会觉得太复杂，弄不清楚到底是指地上的还是天上的首领。当（贝奥武甫的亲信）威拉夫（Wiglaf）'发现他的首领浑身鲜血'，显然只能是垂死的贝奥武甫；而当诗人说某人'在死后把首领寻找'，我们知道他指的是上帝"（第38页）。

现在总结一下我们对罗宾逊两个问题的讨论：（1）罗宾逊"双重视角"和"文化张力"理论本身否定了从"人民集体记忆中""早已失去""原始的过去"之可能性；（2）该理论的基础、班生教授的"同情说"只有八世纪历史和文献的证明，而史诗成文的年代最晚可推至十一世纪初；（3）该理论既无法接受，又解释不了诗中的史误；因为（4）所谓"开德蒙改革"不是某一诗人有意为听众"系统地"制造"双重视角"对付"文化张力"的发明，即不是词汇复义现象的起因，而是结果。这结果能否在史诗的听众身上产生罗宾逊设想的"诗人精心安排的效果"，则是我们下一章要讨论的题目。

三、听众・诗人・手稿

罗宾逊的两个问题，问的都是诗人。而诗人究竟有没有教育听众的"精心安排"，只能从他的叙述和故事，以及同时期文献推断。《贝奥武甫》的叙述基调和故事情节，我们已经看到，是一个充满史误的混合；而历史文献与其说是暗示了诗人的意图，不如说是提供了一些可能影响到长诗听众的八世纪英国教会某些上层人士的看法和愿望。我们不如从听众着手，探测诗人的用意。

跟二十世纪书斋里的读者（教授、学者、大学生、批评家）不

---

20 *Genesis: A New Edition*, ed. A. N. Doane, Madison: University of Wisconsin Press, 1978.

同，当年可能欣赏史诗的盎格鲁–撒克逊人的成分要杂得多：包括从八世纪到十一世纪初，大大小小的"鹿厅"和"威特比修道院"里的人物：国王、王后、大臣、贵族、神甫、修士、不识字的武士、卫队等等，以及为他们服务、工作的老百姓"开德蒙"们。他们是听众，理由很简单：一是这些人多数不识字；二是寺院里用来抄经文的羊皮纸（vellum）很贵，即使主教或修道院院长批准，花六十九张（现存手稿张数）抄这首"教育意义"模棱两可的异教故事诗，也难有足够的抄本广泛流传（这个问题最后讨论）。

但这并不是说，寺院里的僧侣就听不到《贝奥武甫》一类的异教故事。我们举一个《贝》学家常引用的例子。八世纪末，主持查理曼大帝宫廷学校的阿耳昆（Alcuin，北盎布里国大学者）给林德斯法恩修道院主教写过一封信。信中指责修士们不念经书，成天听那些早已下了地狱，为生前罪孽受惩罚的日尔曼异教王的故事。"饭厅里读的应是《圣经》，听的该是讲经师，而不是竖琴手；是教会前贤的布道文，而不是异教诗歌。英叶德干基督何事（Quid Hinieldus cum Christo）？屋子窄，住不下他们两个。在天的王不愿跟无救的异教'王'来往"[21]。可见，甚至在寺院文化的中心，异教传统的影响也不小。信中提到的英叶德（Ingeld），是鹿厅主人罗瑟迦的女婿，故事见下文。这样的听众该不该用"双重视角"教育下去，阿耳昆和修道院的主教恐怕不会采纳罗宾逊的建议。

修士们如此，老百姓自然更是不可救药。有个传说讲博学的圣奥德海姆主教（St. Aldhelm，卒于 709 年）为吸引人们听他布道，曾到城外桥上装成歌手模样讲异教故事，等听众多了才加上《圣经》里的话，和世俗的题目一起讲。[22] 由此看来，似乎不论僧侣还是俗人，都太缺乏怜悯之心或缓和"文化张力"的考虑。令人难以相信，那些圣徒和主教的看法（同情）和愿望（拯救），代表了一般基督徒

---

21 *Albini Epistolae*，第 124 信，引自 Benson 文，注 17，第 194 页。

22 William of Malmesbury, *Gesta pontificum anglorum*, 引自 David Williams, *Cain and Beowulf*, University of Toronto Press, 1982, p. 12.

百姓的兴趣和欣赏要求。

我们再从史诗本身考察。听众是基督徒这点是无疑的,因为诗人无须解释取自《旧约圣经》的典故。如提到该隐却不讲杀亚伯的经过；讲洪水毁灭了巨人却不说明原因——听众必须熟悉《创世记》第六章,才能懂第 113-114 行:"还有巨人,／他们与上帝抗争了许久,／上帝给了他们应得的报偿。"这里,"巨人"(gigantas)是个拉丁语借词(古英语:eoten),很可能源出《圣经》,而诗人未加注释,似乎听众早已认得它了。诗中不加解释的拉丁语宗教词汇还有"蜡炬"(candel),和原指第九更(下午三点)礼拜的"non"(但诗中仅指时间)。"Non"在古撒克逊语《创世主》(Heliand)里出现三次,两次有同位语解释。两相对比,可见基督教语汇在英国的流行。[23]

但听众的另一个视角(异教传统),至少也同样开阔,使诗人得以频频利用插话(parenthesis)来调动听众的想象。如赞叹鹿厅的雄伟富丽,诗人说:"让人的子孙永世不忘"(第 70 页)。接着,马上又暗示悲剧终要降临:"大厅高高耸立,／张开宽阔的山墙,它在等待／战争的火焰,恐怖的焚烧；／时间尚未到来,当利剑在罗瑟迦翁婿之间／挑起血仇,布下无情的屠宰"(第 82-85 页)。假如听众不知道希尔德王朝的历史和鹿厅的结局,这段插话就显得十分突然,达不到古日尔曼诗特有的冷峻的讽刺效果。

试比较古代日尔曼君主的目录《游吟诗人》(Widsith)中的记载:"罗瑟迦和罗索夫叔侄俩(后者据古冰岛语故事,终于杀了前者的长子罗里奇)在鹿厅仍旧共处了很长一段时间,在他们驱逐海盗,击败英叶德,砍到髯族人(Heaðobeardan)的队伍之后"[24]。

后来,贝奥武甫向高特王赫依拉(Hygelac)报告杀怪经过时,预言了罗瑟迦不成功的外交婚姻:为了消弭与髯族人的怨仇,罗瑟

---

23 参见 Whitelock 书,注 1,第 6 页。

24 引自 *Beowulf and Its Analogues*, tran. G.N. Garmonsway & J. Simpson, New York, 1968, pp. 127-128.

迦把女儿弗莱娃（Freawaru）"用黄金装饰起来"许给髯族人英俊的王子英叶德。但是护送公主来英叶德宫廷的丹麦武士引起了髯族人的不快：这些丹麦人腰里悬着从前髯族战士挥舞过的宝剑。宴会上，有个年迈的髯族武士看见丹麦人剑上熟悉的宝石，回想起当年"长矛的宰杀"（第2043行以下）——

> 他的心沉下去了！
> 他开始恨恨地试探某个年轻战士，
> 向他表露心底的想法，
> 叫醒他厮杀的渴望：
> "朋友，你不认识那支剑吧？
> 那是你父亲最后一次戴上面盔出征，
> 手里拿的宝剑哪！
> 丹麦人杀了他，做了战场的主人，
> 而威折将军（Wiðergyld）和英雄们一同倒下了
> 再没起来，好狠的丹麦人！
> 现在，那帮凶手中某人的儿子
> 得意洋洋，在大厅里走来走去，
> 披着那一身珠宝，吹嘘那一场屠杀，
> 佩挂着那支理应归你的宝剑。"

那年轻人架不住一次次挑拨，终于下手杀了丹麦武士，然后逃出宫去躲了起来。誓约破裂，刀兵复起，英叶德也卷了进去，新仇旧恨之中淡忘了新婚的妻子，酿成又一幕悲剧。

血亲复仇作为不可推卸的责任，直到一〇六六年诺曼人征服英国以后才被法律废除。虽然教会鼓励接受赎金，但人们不觉得仇杀跟基督教伦理有抵触之处。八〇一年，阿耳昆曾向查理曼大帝推荐北盎布里国贵族青年托希特蒙（Torhtmund），称赞他"勇敢地为他的郡主报还血仇"[25]。所以贝奥武甫的名言,"与其哀悼,勿宁复仇"(第 1385 行),其实就是听众的道德标准。这宗教伦理界限不清的状况,可能跟教会对异教传统所持的容忍态度有关。格里高利教皇曾建议传教士不要毁英国的异教神庙,而应用圣水净化了,放进基督的神坛,将它从魔鬼的迷宫改造成礼拜上帝的教堂。[26]

现在我们回过头来再看罗宾逊的设想,就发现他的"诗人精心安排的效果"很难为听众领会,因为要他们领会这个效果,他们先得划清异教和基督教两种传统的所有伦理界限。而史诗中异教情节和基督教基调的自由混合,正反映出盎格鲁—撒克逊人那一时期独特的社会心态:一个生活在讲经师与竖琴手之间,分不清"英叶德干基督何事"的人。要拯救这么个觉悟水平,恐怕不是任何模棱两可的同位文体所能奏效的。

最后,我们考察一下听众/诗人/手稿这个三角形的第三边:手稿。让我们绕个弯,从诗中仅有的两个被同时代文献验证的历史人物之一高特王赫依拉开始。

赫依拉是戴着贝奥武甫送他的那只"天下英雄的宝库里从未听说"特大项圈死的。"命运攫走了他:/那一次,他因骄傲求得不幸,/向弗里西人挑起冲突。这强大的王公佩玉衔金,/渡过那盏波涛,在盾牌下摔倒。"项圈、胄甲和尸体一起落入敌手(第 1205—1211 页)。

赫依拉之死载于六世纪史家葛里高利(Gregory of Tours)的《法兰克人史》。

不过书中他是丹麦王,杀他的是法兰克人。赫依拉身材特高,八世纪有一本《怪物志》(*Liber monstrorum*)将他归于巨人一类,说他十二岁时已无马可骑。他死后,法兰克人将他的骨骸卸下,保

---

25 引自 Whitelock 书,注 1,第 14 页。
26 Charles W. Kennedy, *The Earliest English Poetry*, Oxford University Press, 1943, p. 159.

存在莱茵河口的一座小岛上供人参观。[27] 巨人赫依拉是《怪物志》里唯一的日尔曼怪物，其余怪物大多源出希腊典籍。《怪物志》作者依据的材料，有两部译自希腊文的拉丁文作品，《亚历山大皇帝致亚里士多德信》和《东方异闻》。而这两部作品的古英语译本，却和《贝奥武甫》装订在同一部手稿里。这是一条有趣的线索，因为我们知道，贝奥武甫也是巨人；赫依拉战死之后，他背了三十副铠甲（战利品）只身泅回瑞典。

现存《贝奥武甫》手稿是孤本（大英图书馆手稿编号 Cotton Vitellius A. 15），共抄五篇古英语作品：《圣克利斯托夫受难记》（缺开头），《东方异闻》，《亚历山大皇帝致亚里士多德信》（以上三篇为散文），《贝奥武甫》和《尤迪丝》（缺开头和后半部分）。根据字体判断，由两个书记在公元一千年前后，用当时的文学语言西萨克斯方言抄写；一个负责三篇散文和《贝奥武甫》第 1—1939 行，另一个负责余下部分。

这部手稿有两个特点值得注意：一、没有任何古英语和拉丁语文献提到过它；二、手稿中五篇作品的唯一共同之处，是描述怪物和奇迹，即"志怪"（Zauber-märchen）。早期的圣克利斯托夫传说称圣人为狗头巨人（Cynecephalos），手稿插图也这么画他；《东方异闻》同《亚历山大皇帝致亚里士多德信》，如上文所说，是《怪物志》的素材；寡妇尤迪丝（Judith）手刃敌酋（Holofernes）的圣经故事，亦可归于奇迹——但《尤迪丝》可能是后人补入手稿的，因为它缺了开头：古代抄本的首尾容易遗失。[28]

这说明什么呢？难道《贝奥武甫》，中古欧洲的第一部民族史诗，只是一篇流传范围有限（故而孤本传世）的志怪故事？也许抄写、阅读、收藏这部手稿的人们就是这么看的。也许，诗人根本就没有什么"精心安排的效果"和教育大众的目的——罗宾逊的整个同位

---

27 见 *Beowulf and Its Analogues*，注 24，第 112—113 页。
28 见 J. D. A. Ogilvy & D. C. Baker, *Reading Beowulf: An Introduction to the Poem*, University of Oklahoma Press, 1983, p. 5.

文体理论的"鹿厅"建筑在神话里了？这问题已经超出了本文"清仓盘货"的范围，我们无法回答。但是，我们从罗宾逊并非"一无所获，原地踏步"的"盘货"（例如本书第三章对一些传统疑难片段的精湛分析）中，至少学会了怎样把一个异教徒选择的"上帝的光明"还原为"异教神的国度"——一切志怪故事，不管它有没有史误——最终的归宿。

一九八七年九月

重刊小记

  中国人研究介绍《贝奥武甫》，大概始于新文学时期。周作人《知堂随想录》提及他在日本时曾试图翻译，后因兴趣转向古希腊悲剧，未能坚持。他的《西洋文学史》讲义专门指出史诗中日尔曼英雄委身运命（wyrd）的倾向；上课时恐怕还要举例，不知用了怎样的译文。

  今年夏天拙译《贝奥武甫》由三联书店出版，算是补一空白。

  但译文没有照惯例冠一序言，有几个原因。一是经济的和形势的，详见"中译本前言"。二是先已作过一篇书评论文（《九州学刊》二卷二期，1988），详细讨论了《贝》学的历史沿革和前沿问题，不愿作序再行重复。现在《外国文学评论》有意在国内重刊这篇书评，我希望对拙译的读者有所裨益。三是一作序便少不了讲别家的译本；一本书里既当评家，又做译家，未免"以子之矛攻子之盾"之讥，下不了台。然而诗歌的翻译确是一个有趣的问题，常常有不待通晓原文便译或者坚决硬译了去而成功的例子。前者如庞德的(李白)《长干行》和（古英语哀歌）《水手》，至今选在英美大学生课本里；后者如鲁迅先生的《死魂灵》，至少读起来比现在"通顺的"果戈里有劲得多。学者式的"忠于原著"的译文反而少有长久的。

　　这个问题我先和"现代丛书"《贝奥武甫》的译者、我的老师阿尔弗雷德先生讨论过。他主张跟年龄或职业有关系——一般说来，中年的专业研究者（如大学教授）最难自由创作（翻译也是创作的一种）。一九八八年杨周翰先生再次来美，我寄了几段《贝》诗译稿去，请他指点。他回信说，古英语诗的头韵和修辞效果难以在汉语中自由表现。他自己早年曾试验用新诗格律译维吉尔，终因不尽如意而（在晚年）改用了散文体，这样至少能保持故事的流畅（参见《埃涅阿斯记·译本序》）。我觉得他还有些意思没说出来，想等译完史诗，请他看整体效果再作评论。不料他竟匆匆"选择了光明的国度"，再也无从知道他除了觉得我的有些用词"很像是'五四'时期人的"之外，对其他自由出格之处（如人名的处理，句法的配置）是否嘉许。我因此也无心为史诗译法的优劣专作序文了。

　　记下以上一段，算作对杨先生的缅怀吧！

一九九二年感恩节于麻省寓所

"去地狱里找他爸爸"

——评许莱士《乔叟与但丁》*

乔叟的创作如何受了但丁影响,是乔学的一个经典话题。这话题若追本穷源,得从乔诗的一个情节说起。《声誉之堂》卷一,乔叟写自己梦游维纳斯神庙,见神庙四壁画着维吉尔史诗《埃涅阿斯记》里的人物。乔叟观赏了逃难中的特洛伊王子埃涅阿斯"去地狱里找他爸爸",打听未来命运的故事,说:谁要想进一步了解地府里的事,请细读三位这方面的权威,即维吉尔、写《冥后遇劫记》(*De raptu Proserpinae*)的克劳典(Claudius Claudianus,约370—?)和但丁(第440—450行)。

一个故事情节做文学史的证据,究竟有多大分量,要看我们对梦幻诗这种欧洲中世纪文学的时髦体裁如何诠解。还有一条外证:乔叟去世后,他的"接班人"(Chaucerian)栗盖特(John Lydgate,

---

* Howard H. Schless, *Chaucer and Dante: A Revaluation*, Norman, Oklahoma: Pilgrim Books, 1984. 本文所引乔叟《全集》:*The Riverside Chaucer*, ed. L. D. Benson, Houghton Mifflin Co., 1987; 但丁《神曲》*La Divina Commedia* (Commentata da Manfredi Porena), Bologna: Zanichelli, 1963. 本文标题引自《声誉之堂》I, 441-442: To helle wente for to see his fader。

约1370—1449）在长诗《王公倾覆》的前言里说，乔叟早年曾用英语转述但丁（He wrot also...Dante in ynglyssh）。[1] 不过这外证有可能来自《声誉之堂》的内证，不是第一手资料。然而从此不可避免，凡在但丁和乔叟两处挂得上边的词藻、说法和故事，总有人猜是后面这位受了前面那位的影响。

六百年过去了。最近一本全面考订、追踪这个问题的专著，是哥伦比亚大学许莱士教授的《乔叟与但丁》（1984）。这部书的初稿原是他在宾夕法尼亚大学的博士论文（1956），经过将近三十年的积累、酝酿和修改，终于杀青问世。全书立论步步为营，层层递进，广征博引，显示了严谨的学风。乔/但比较这一课题，六十年前已有人作过，即贝瑟尔（J. P. Bethel）提交哈佛大学的博士论文《但丁对乔叟思想和表达的影响》（1927）。该文又是对当时颇负盛名的乔学家娄斯（J. L. Lowes）的一篇研究《乔叟与但丁》（1917）的批判与扩充。[2] 所以，许莱士新著的副标题为"重新评价"，说明是替娄斯以降七十年来的研究成果做一次总结。

下面我们以蠡测海，挑四个题目给"重新评价"一个评价。

一、一三七二年乔叟懂意大利语吗？

传统的影响研究不外乎两条路子：探源流，究风气；一从小文本着眼，一就大时代测量。但不管哪一条路，瞄准了乔/但比较这个题目，首先要回答的问题便是：乔叟什么时候学会了意大利语，读到但丁和意大利文学？

我们知道，乔叟第一次有历史记载的意大利之行是在一三七二年。他和两位意大利商人结伴前往热诺亚为英王爱德华三世办一桩"私事"（有人猜测是招募雇佣军）。很可能，乔叟还独自访问了佛

---

[1] 引自 Aage Brusendorff, *The Chaucer Tradition*, London, 1925, p. 148.
[2] 娄斯论文载 14 *Modern Philology* 705-735 (1917).

乔叟像，十五世纪 Ellesmere 抄本插图

罗伦萨，因为他回国后（于次年五月二十三日）上报的账单列了佛罗伦萨一项（《全集》，第 xix 页）。这一年，"但丁热"创了记录。十月二十三日，佛罗伦萨市开设了意大利头一个但丁讲座，教授即薄伽丘。此时访问佛罗伦萨，一定给乔叟留下了终身难忘的印象。更重要的是，他可以趁机访购他心爱的但丁、彼得拉克和薄伽丘的作品，从原文直接阅读意大利文艺复兴的巨匠。此即传统上为乔叟画一幅哥德式的启蒙"意大利漫游"（Italienischereise），替他的创作分一段"意大利时期"的由来。

但是，如果乔叟在初访意大利之前对意语一无所知，他怎么可能利用在意大利的那短短一百来天，把意语提高到从容欣赏并借鉴但丁的水平呢？再者，当时乔叟只是英王的一名小小侍臣（valectus），假如他不懂意语，派他去办那样要紧甚至机密的事，也有点不近情理。所以历来有人怀疑，他早在一三六六年"渡过多佛尔海峡"那次，就去过意大利。[3] 但怀疑管怀疑，没有史料依据，不能令人信服。

许莱士看到了前人"瞎子摸象"的毛病。他从英意经贸关系入手，从十四世纪意商在英廷的活动看意大利文化在英国的影响，谋求把乔／但比较放到大时代的场景内观察。

中世纪英国国王曾大量接受意商贷款，以支撑长年不断的对外战争。据爱德华一世（1272—1307）和二世（1307—1327）在位期间记录，英廷共支付意商 450,000 磅。这里面除了赏金和津贴，大部分用于偿还贷款。[4] 意商多来自托斯卡尼（佛罗伦萨、卢加、比斯陀亚等地）。他们在英廷出入频繁，既是金融贸易的支柱、国际争端的调解员，又是王室婚姻的谈判代表。其中巴尔迪（Bardi）家族在伦敦最有势力。爱德华三世曾任命他家的瓦尔特（Walter）当造币厂总监，年俸二十镑。巴尔迪是佛罗伦萨的望族。根据薄伽丘和但丁长子彼德罗（Pietro）的说法，但丁的理想爱人，他的天堂向导贝娅特丽采嫁的，就是巴尔迪家族一位极富的银行家西蒙（Simone）。[5] 但丁在流亡前深深卷入佛罗伦萨的黑白党争，流亡后不用拉丁语而用俗语（意语）赋《神曲》，针砭时弊，不遗余力，政治倾向非常强烈。这在身处该城权力中心并娶了贝娅特丽采的巴尔迪家，不会无人知晓。一三六七年，爱德华三世派瓦尔特前往意大利接运米兰大公加

---

3 见 Suzanne Honore-Duverge, "Chaucer en Espagne (1366)," *Recueil de Travaux offert a M. Clovis Brunel*, Paris, 1955, II, pp. 9-13.

4 见 H. H. Schless, "Transformations: Chaucer's Use of Italian," in D. S. Brewer ed., *Geoffrey Chaucer*, Ohio University Press, 1975, p. 91.

5 C. H. Grandgent ed., *The Divine Commedy*, Boston, 1993, p. xvii.

列亚佐（Galeazzo）女儿维约兰蒂（Violante）的嫁妆；次年，维约兰蒂便嫁给了乔叟的第一个保护人克莱伦斯公爵赖昂纳（Lionel）。如果说在十四世纪的英国，法语是宫廷语言，拉丁语是宗教和法律语言，那么同这两种乔叟熟知的语言十分相近的意语，就是国际贸易的共同语。掌握了意语，好像口袋里装满了佛罗伦萨造的佛罗林金币，办事方便。乔叟小时候家住伦敦泰晤士街意商区附近。虽然是祖传的酒商，他家历来有人在海关做事。在这样一个背景上，设想乔叟在一三七二年出使意大利之前，在克莱伦斯公爵手下，为了跟像巴尔迪那样的意商打交道，也为了公务和写作而学会了意语，便是许莱士高人一等的推断。

据此，许莱士认为，可以把传世乔诗中首先透露出但丁影响的《声誉之堂》的成诗年代前移，放到意大利时期的开头，而不是娄斯主张的一三七八年乔叟二访意大利以后。其次，乔叟既然在一三七二年之前，即所谓"法国时期"接触了意诗，他的创作就无所谓意大利时期的突变或转向。例如，他早年创作的《公爵夫人书》（1368－1372）已经出格，将法国式的爱情梦幻改造成略带讽刺意味的悼亡诗。可见"乔叟从未被意诗解救，因为他从未束缚于法诗"（第246页）。许莱士并且引用权威性极高的罗宾森（F. N. Robinson）《乔叟全集》的注释作为支持（第40页）：

> 总的来说，就可能性而言，《声誉之堂》的成诗年代当在意大利时期的头几年，早于《帕拉蒙》和《特罗勒斯》〔乔叟的两首根据薄伽丘散文故事改写的长诗〕。八音节对句的运用也适于这个时期而非更晚。这样定成诗年代可以解释处在诗风转变期的特征——形式上的法国梦幻体，明白无误的但丁影响。

这是从文体特征推成诗年代，不可能十分精确。许莱士也适可而止。周密的推断加上保持距离的结论，能不能无懈可击，全仗如何解释和如何解释解释。可是许莱士又说，"头几年"的起点或许不早于一三七四年（第 41 页）。这句话大大限制了上面推断的威力。为什么添上这一点限制，把本来已经顺利侵入法国时期的意大利时期赶回传统的停火线一三七二年以后呢？这是我们下一个题目首先要讨论的。而由于《声誉之堂》是乔／但研究的入口，许莱士在文本比较上又特别批判了贝瑟尔的源流考订，我们就从《声誉之堂》的故事梗概说起。

二、源流与常识

《声誉之堂》和《神曲》一样，分三个部分或三卷。每卷用一段史诗式的祈祷（invocatio）开头，求神佑助：一求睡神，二求爱神、缪斯及大写的"思想"，三求知识与光明之神阿波罗。即使在六百年后，这仍是一部相当"现代派"的作品。开场白一句话五十二行一气呵成，乃是一篇对中世纪睡梦理论的质疑（dubitatio）。十二月十日之夜，诗人入梦来到维纳斯的玻璃神庙，只见满墙壁画：一幅爱神浴海图，跟着是《埃涅阿斯记》的故事。文雅华丽的诗藻，令人想起风头正足的法国梦幻传奇，德·马其瓦（Nicholas de Magival）的《爱之豹》或德尚（Eustache Deschamps）的《爱情沙漠歌谣》。可是，第一卷将近结束时，出现了但丁的名字和《神曲》中的意象，故事的调子变了。玄妙的大道理和道理背后讥讽的口吻，取代了梦幻传奇的伤感。诗人走出神庙，发现脚下"一片荒沙，细细如人们在利比亚沙漠里看见的那种"（第 486－488 行）。一会儿，天上飞来一头金鹰，将诗人一把抓起（一如《神曲·净界篇》9: 19－21，"在梦里我仿佛看见半空悬着一只通体金羽的鹰，它张开双翅，准备俯冲"）。诗人吊在鹰爪下，被金羽的闪耀照得睁不开眼，一时间好像天上同时有两个太阳放光（化自《神曲·天堂篇》1: 61－63，"突然我感到仿佛两个白天并在一处，就像全能的他在天上另加了一个太阳"）。原来，朱庇特为报答诗人对小爱神丘比德忠心耿耿，特命金鹰载杰佛里（乔叟名）去声誉之堂。（卷二开始）金鹰把吓得魂不附体的诗人"叫醒"(回到梦中),责备他懵懵懂懂,不闻"侍奉爱情的人们的消息":"干完一天的工作,算清账目,不肯歇息,却径自回那屋子捧起另一本书,直读得头昏眼花,呆得像块石头"(第644－658行)。

注意,最后这句话便是阻截了许莱士推断的所谓"一三七四年内证"。史载那一年五月十日,乔叟获得特许免费居住伦敦城墙的六门楼之一,奥尔盖特门楼。同年六月八日,爱德华三世任命乔叟为海关审计,主管伦敦港羊毛和皮革的出口税(《全集》,第 xx 页)。一般认为,"账目"以下似指乔叟白天在海关上班,晚上回到门楼上秉烛攻书这段生活。细心的读者大概已经发现,假如许莱士"头几年"的起点在一三七四年夏,终点恐怕接着娄斯的起点一三七八年了。换言之,许莱士的推断应用于《声誉之堂》,只是证明了把娄斯定的成诗年代前移和扩展四年的可能性。适可而止,正是许莱士的谨慎。

金鹰跟乔叟谈了一通关于声音和爱的大道理,然后把他送到悬在陆、海、空三界之交的声誉之堂(参较奥维德《变形记》12:39－40,"在世界中心有一个地方,正好是陆海空三界交会之处")。(卷三开始)事实上,那儿有两座大殿,一名"声誉"、一名"谤言"。前者是金碧辉煌的哥特式建筑,声誉女神领着缪斯姐妹们居中而坐,两廊下巍峨的金属柱子上立着一位位古代的贤哲和诗人。一共有九批人吵吵嚷嚷挤进大殿,乞求女神赏赐荣誉,勾消世人记忆中他们的名字,或改换一个虚名。风神爱欧鲁斯(Aeolus)受命用两支喇叭"美名"和"恶名"分别回答了众人。最后赶来求名的,却是一个纵火焚毁雅典的埃及生育女神以西丝(Ysidis)神庙的汉子。他说,他纯粹是为了出名才干这一手,美名、恶名都无妨。末了,金鹰送乔叟到谤言之堂,在乱纷纷传递小道消息的人群里遇见一位素不相识,但看上去"颇有权威"的人物。诗章至此中断了。

以上是故事梗概。贝瑟尔注意到"去地狱里找他爸爸"之后,整个调子的变化。他把但、乔源流逐句考订了一遍,作一个论文附

录。'许莱士认为,这样脱离历史上下文,孤立地(in vacuo)比较小文本,结果是不顾常识的盲目求源。我们举两个例子:

一、金鹰为乔叟解释,为什么人们的话音都要向声誉之堂飞升:"世间万物各有定所(kyndely stede),离开了那个地方,便有自然回归的趋势"(第 730 行以下)。人类发出的各种语言是声音,即空气的震荡(eyr ybroken)。一如水中投进石子,在水面激起一圈圈波澜,人们的话音也是这样,在空气中一层推一层地升高,直至声誉之堂。

贝瑟尔认为,此段应源于但丁《宴会》中的一段论述(III,3:2－4):"万物自有一种专门的爱。比如单体(le corpora simplici),依其自然本性便爱自己的处所(lo luogo proprio)。所以,土总是往中心落下;火则性喜向天空升腾,朝着月宫天(即托勒密体系中环抱地球的第一重天)接近,并为此不停地跳动。……初级混合体(le corpora composte prima),例如矿物,也喜欢适于自己生长的地方。……植物,即初级灵物(prima animate),对自己处所的爱就更明显了……或傍水,或依山,或靠岸,或悬崖:倘若移到别处栽植,它不死也活得十分可怜。"(第 55 页)

许莱士则认为,乔、但的说法不过是阿奎那(St. Thomas Aquinas)《神学大全》里一个学说的变体:"万物之运动来自神意;万物依其天欲(natural appetite)或知欲(sensitive appetite)向着善殊途同归"(第 57 页)。属于中世纪一般神学常识,没必要两流比较。况且就字面说,乔叟的"kyndely stede"也不是但丁的"luogo proprio"的对等翻译;乔、但二人谈的是两码事。

二、同理,许莱士指出,一些涉及神话传说的但、乔源流,也有必要重新评价。例如,金鹰说完上文那段大道理,让乔叟低头回望人间。只见地球变成了针尖(prikke)那一点点,隔着厚厚的空气,山河村镇模糊一片。这个高度,金鹰说,连希腊巧匠戴达罗(Dedalus)带着儿子伊卡洛(Ikarus)飞离克里特岛的迷宫那一回,都没到过。"傻孩子伊卡洛"(第 919－924 行)——

> 飞得真高，没想到
> 把一双翅膀烧化了，他一头
> 栽进海中央，湿淋淋的没救了；
> 为他流的眼泪可不少。

贝瑟尔举《神曲·地狱篇》17: 109 以下为源：但丁随同指路人维吉尔，骑上人面怪兽桀利昂（Gerione），渡水下第八层地狱，一面将自己恐惶的心情同失事的伊卡洛相比：

> 可怜的依卡鲁感到了腰间
> 羽毛因蜡在溶化而掉落，
> 爸爸向他大叫："那条路危险！"

但许莱士觉得，这又是两流比较。戴达罗父子的故事，在但、乔都熟悉的古法语长诗《玫瑰传奇》里提到过（第 5226－5227 行）；奥维德的《变形记》就更有名了（8: 183 以下）。要说源流，奥、乔之间的细节最为相似。

但丁对乔叟的影响，许莱士总结了两个特点。首先，因为但丁重抒情、论理，乔叟在他那里找的，主要是生动的意象和哲理的概括，故特别注重《神曲》三篇的首尾，而非虚构的故事或人物性格。其次，但丁的博大，使得我们贴源流标签时必须十分小心。罗宾逊早就说过："但丁在他的百科全书式的诗篇里囊括了中世纪几乎全部的哲学和大部分新知，相同的思想必然会重现在当时任何一首谈论哲学问题的诗里，不管是严肃的还是开玩笑的诗"[6]。

上面许莱士对贝瑟尔的批判，就是建立在这一观点之上，把同源的两流和源流关系分开来了。但是许莱士举出的第一个特点却有一处例外，因为《神曲·地狱篇》里最感人的一段故事，恰好被乔叟用上了，那就是《坎特伯雷故事集》里修士（Monk）讲的"比萨

---

[6] 见 "Chaucer and Dante," 1 *Journal of Comparative Literature* 293 (1903).

伯爵乌勾利诺"的故事。当然,这例外的源流并没有被"重新评价"漏掉,不过我们马上可以看到,"适可而止"自有它的道理。

三、恐惧与怜悯

修士的故事,主旨是中世纪流行的"命运之轮"学说。最有名的出处,是乔叟译过的罗马哲人博伊修斯(Boethius,约475-525)在死牢里写下传世的《哲学的安慰》(*De consolatione Philosophiae*),如卷二章二:"除了幸福生活被命运突如其来颠覆,还有什么可让悲剧痛哭不已?"(乔译插注:悲剧即描述人们显贵一时,终归毁灭的故事)。为说明这个道理,修士举了一连串古往今来大人物爬得高摔得重的例子(exempla),其中便有乌勾利诺(Ugolino)的故事。

乌勾利诺伯爵和外孙尼诺(Nino),分别领导比萨的规尔夫党内部两派力量。野心勃勃的乌勾利诺勾结政敌、基伯林党领袖大主教罗杰(Ruggieri),挤垮了尼诺。规尔夫党元气大伤,罗杰乘机暗算乌勾利诺,将他跟四个儿孙(包括尼诺)一起关进一座狱塔活活饿死。

为方便读者理解下文的讨论,我先把但丁的故事择要译出如下:《神曲·地狱篇》三十二章末尾,但丁和维吉尔来到地狱底层,叛徒亡灵的归宿。他们穿过第一圈该隐圈(Caina,关弑亲犯),进入第二圈安吞诺圈(Antenora,关叛国贼;安是特洛伊叛将)。一个冰窟窿里露出紧紧冻在一起的两颗头颅,上边的那个(乌勾利诺)啃着下边的那个(罗杰)的后脑。但丁问乌勾利诺的幽灵,为什么凶残如此:"假如你的怨恨有理,让我得知你是谁,他的罪,我可以回上面那个世界去给你报偿"(即讲述他俩的故事)。于是(三十三章开始),"那罪人从他残忍的莱席上举起嘴来,将它在头发上擦干:那颗头颅他已经毁了后面一半。"他讲的是狱塔内最后几天的惨状:那天,祖孙五个不约而同从恶梦中惊醒,发现早饭没有送来,只听见下面铁门响了一下,锁上了(第47-75行)——

木腿正义

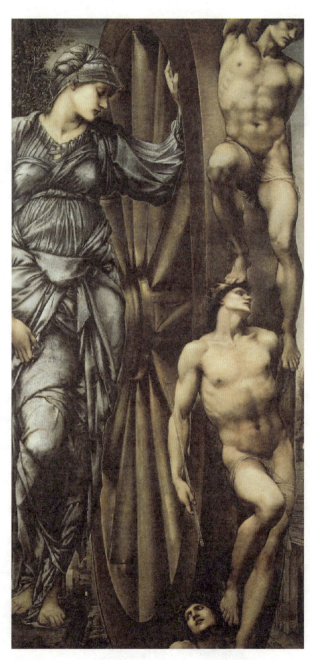

"除了幸福生活被命运突如其来颠覆,还有什么可让悲剧痛哭不已?"

[英]伯恩-琼斯(1833-1898):《命运之轮》

乔叟与但丁

"那罪人从他残忍的菜席上举起嘴来,那颗头颅他已经毁了后面的一半"。
[法] 布歌柔(1825－1905):《但丁访地狱》

我注视着孩子们的脸,一言不发。

我哭不出来,我的心早已成了石块;他们哭了,我的小安塞姆说:"你眼睛怎么了(Tu guardi si),爸爸,你不舒服?"

可是我既没有眼泪,也无法回答。整整一个白天又整整一个黑夜,直至太阳重新来到这个世界,把一缕微光投入这苦难的牢房,我在他们四张脸上发现了自己的面容。

我痛苦得咬着双手;他们以为我是饿得受不了了,突然站起来说:"爸爸,你就咬我们吧,那样我们反而能少受些煎熬;这身可怜的肉,原是你给的,你就撕了去吧。"

我赶紧镇静下来,生怕加剧了他们的不幸。那一天和接下去的一天,大家都沉默了;啊,坚固的大地,为什么你还不张开?

第四天来临,加多仆倒在我的脚下:"爸爸,你为什么不救救我?"说完就死在那里。正如你现在望着我,我那时也这样眼巴巴看着三个孩子,一个接一个,在第五天跟第六天倒下。接着我的眼睛瞎了,我在孩子们身上摸索,叫他们的名字,在他们死后,整整叫了三天。后来,饥饿压倒了悲伤(piu che 'l dolor, pote 'l digiuno)。

这故事是《地狱篇》里最具戏剧力量的一个,乔叟的改编,在语气风格上也最为显著。许莱士引斯本塞(T. Spencer)《但丁和乔叟的乌勾利诺故事》一文指出,乔叟转移了主题的重心,把但丁"冰冷的恐惧"化作一片泪汪汪的怜悯(pathos),成了博伊修斯"命运之轮"的注解。[7]

许莱士还注意到,修士往故事里添了好些伤感的叹息:"哎呀,命运!把这样的鸟儿关进这铁笼真是残酷!"(第 2413—2414 行)"哎呀,命运!老天哪!我的灾难全怪你的坏轮子呀!"(第 3635—3636 行)此外,还有几点改动:其一,降低了乌勾利诺的孩子们的年龄,

---

[7] 9 *Speculum* 295-301 (1934).

最大的五岁，小儿子三岁；其二，乌勾利诺变成了无辜受害者（a fals suggestioun，第 2417 行）；其三，哭得多（"爸爸，你为什么哭？"第 2432 行；"于是这孩子一天天哭个不停，第 2439 行）；其四，叙述者从第一人称转到第三人称。目的仍然是突出面对"命运之轮"的悲剧而产生的怜悯。

但是，许莱士没有留心修士是如何收尾的："谁想知道得更详细些，请阅读意大利大诗人但丁，他知道这故事的来龙去脉，一字不漏他全讲过"（第 2459—2462 行）。注意，这是跟"去地狱里找他爸爸"之后相同的结尾：请问但丁去，请对照但丁。换言之，乔叟明确承认修士故事是改编，不是"一字不漏"的原样。那么他的改编漏掉些什么呢？两相对照，即可发现，《神曲》中最富于但丁特色的，不断强调的光线、空间、沉默、嘴等意象不见了。这种挖空但丁，并把挖空了的但丁灌满眼泪，放到但丁（或可能是但丁）的读者面前的作法，可说是乔叟式的反讽对比吧。然而许莱士不喜欢谈这种对比，他只说第一人称亲身感受的恐惧向第三人称一旁观察的怜悯转化，仅此而已：乔叟和许莱士一样，是适可而止。

只是，倘若许莱士想到考察一下，讲述者是从什么样的第一人称变为什么样的第三人称，其中强烈的反讽对比恐怕就不是他能够忽略的了。我们先看乔叟笔下的修士是何许人。

他是中世纪上层修士生活奢侈和虚伪的绝妙画像（《坎特伯雷故事集·序》第 165 行起）：他爱打猎（圣杰罗姆说过："以扫是猎人，因此他是罪人。真的，我们在《圣经》里没有发现一个正直的猎人。我们倒是发现有正直的渔夫。"《全集·注释》，第 809 页，引 *Tractatus de psalmo* 90：3），马辔头挂着铃儿一路响来，清脆得就像小教堂顶上的钟声。他不管圣本笃（Seint Beneit）立的家规，嗅着新风气就紧追不舍。一出修道院，打得着野兔子他什么都舍得了。吃的是油鸡，穿的是上好的灰松鼠皮。长相可不敢恭维：秃脑壳抹一层甘油，一对金鱼眼成天骨碌碌转，亮得像铁锅下面敞着炉门的灶膛。下巴上用一颗金针系住头兜，针眼里绾一个缠了又缠的爱情结。这么一尊汉子气的修士老爷,让酒店老板半开玩笑断定,倘若不是被教规踩着,定是一匹好种鸡(tredefowel),普天下娘儿们一切情债的主人。修士听了这话并不介意,反而板着脸讲了一堆从《圣经》、伪经和历史传奇里找来的说明命运无常的故事,如亚当、凯撒、力士参孙、魔王撒旦、尼禄皇帝、巴比伦王尼布甲尼撒、吕底亚富甲天下的克勒索斯王,还有少数现代的,如比萨伯爵乌勾利诺。

显然,乔叟的用意是造成对比,让读者把修士的两副面孔和他的故事放在一处看。这是《坎特伯雷故事集》框架叙述法高明的地方。

我们再看但丁。但丁讲的是自己的故事,自然就没复杂的叙述层次。但他对读者,和乔叟一样有一番要求。他把《天堂篇》题献给朋友兼庇护人"大狗"格朗台(Can Grande)的时候,曾解释《神曲》的读法:"这首诗没有一种单一的意义:勿宁把它叫作复义的,即几种意义之复合"[8]。这个中世纪有名的复义论,但丁在《宴会》里也阐述过:

> 解释应兼顾文字和比喻。……文本的理解与诠释可分四个层次。第一层叫文字,不出作品的字面含义,即诗人所谓情节。第二层叫比喻,它藏在情节的外衣底下,是掩藏在美丽的虚构背后的真相。例如奥维德描述,奥菲欧用七弦琴驯服野兽,移动木石。那意思是说智者借助歌声,使残忍的心变得温顺而谦恭,使那些本无知识和艺术生命的人受了感动(而没有理智生命的人等于一块石头)。……第三层叫道德教训,就是教师阅读时应尽力寻找的,因为对己、对学生都有裨益。例如,人们可在福音书里读到(《马太福音》17:1-8),当基督去高山上显圣容的时候,他只挑了十二位使徒中的三位:从道德教训上解释,便是指参与机密的,只应是少数朋友。第四层叫经义揭

---

[8] *Epistola X ad Canem Grandem della Scala*, S. 7, 译自 Robert Haller ed., *Literary Criticism of Dante Alighieri,* Lincohn: University of Nebraska Press, 1973, p. 99.

示,或'言外真谛'。这层意思只有在对文本作教义诠释时才有,文本的字面意义尽管真实,揭示的却是那借着文本所表现的事物而属于永恒之荣耀的最高境界。这可在先知的那首歌里观察到(《诗篇》114:1—2):以色列人走出埃及,犹大地方便是神圣而自由的了。这句诗字面意思十分浅白,但它的经义更为真实,意谓灵魂一旦摆脱了罪恶,即可获得神圣与自由。……所以应首先确定字面意义,它包含了种种寓意;否则,就不可能合理地领会那些寓意,尤其是比喻。[9]

如此严格的解经学理论,但丁在实际创作中也未必时时坚持。但这毕竟是明确提出的一项标准,一个乔叟不相信、不照搬,也相信照搬不起的沉重框架。许莱士对乔叟借鉴但丁的观察是:"乔叟看起来总是紧紧掌握他的素材。在诗歌创作上,他并未试图抄袭但丁'四层意义'的复杂结构;除了个别的例外,也不写三连环韵(terza rima)或意大利歌谣体(canzone)"(第 246 页)。

可是,不搬但丁的"四层意义"框架,不等于乔叟没有自己的复义结构。乔叟从未正面阐述过自己对文学的看法或理论;只在《坎特伯雷故事集》末尾,有一小段文字,通称"乔叟的悔过"(Retraction)。"悔过"引圣保罗"一切文字为教义而作"的教导,表示收回诗人一生于灵魂改造无益的文字,包括《坎特伯雷故事集》和《声誉之堂》,惟有他翻译的博伊修斯跟少数道德文章除外。这究竟是向上帝悔过,还是同读者开玩笑,抑或他整个反讽对比复义结构的最后一层,就不得而知了。但修士宣扬的"命运之轮"源出博伊修斯,以修士的品行,用严肃的但丁作教诲他人的例子,恐怕不止是抒发"怜悯"之情吧。

综上所述,许莱士通过周密的推断,提出前移《声誉之堂》成诗年代的可能性;结合小文本的考订于大时代的观察,批判贝瑟尔

---

[9] 同上, 2.2-8, pp. 112-113.

的盲目求源；却在分析具体的源流改造上适可而止，不愿承认和探讨乔叟在接受但丁影响的同时，借用并剪裁但丁故事，构造反讽对比的创作手法。虽然也可以说这就是许莱士的谨慎作风，尤其在"例外"的地方，出格的那只脚不迈。但那不出格的步子有时候未免使他急躁起来，走在阳关道上反叫石子绊了。我们最后一个题目，就是去捡那块本来他不该踢到的石子。

四、请细读但丁

有了写《声誉之堂》的经验，乔叟的诗成熟起来。他借鉴八行体意诗（ottava rima）创造了一种五重音的七行体英诗，即后来叫作"御制七行体"（rime royal）的。

他用这叙事力极强的诗体写的第一个中篇即《鸟儿议会》（1380－1382）。这首诗和《声誉之堂》在风格上有许多相似之处，也是梦幻诗（由此可以理解上文娄斯给《声誉之堂》定的一三七八年起点）。而且，诗人似乎还想着"去地狱里找他爸爸"，起头不久，就让"天色暗下来，黑夜将牲口的劳作拿去了"（第 85－86 行；取自《神曲·地狱篇》2：1－3，"白天离去，夜色解脱了大地上动物的劳作"）。诗人躺到床上，一会儿便入梦来到维纳斯的园子门口，只见大门上方刻了几行诗，一半是闪亮的金字，另一半却是阴沉的黑字（第 123－140 行）：

> 通过我，人们来到幸福之园，
> 医治一颗颗伤痕累累的心；
> 通过我，人们到达恩惠之泉，
> 那儿快乐的五月永远常青。
> 这是交上好运的一条捷径，
> 高兴吧，读者，抛却你的悲哀；
> 我已经打开——请进来，赶快！

> 通过我，另一半黑字接着说道：
> 人们经受一次次死命打击，
> 听凭"轻蔑"与"冷落"摆布煎熬。
> 这儿树不生绿叶，不结果实，
> 唯有小溪领你去伤心的水池，
> 那里鱼儿的牢房早已干枯；
> 躲开我，远远的，才是你的活路！

凡是读过《神曲》的，一定忘不了地狱之门上那几行"颜色模糊"的排比句（《地狱篇》3：1—9）：

> 通过我进入伤心之城，
> 通过我进入永恒之苦，
> 通过我加入无救的人们。
> ……
> 抛下一切希望，你们进来的人！

乔叟的借用实在明显，学者们反而没什么可多讨论的了（贝瑟尔只一笔带过）。许莱士比较了两位诗人不同的基调——毕竟，他们描绘的是两座性质很不一样的门——又引了别人一段"有趣而并非完全不可能的"解释：

> 虽然这两段诗有凸出的相似点，都记录了通向另一世界的大门上的铭文，但两段的主旨却大相庭径，感情就差得更远。唯一连接着它们的，是相似的节奏。我以为令乔叟念念不忘的，正是但丁重复三遍的那句"Per me si va"（通过我进入），这恐怕才是乔叟向意大利诗人借的最大一笔'债'吧。[10]

---

10 见 Dorothy Everett, "Chaucer's Good Ear," in Patricia Kean ed., *Essays on Middle English Literature*, Oxford, 1955, p. 43.

其实，这解释非但"有趣"而且有理。乔叟素来喜欢尝试新颖的格律，进入意大利时期，研究、模仿但丁诗的节奏是必然的。可以说，英诗在乔叟手里从四重音对句进入五重音对句，除了法国十音诗的影响，在很大程度上还得益于他对但丁和其他意大利诗人的十一音诗（verso endecasillabo）的学习。况且，但丁的地狱之门，就是毫无做诗人的希望可抛的人，读了也难以忘怀。然而，许莱士忍不住加上一句评论："即使是那么醒目的诗行，也没有几个英国人会认出来［是出自《神曲》］。"因此，不存在乔叟暗示在两段之间反讽对比的企图（第93页）。

这一次，许莱士没有照"例"适可而止，结果踢到一块本不在他脚下的石子。这石子不是别的，却是他自己早先的周密推断。依照那个推断，由于意商跟英廷的密切往来，十四世纪意大利文化在英国的传播，但丁在本土和国际上崇高的声誉，乔叟（可以想见还有许多和他兴趣、地位、工作、出身等等相似的英国人）在一三七二年以前就已学会意语，接触到《神曲》；怎么一三八〇年以后，反而没有几个英国人（更确切地说，乔叟的读者）知晓《神曲》，听得出来，乔叟套用了但丁最著名的一个排比句呢？

这里，我们有必要退到本文开头，再回顾一遍，在"去地狱里找他爸爸"之后，乔叟是如何对读者讲起但丁来的："他［想了解地府详情的读者］必须细读……但丁"。注意：第一、乔叟只说但丁而不提《神曲》，可见他认为读者知道，但丁是《神曲》的作者、地狱问题的权威；第二、要大家"细读"，一般而言，这部书应该不难见到；第三、但丁的名字跟家喻户晓的维吉尔、克劳典并列，大概《神曲》中一部分故事已流传甚广；第四、如果上述三点成立的话，乔叟的读者一定知道，维吉尔和克劳典本人均未去过地狱，他们讲述的是旁人（埃涅阿斯与地母女儿／冥后）的经历；只有但丁才亲身去过。而且——回到我们刚才讨论的题目——地狱之门上那几行只有无救的灵魂才看得到的警句，是全靠了他才流传人世的。

历史上第一个请乔叟的读者细读但丁、对照但丁的，是乔叟。许莱士同意不同意呢？

一九八七年八月

"神不愿意,谁守得贞洁?"
——评德朗克《中世纪的诗歌个性》*

本世纪的中古拉丁语文学研究,库尔求斯(E. R. Curtius)的《欧洲文学与拉丁语中世纪》(1948)是一座里程碑。[1] 作为"二战"后兴旺的中古文学研究的前导,该书对历史线索的整理,对"修辞程式"(topoi)的界说,对文体源流的考订,对拉丁语和俗语文学间承继关系的分析,影响了几代学者的成长。库氏本人也意识到了肩负的使命,说(第3—4页):

> 推进历史的理解的主将,总是孤立的个人。他们因战争和革命等历史巨变的引导而发前人所未发。修昔底德以为伯罗奔尼撒战争是一切时代最伟大的战争才修史;奥古斯丁痛感于〔西哥特王〕阿拉里克征服罗马而作《上帝之城》;马基雅维

---

* Peter Dronke, *Poetic Individuality in the Middle Ages: New Departures in Poetry 1000-1150*, Oxford University Press, 1986 (1970). 本文标题引自 《色迷拉密思》176: Quis prohibente deo castus remeavit?

[1] *Europaeische Literatur und lateinisches Mittelalter*, 1948。英译: *European Literature and the Latin Middle Ages*, tran. W. R. Trask, New York, 1953. 德朗克和我的引文均见此书。

利的政治和历史著作是他对法国入侵意大利的反应；一七八九年革命和拿破仑战争激发了黑格尔的历史哲学；丹纳的法国史修订接着一八七一年［色当］惨败；尼采的"狂"文，现代历史主义讨论的先驱，《历史于生活之利弊》，紧跟着霍亨佐伦帝国的建立……

而纳粹德国的诞生和"二战"对人类文明的破坏，则导致库尔求斯把十五年心血灌注在拉丁语文学从维吉尔到但丁，绵绵十三个世纪人文精神传递的历史研究里。

这本寸半厚的书一经问世，果然成了确立、解释中古拉丁语文学大传统的依据，代表着主流作家、作品，接受时间的挑战。二十二年过去，终于有剑桥大学德朗克教授提出两个问题，并举四部作品为例，从非主流、小传统的角度，对中古拉丁语诗歌作了一次全新的观察。这就是本文要评介的《中世纪的诗歌个性：1000－1150年间诗的突破》。

德朗克的挑战，其实已有两本书做预习了。第一本《中古拉丁语和欧洲爱情抒情诗兴起》(1965)，首先否定库尔求斯关于"宫廷爱情"(l'amour courtois)起源的说法："爱的激情和痛苦是法国行吟歌手（troubadors）及其继承者的一个动人发现"[2]。德朗克强调，爱情的甘苦两面相反相成（coincidentia oppositorum），本是人类普遍的感受，并非中世纪西欧骑士文化的特产：从埃及纸草卷上用圣书（象形文字）"画"的情歌到中国的《诗经》；从波斯浪漫传奇《威思与拉敏》[3]，到格鲁吉亚史诗《虎皮武士》[4]，都是明证（第9－25页）。第二本《中世纪抒情诗》(1968)，接着用民间演唱传统解释十一世纪"突然"繁荣起来的世俗抒情诗。指出外界因素（十字军东征、

---

[2] "The Medieval Bases of Western Thought,"见注1，第588页。

[3] Gorgani 作于1057年（阿拉伯语）。有法译：*Le Roman de Wis et Ramin*, tran. H. Masse, Paris, 1959。

[4] Rustaveli 作于十二世纪末。有汉译，曾于文革中读到，惜记不起译者了。

阿拉伯文化等）不足以说明，这些"新式"俗语诗的作者在表达和技巧上的成熟（第 30－31 页）。因为其中最早的两名代表，法国的纪雍（Guillaume d'Aquitaine, 1071－1127）和奥地利的瞿仑伯（Kuerenberc，活跃于十二世纪中叶），已经灵活自如地运用了民歌表现手法。可见"突然"之前必有长期的酝酿。

　　有了这两本书的预习，现在德朗克的第一个问题便是：口头文学算不算一个传统，我们讨论中古拉丁语诗歌，是否该将它一同考虑？库尔求斯理解的诗歌传统，至少就中古罗曼斯诸语而言，纯粹是文字的。因此他认为俗语文学的兴起，应在拉丁语文学衰落之后："拉丁语文化和诗歌先行，法语随后。拉丁语替法语松了绑。因为法国是经院哲学的台柱，是语法、修辞等"七艺"的总部，所以俗语诗之花在法国最先开放"（第 384 页）。例如，十一世纪中叶的《圣阿列克西传》（*Vie de Saint Alexis*）[5]，作者深谙维吉尔，精通修辞学，可作法语诗的起点。德朗克不同意，他举早两个世纪的《圣欧拉莉赞》（*Sequence de Sainte Eulalie*）说明，俗语文学的生存与发展不必仰仗拉丁语传统。这首诗里圣女殉道的细节（砍头），完全不同于拉丁语诗人普鲁旦修（Prudentius）笔下的故事（火焚）。[6] 不能忽视这一细节透露的口头文学的影响：源自民间演唱传统的《圣欧拉莉赞》才是第一首载入史册的法语诗。

　　这个起点之争，在德朗克看来，含义有三：一、诗歌传统的概念应超越文字记录的范围；必须研究现存的诗歌和历史记载，以探求发生在它们之前，藏在它们背后，和它们并行发展的口头传统。二、俗语诗可以通过学习拉丁语的修辞技巧而进步，但讲俗语的拉丁族人民和日尔曼人一样能歌善舞，俗语诗的发达自有其内在动因，不必完全依赖拉丁语的教诲。三、诗人的独创精神（个性）不可能

---

5 讲圣徒阿列克西新婚之夜弃妻别父，遁世修行，隐名埋姓至死的故事。

6 普鲁旦修（348－?），生于西班牙。他的《殉道者的王冠》（Peristephanon）描写在北非和罗马殉道的基督徒，在中世纪流传甚广。

局限于现有的诗歌传统；传统只是天才创作的出发点。

于是德朗克提出第二个问题：库尔求斯历史主义的主要研究方法，修辞主题的追踪分析，能不能当一台真正的"历史语言学显微镜……用来从众多的渊源各异的文本里发现相同的结构因素……欧洲文学之表现常数的因素"（第228页）？例如，马可罗布(Macrobius，活跃于四世纪末)《农神节》(*Saturnalia*) 评《埃涅阿斯记》，总结了七种借以唤起怜悯之情的修辞程式。库尔求斯为之在古法语史诗《罗兰之歌》里一一找到对应，如呼吁神祇、设问自答等；由此证明作品分析首先是风格研究（Stilforschung），揭示的是修辞风格和技巧的嬗递。《罗兰之歌》作者和维吉尔同属一个传统，服从一样的修辞规则。[7] 可是，德朗克在不属于希腊/罗马传统的亚美尼亚史诗《沙逊的大卫》里，[8] 发现至少六种相似的修辞程式，难道说亚美尼亚的民间歌手也遵照拉丁语修辞规则不成（第9页）？事实上，正如奥古斯丁所言，真正有想像力的人，不一定非等到学了修辞规则才写诗。有天分的演说家一张口自然合乎修辞的要领："规则满足他们，只因他们善于演讲；他们不必为了流利雄辩而去专门寻求规则"[9]。

德朗克说得好，修辞程式分析的方法，完善与否除了看研究者的经验和判断力，还取决于他的立场。假如我们只找继承，不问变异；只注意典型，不区分个别；岂不是把中世纪文学看成只有死板的脑筋，没有一点出人意外的想象了（第21页）？库尔求斯先入为主，抛开上下文追踪修辞程式，结果只看到了僵硬的抄袭，偶然的类同。

所以德朗克取相反的路子，选了四部不符合库尔求斯大传统模式，在方法和设计上与众不同且风格各异的作品来观察；因为"它

---

[7] "Zur Literaraesthetik des Mittelalters," 58 *Zeitschrift fuer romanische Philologie* 451 (1938).

[8] 形成于七至十世纪间，1873年记录成文。有法译：*David de Sassoun*, ed. & tran. F. Feydit, Collection Unesco, 1964.

[9] *On Christian Doctrine*, tran. D. W. Robertson Jr., New York, 1958, IV, iii, pp. 4-5.

们显示的种种特质,无法归之于到那时为止的诗歌传统——至少就文字记载而言"(第 22 页)。

这四部作品——叙事体的《罗德里布》、对话体的《色迷拉密思》、惨遭阉割的阿贝拉的《哀歌》和充满幻觉的希尔黛佳的《赞歌》[10]——有没有共同的个性特征呢?德朗克的回答是肯定的:"诗的突破"在于"诗人的象征力"(symbolic power),解作"最广义上超越字面意义的能力"(第 193 页)。这观点本身也像一个突破,因为一般认为,象征手法自浪漫主义诗歌起才渐渐流行;中世纪是名喻(allegory)为主,极少象征的。常被引用的学问家刘易士(C. S. Lewis, 1898–1963)就说:"我把[象征和名喻]两者对立再三,是因为热情有余、理解不足的中世纪诗歌爱好者很容易忘记这点。他们想当然喜欢象征,不喜欢名喻;一旦某个名喻打动了他们,他们马上以为那不是名喻,而是象征"[11]。但是,如果依照德朗克的看法,"最广义上"的象征由来已久,可以追溯到《圣经》和早期基督教文学,那么"象征力"是否跟"宫廷爱情"一样,也是人类普遍的表达?如果是,"象征力"还能说是"突破"、"个性",是好诗的标志吗?所以说到底,修辞程式也罢,"象征力"也罢,都替代不了具体问题具体分析。

限于篇幅,下文就集中讨论两部无名氏的作品《罗德里布》和《色迷拉密思》。同时,我们既然赞同了德朗克两个问题提出的一般性原则:口头传统的影响和天才不囿于成规;我们在讨论中就必须试试自己的经验和判断力,做一回库尔求斯说的"孤立的个人",拿自己的心得来对照德朗克的结论。

---

10 下文论及其中三部,我参照、移译的版本是:
The Ruodlieb, ed. C. W. Grocock, Bolchazy-Carducci, Aris & Phillips, 1985.
Semiramis, ed. P. Dronke, 载《中世纪的诗歌个性》第三章。
Pietro Abelardo, *I "Planctus,"* ed. Giuseppe Vecchi, Instituto di filologia romanza dell' Universita di Roma, 1951.

11 *The Allegory of Love*, London, 1936, pp. 46-47.

一、《罗德里布》

"德国南部,十一世纪中叶,一位拉丁语诗人写下了中世纪第一部诗体浪漫传奇。"这位中世纪德国文化中心特根泽(Tegernsee)修道院的僧侣,让德朗克想起了乔叟(第35页):

> 如同乔叟,他的目标是整个的人性。这目标如何实现的呢?我们可以看他的实验:他特意收集了各式各样当代故事素材,试图将之熔于一炉化作一个更大的诗歌整体。一部冒险流浪记,一面骑士道德和国王行事的镜子,一个为成语格言作注的民间传说,一段在深度和严肃性方面不亚于乔叟《商人的故事》的小寓言,一出莎士比亚式的爱情喜剧,一篇完全可以收入《十日谈》的轻松的行骗小说,末了还有一支矮人、财宝与梦的童话……这一切,都属于他那任凭想像力驰骋的世界。

但是他没有写完。写着《罗德里布》的羊皮纸割开来做了修道院里别的抄本的书脊。直到一八〇三年,那批抄本移交皇家巴伐利亚图书馆,长诗才又重见天日——从书脊上折下,拼成十八个片段。看字体,像是出自一个人的笔迹;墨水颜色深浅不一,说明写写停停;涂改、注释和未割开时的装订格式,表示多次修改;很可能,这就是作者的原稿。一八三〇年,在奥地利圣弗罗莲修道院发现了属于另一抄本的一些残页。八年后问世了第一个《罗德里布》校本史麦勒本,即十八片段的顺序和脱漏之谜的第一解。以下故事梗概和引文所依据的格洛科本(1985)所采用的,则是一八八五年德国学者赖士纳提出的第三解。[12](§ = 片断,* = 脱漏)

§ 1 贵族青年罗德里布,如同维吉尔史诗的主人公埃涅阿

---

12 Ludwig Laistner, "Die Luecken im Ruodlieb," 见注10, Grocock 书, 第2—5页。

斯，命中注定要远走天涯。"他明白没法太平无事地生活，便将身边的事处置了，托付母亲，然后告别故土，去寻求陌生的国度（petit extera regna，语出《埃涅阿斯记》4：350）"（1：15－17）。他来到距非洲不远的一个国家。国王称"大王"（Rex Major），极贤明。§2 罗德里布表演用牛舌草（buglossa）醉鱼，博得大王的赏识。

不久，邻国小王（Rex Minor），挑起战争，*罗德里布受命挂帅，大破敌军。§3 他按照大王指示，要士兵宽大俘房："战场上像一头狮子，报复时像一只羔羊！血恨于你们并无光彩（honor）。最大的报复莫过于消弭你们自己的怒气"（3：12－14）。* 两国媾和。§4 罗德里布向大王报告和谈经过，说出自己与小王对弈，三局三胜，赢了不少礼品。大王不以为然，§5 反而给俘房们许多馈赠。

这时，罗德里布——他的名字现在（5：223）才第一次出现——接到母亲来信，得知从前排挤他的领主们已痛改前非，遂决定回家探望。于是大王密授他十二条诫律并一大一小两只面包：小的须见母面，大的须行婚礼，方准切开。

上路后，罗德里布碰上一个红头发无赖，[13] 俩人结伴而行（破诫律一）。红头发踩坏庄稼（破诫律二），*被农民驱赶。§6 傍晚，进村投宿，向羊倌打听两家主人：一家是忠心耿耿的长工娶了过世主人的妻子；另一家是吝啬佬讨了轻佻的新媳妇（证诫律三）。* 罗德里布上第一家，§7 主人果然好施舍。红头发不听劝阻，去第二家与新媳妇调情，被吝啬佬发觉（证诫律六）。* 红头发打死吝啬佬，§8 受审。新媳妇认罪晕厥，获释。红头发狡辩*未成，被处死。

罗德里布复又上路，遇见失恋的外甥。§9 他劝导了一番外甥，邀他一起回家。*他们抵达一位贵妇人的古堡，§10 受

---

[13] 德谚"Rotbart nie gut ward"骂的虽是红胡子，亦可参考。

到热情款待。罗德里布再次献技用牛舌草醉鱼,贵妇人大悦,请女儿出来相见。那姑娘"走起路来恍如一轮明月照人眼睛;婀娜多姿,竟说不出是飞,是游,还是什么未名的步法;站下来,又仿佛一只婷婷玉立的鸟儿"(10:55-58)。§11 宴会上,罗德里布为外甥和姑娘弹起贵妇人的亡夫留下的竖琴。"年轻人站起来,姑娘迎上去面对着他。他旋得像一头隼,她跟着像一只雀;眼看要追上了,却又刚好错开;一个半空中扑下,另一个徐徐飘起……然后他们垂下双手,示意舞蹈已经结束,令观众惋惜不已。而他们回到各自的座位,心头燃烧着爱情的火焰"(11:50-58)。§12 贵妇人同意女儿和外甥结婚。

§13 终于,舅甥平安还家,母亲喜出望外。罗德里布切开大王送的那两只面包,发现里面藏着两盒金币。§14 外甥的婚礼。§15 母亲警告罗德里布,衰老跟死亡不可避免,§16 只有结婚才能延续生命(诫律七:"若你为了生育可爱的孩子,想娶一位理想的夫人,那么就找你能够了解的女子,不过先得听听母亲的意见。追求她,尊敬她,体贴她,但别忘了做她的主人!当心她撒泼跟你顶嘴,天下最丢男人脸的就是怯内。"5:484-492)。

* 有人为罗德里布介绍一美女,不料外甥捡到了她与情人幽会时失落的吊袜带。§17 罗德里布将吊袜带用盒子装了,假作彩礼,差外甥送去。外甥问美女有何口信带给未婚夫,美女答了一段娇滴滴掺着高地德语的"爱讯"(Liebesgruß):"请告诉他,连同这颗忠诚的心,我为他送上如新发的树叶(loubes)般多多的爱(liebes),鸟儿欢愉(wunna)般热烈的情(minna),

繁花绿茵般丰饶的名誉"(17:11-14)[14]。这段爱讯，一如乔叟的克丽西德指着月亮发誓那次，无意中说的是真话（《特罗勒斯与克丽西德》4:1590以下）；但没等到树叶飘落，小鸟飞走，花草凋零的季节，就当场被吊袜带戳穿了。

一天夜里，母亲梦见两头野猪用獠牙刺罗德里布，被他挥剑砍下脑袋。然后他爬到一株奇大的椴树顶上坐着，一只美丽的白鸽送来一顶王冠。[15] 母亲知道儿子日后大贵，但自己将不久于人世（因梦未做完）。§ 18 果然，罗德里布在洞穴里捉住一个侏儒。那侏儒守着一堆属于父子两位国王的宝藏。作为释放条件，他预言罗德里布将杀死二王，娶公主海丽布（Heriburg）为妻。故事至此中断。

《罗德里布》为什么中断，就不止三解了。有论者干脆主张，这是类似舒伯特"未完成交响乐"的效果，诗人故意把圆"树梦"这件余味无穷的美差留给了读者。[16] 可是中断加上脱漏，未完成的效果就不那么简单了。例如德朗克注意到，诗人爱写日尔曼传说常见的礼物、服饰、坐骑、魔术、黄金、矮人、预兆等，却只字不提英雄式的战斗场面。因此他认为从整体精神上说，《罗德里布》不属于早些的日尔曼／拉丁史诗《瓦尔特传》（*Waltharius*）一类，而更

---

[14] 爱人们起誓说过头话（adynata），在拉丁语诗里大概滥觞于卡图鲁斯，如第七歌："你问我，莱士比娅，要多少个吻才肯罢休？请你把利比亚的沙子数一遍……或者数一遍宁静的夜晚偷看情人幽会的星星： 要那么多吻，疯卡图鲁斯才肯罢休；要那么多吻——叫婆婆嘴无法算计，让坏心眼无从咒诅！"见 *Catullus*, ed. C. J. Fordyce, Oxford, 1961.

[15] 野猪入梦是凶兆，如《尼伯龙之歌》章十六：克琳希尔德梦见两野猪追击丈夫齐格弗里特；《罗兰之歌》第57节：查理曼大帝梦见一野猪咬他右臂（暗示曼兰）等。树象征王权。P. Schach 的研究《〈罗德里布〉的树梦》将它一直追溯到波斯拜火教神话和树图腾：创世主（Ormuzd）赋予从地里长出来的大黄（第一对人）的枝以灵魂，这些枝便是各族人的祖先。见 46 *Monatshefte fuer deutschen Unterricht, deutsche Sprache und Literatur* 353-364 (1954).

[16] G. B. Ford, *Ruodlieb: The First Medieval Epic*, Leiden, 1965, pp. 4-5.

接近后来的俗语传奇,如中古高地德语《洛特尔王》和古法语《艾力与爱妮》(第 35 页注)。[17] 可是,如果我们承认《罗德里布》情节的残损,那么片断二、三之间的脱漏(罗德里布大败小王)和侏儒预言的实现(杀二王夺公主),恐怕都少不了血腥的厮杀。

然而,未完成又不等于残损。它可以暗示,假使完成的话,或许是个什么样的轮廓。德朗克本来是清楚这一点的,所以他才说这首诗只是"实验",刻画的是"整个的人性"。但当他离开精彩的细节分析(如片断十,贵妇人女儿出场是"中世纪第一张动作肖像";片断十一,外甥与姑娘的舞蹈象征求爱),转向构造诗人无与伦比的"象征力",将所有可能象征性爱的细节(如亡人的竖琴、颓败的古堡、掷骰子游戏)都组织起来,为这一构造添砖加瓦的时候,他便把虚拟式的"或许"讲成直陈式的"就是"了。打一个比方:德朗克仿佛北京圆明园遗址吊古的游人,目光流连在一段段美丽的巨石之间,心中一幕幕浮现起当年的豪华气象——但可惜《罗德里布》在割开前并未完成,无缘招待那样的遐想。证据何在呢?归纳起来,至少有五条:

一、长诗的羊皮纸片断极像作者的草稿,字体、格式、墨迹、涂改等,都表示创作还在进行。

二、部分情节前后矛盾或游离于故事之外,没有安顿好。如大王送的两只面包本应在不同时刻切开,庆祝团圆和婚礼,却被一块儿切开了(片断十三);牛舌草醉鱼的表演,描写重复(片段二、十);十二条诫律只应了五条,说明故事未完或作者意图改变。

三、罗德里布的名字迟至片段五才向读者交待,看不出任何目的。

四、语言欠推敲。全诗用谐韵的六步列昂体(leonine)写成,

---

[17] *Koenig Rother*, 巴伐利亚一僧侣作于十二世纪中叶,描写罗特尔为"生育可爱的孩子"两次向康士坦丁皇帝的女儿求婚的故事。*Erec et Enide*, 柯雷先(Chretien de Troyes, 活跃于 1160–1190)的亚瑟王传奇之一,讲"吹号骑士"艾力维护骑士道德,以勇力娶爱妮的故事。

一会儿套用维吉尔（片断一），一会儿又木得像学生作业，[18] 偶尔还掺进德语词（如美人的爱讯）。这既反映了诗人的母语背景，也表明作品尚未润饰。

五、德朗克自己也发现，作者力图将种种民间传说和基督教／骑士道德"熔于一炉"，却不甚明白自己的立场：赞许、讽刺，还是批评。结果是"三样都来"（第 36 页）。比如罗德里布渴望名誉，却贪图礼品（与小王下棋）；大王被称作"基督的化身"（in vice Christi），却不懂得爱（见片断十六，诫律七）；外甥缺乏骑士精神，自由恋爱却获得了成功。

所以应该说，《罗德里布》是一位熟悉民间传统的僧侣眼高手低、半途而废的一次光荣记录，而非"象征力"在我们意想不到的一个时代和角落早熟的遗址。换言之，长诗的艺术不太平衡。其精华在若干细节，不在整体；在民间气息，不在道德目的；在女性（母亲、新媳妇、贵妇人女儿、美人），不在男性。

下面我们举一个片断实例"母亲的警告"（15：1－64）；这片断开始得有些突兀，可能有脱漏：

> 别看你现在有力气，别忘了老年在等你；他不懂宽宥，谁也跑不了。年轻时花容月貌的女子，到老来变得跟丑猩猩差不多。原先光滑的前额布满皱纹，本来小鸽子样的一双眸子蒙上了阴云。肮脏的鼻孔里老滴鼻涕，从前鲜润的面颊垂了下来，牙齿又长又松，好像随时要掉。透过牙缝，嘟嘟哝哝的舌头吐不完的故事；分不清哪是字哪是句，仿佛嘴里嚼一面团。下巴缩朝后边，那张当年多少人想念的嘴闭不拢了，滑稽得叫人害怕。那么可爱的颈项，如今看上去竟像拔了毛的喜鹊。丰满的乳房早走了样，空荡荡吊着仿佛一对干瘪的蘑菇。而她齐着臀部的一头金发，原先打成各式辫子遮住她的背脊，如今只剩下

---

[18] "最显著的特色是平庸。" M. Helin, *A History of Medieval Latin Literature*, New York, 1949, p. 69.

稀疏几撮，看了让人吓一跳，那脑壳恰似叫人刚从树篱底下拽出来一般。……当姑娘时无拘无束，合着步态飘扬的裙子，现在往上提了又提，生怕弄脏了。……本来绷紧的鞋，现在裹上袜筒都松得穿不了，翘着鞋尖像把锄头，走到哪儿把泥铲到哪儿。当初又细又嫩的手指，如今皮包骨头；皱巴巴的关节嵌满了烟灰，从不修剪的长指甲又黑又脏……

（接着描绘男人老来的恐惧，但手稿被垂直割断，无法解读。末段是年轻时未能战死沙场的武士病老在床的哀鸣：）[19]

死亡！你是人类一切灾难的唯一终结：为什么你迟迟不来？为什么还不把我从这座牢狱解脱？……人必须忍受，即使活着还不如死了舒服，直至上帝的旨意让他的灵魂归去。飞禽、走兽、游鱼，只有上帝能终止生命。凡有开始的，都少不了结束。

像这样"在深度和严肃性方面"不让任何人的咏叹调，在《罗德里布》里不止一段。德朗克赞之为"《美人儿头盔商妻子》式的大手笔"（第 53 页）——《美人儿》是十五世纪法国抒情诗人维庸的名作[20]——也许这仅仅是一句夸奖，并无深意。但写在一本论"诗歌个性"的书里是再自然不过了，因为讲独创、突破，朝后比比向前比更能说明问题。试想，倘若维庸早在四个世纪前就让人做过一遍实验，不是"象征力"早熟是什么？可是德朗克似乎忘了自己对库尔求斯的批评：修辞程式分析要看上下文，偶然的类同不是继承关系。德朗克疏忽了：这里连偶然的类同都显得牵强。我想不必将两

---

19 死在床上，北欧萨迦所谓"stra-døiæ"，是古代日尔曼战士最忌讳的。北欧神话里，只有死于刀枪的人才能赴奥登的英雄灵堂（Valhöll）。详见前文《"他选择了上帝的光明"》。

20 *Les regrets de la belle Beaulmiere*。大意说，"美人儿"为负心郎虚掷青春，现在哀叹也来不及了。以下译文据维庸《诗集》：*Poesies*, ed., J. Dufournet, Gallimard, 1973.

木腿正义

"死亡,你为什么迟迟不来,把我从这座牢狱解脱?"
　　[德]沃格木特(1434–1519):《死之舞》

边的主题、风格、句法、意象一一对比。维庸的诗不难读,我挑两节最"像"的译出来请读者自己评评,结束这一章:

> 到哪儿去了,我光滑的前额,
> 金黄的头发,弯弯的眉毛,
> 两眼间距离宽宽,还有
> 那让男人消魂的目光?
> 那挺拔的鼻梁,适中的耳朵,
> 下巴颏点一对小酒窝,
> 脸蛋儿轮廓新新,还有
> 那鲜红的,漂亮嘴唇?

> 那柔润的双肩，小小乳房，
> 长长胳膊，细细的手；
> 圆圆的屁股抬得高高，
> 恰好做爱情的游乐场；
> 而深藏在那两片丰腴
> 结实的大腿中间，是
> 那座妩媚的小花园……

二、《色迷拉密思》

平心而论，德朗克这本书确实好功力。四篇作品，篇篇发掘出了新意。连我们挑他的毛病，其实也是受了他的启发。《色迷拉密思》即一例。我们先说他的启发：该书第四章对阿贝拉《哀歌》的精彩论述。

阿贝拉（1079–1142）是巴黎大学第一风流倜傥的神学教授，他爱上了女学生爱洛伊，不料竟开罪于姑娘的叔父兼监护人，受辱出家，写下传颂千古的一束信和自传《蒙难记》（*Historia calamitatum*）。《哀歌》也是出家后所作，共六首，采自《旧约圣经》的故事。极讲究格律，几乎无法译为另一种文字。德朗克着力分析的是第四首《以色列哭参孙》（*Planctus Israel super Sanson*）。参孙是古今中外不幸吃了女人亏的无数英雄之一（《士师记》16）：狄丽拉剃去了他的七根发辫连同全部神力，把他出卖给以色列的敌人非利士人。中世纪有句拉丁谚语："亚当，参孙，大卫王，谁个不上女人当？"爱洛伊在深深的忏悔中也曾自比狄丽拉，只是庆幸没把爱人诱惑得太深。[21]

但是，假如意大利学者维基（Giuseppe Vecchi）的猜测不错，[22]

---

21 见 *The Letters of Abelard and Heloise*, tran. B. Radice, London: Penguin, 1974, p. 131.
22 见注10，Vecchi 书，第20页注。

《哀歌》是应爱洛伊之请而作的话,这首诗的激愤语调又作何解释呢?难道阿贝拉在推诿责任,全忘了给爱洛伊信中沉痛的自谴了("你知道我脱缰的淫欲把我们的肉躯拖进多深的羞辱里……因此,去掉我身体的那部分,那祸根,虽是你叔父的毒计,却完全应该,甚至是仁慈的……")[23]?而且阿贝拉从来不鄙视妇女,不像后来也写过参孙的英国诗人密尔顿(Milton, 1608—1674)。德朗克给我们的启发,是在诗里看出一种布莱希特(1898—1956)式的间离效果,一种要读者保持距离,不冒然移情(Einfuehlung)的手法:阿贝拉实际上是把爱洛伊的忏悔一下推到极端,以显出其荒诞(如第62—63行:"啊,全为了灾难才造出女人!"第86—91行:"情愿把胸脯向毒蛇敞开……也不要听信女人的诡计!");从而迫使读者独立思考,作出价值判断,形成自己理解、同情参孙身上与神力相对的人性(虚荣、骄傲、忍耐、牺牲)的基础(第17—26行):

> 剪除了气力,
> 剜去了双目,
> 高贵的力士
> 被扔进磨坊。
> ……
> 他仿佛撑起,
> 双重的黑暗,
> 喘息,挣扎
> 在石碾旁边。

这种基于舞台经验,把观众包括进来参与剧情设计的想法,不管是不是阿贝拉的本意,至少点出了诗歌又压抑又坦然,又悲痛又激昂的复杂性质。可惜的是,德朗克在试图欣赏一出真正的戏《色迷拉密思》的时候,却被文字缠住了,完全没有理会实际演出的效果。

---

[23] 同注22,第147页。

神不愿意

"剪除了气力,剜去了双目,高贵的力士,被扔进磨坊"。
[荷]伦布朗(1606 – 1669):《参孙剜眼》

现在我们进入正题。

色迷拉密思本是巴比伦王尼努斯(Ninus)的王后,传说中把阉人、宽腿裤和空中花园都归于她的发明。中世纪关于她的"乱世"的故事,可以举有名的奥罗修斯《七卷史》为例 [24]:罗马建城前一千三百年,尼努斯开始了血腥统治。他占领了从红海到黑海的广大地域;杀了(波斯北部)巴克特里人的王、拜火教创始人琐罗亚斯德(Zoroaster);终于在进攻(黑海以东)叙西亚(Scythia)的战斗中中箭身亡。尼努斯死后,色迷拉密思秉承夫志,着男装继续征战

---

24 Paulus Orosius,西班牙教士,活跃于五世纪初,曾师从圣奥古斯丁,以纠正异教历史为己任。*Pauli Orosii Historiarum adversum paganos libri vii*, tran. C. Zangemeister, Vienna, 1966 (1882), I, 2, 4.

达四十二年之久。她重建巴比伦王城，吞并埃塞俄比亚，攻入印度，成为"众语之后"（imperadrice di molte favelle，但丁语）。功成，遂尽淫乱之能事，终为儿子所杀。"这女人不甘孀居，竟率先侵犯那可爱的孩子的卧房：造孽的妇人，她原来是一副禽兽心肠，色胆包天，公然做了儿子的妻，自己当自己的婆婆！"[25]

相传，以色列的圣祖亚伯拉罕生于尼努斯朝。这个说法无形中害了色迷拉密思，因为正当圣祖与上帝立约，领受耶和华赐福的时候，执迷于屠杀、纵欲、偶像的王后却建造了巴比伦，亦即"上帝之城"耶路撒冷之负面："现世之城"（civitas mundi）。

王后的恶名也反映在传世孤本，巴黎国家图书馆对开本（B. N. Lat. 8121A）的组织上。对开本抄于十一世纪末，共收五篇不太"干净"的作品。前两篇署名为卢昂的瓦奈（Warner），是讽刺诗。攻击一个爱尔兰修士 Moriuht，写他"公山羊一般"纵欲；接着是瓦奈与流亡修士的对骂，颇粗俗。第三篇是一部闹哄哄的伪普劳图斯喜剧 *Querolus*。第四篇题为《伊莎贝尔》（*Jezabel*），历数妇流之害，是所谓"谤妇诗"（frauenfeindliche Dichtung）。末篇《色迷拉密思》注明续《伊莎贝尔》，但无论情节内容、文体风格都判若云泥。德朗克认为这注是抄书僧侣的误会。五篇作品为什么收在一起，大概可以从它们在内容形式上的共同点来看：都讲淫乱、魔法，都用对话形式和谐韵的六步列昂体。对话从查理曼大帝时代起就普遍用于各种体裁的诗，如颂歌、挽歌、历史、辩论。但《色迷拉密思》不仅是对话。德朗克指出，它是一出结构完整对称的剧，开场的合唱和收场的独白各十九行，由四名演员表演。这部诗剧由德朗克校订第一次印行。以下的译介颇得益于他的注解，讨论则偏重在我们同他的分歧。

---

25 Dracontius, *De laudibus Dei*, 3。见 *Mediaevalia et Humanistica*, vol. 2 (1944), I. Samuel 文，第 32—44 页。

> 一个女人的名誉叫牛鞭子沾污了——
> 年轻的纺织姑娘啊，快把耳朵蒙上，
> 快别让红晕爬上洁白的前额！

诗剧开门见山，巴比伦王后去野豌豆地里委身于一头公牛，"它松软的颈皱皮作践了紫红色的王袍，色迷拉密思在草地上哞哞地学牛叫"（第 13—14 行）。这段合唱队开场白相当于全剧的布景，展示王后生前的兽行和人们对她的厌恶。接着，王后的弟弟，占卜官托伦纽斯（Tolumnius）[26]上场，设祭坛招魂，戏就开始了。

占卜官和王后亡灵的"对话"是全剧主体。可是俩人经常答非所问，一上来就难住了德朗克。他解释道："这可能是一种对省略和浓缩的过分偏爱引起的；但即使我们试着把他们的对话展开，仍难以满意地重建所有［问答］环节"（第 109 页）。德朗克因此推测，这里边或许有什么深意，用短促而不连贯的思想表达增强作品的神秘主义色彩。他没有想到，如果把自己放在观众席上看一看，听一听，答非所问的道理就很明白：这里其实不是对话，是对不上话使舞台动作戏剧化了。让我把这一段"问答"（第 20—37 行）试译一遍：（A = 占卜官，S = 色迷拉密思）

A. 我——焚香的占卜官，命运女神叫我托伦纽斯。
   我祈求死之门门槛上那位苍白的神，
   让我姐姐吓人的形象重现。
   色迷拉密思，回来吧，从奥克斯的鬼谷回来吧！
S. 我听见了，可我来不了。我给关着脱不了身。
A. 所有仪式，该那残暴的"死"享受的，我全做了。
   我在呼唤你呢，可怜的姐姐，我的头晕得不行。
S. 你为什么遭了瘟似的哭个不停，弟弟？

---

[26] 名字取自《埃涅阿斯记》12:258 以下：鲁图利亚人战前士气不振，忽见金雕捕天鹅的朕兆，巫师托伦纽斯预言战斗必胜。

命运女神的大祭司该向冥王祈祷才是。
A. 没有阳光,我可以用手感觉到那些怪物,
   它们到处繁殖,是那三位姐妹［命运］的旨意。
S. 我起身的时刻,还没有得到冥王准许。
A. 我不是那个被月亮骗了的阿卡狄巫师,
   我绝不敢让太阳的妹妹［狄安娜］黯淡失色!
S. 今天晚上要的是祈祷,不要一声不吭地守夜。
A. 千千万万个幽灵啊,你们听着,
   过了明天,我将看见我姐姐的面容!
S. 可奥菲欧找到他温柔的妻子,靠的是歌声。

注意,实际演出时怎样表现两人隔开一个世界:墓园里,占卜官设下两座神坛分别祭献阿波罗和狄安娜(太阳和月亮)。他开始作法招魂,渐渐进入实现神谴所必需的迷狂状态。舞台的另一角是冥界,王后从阴影里抬起头来,听见了弟弟在呼唤。她要占卜官控制住自己,不要无端哭泣,提醒他该学奥菲欧用歌声(即祈祷)寻回亲人。但是占卜官显然听不见王后。他只有发话,没有对话;或者说他是在自言自语。把他的话连起来读一读就很清楚:德朗克忘了,对这些断断续续、带着哭腔的词儿作出反应的,除了王后,还有台下的观众。实际上,直到王后的亡灵重现在占卜官面前,向他宣布事情真象,观众同角色保持距离、对"问答"(主要由占卜官说)不断产生疑问并思索,就成了剧情发展的一项必要条件。记住这一点,占卜官心里的烦恼和神经质的声调就好理解了(第50-67行):

A. 太阳落山了,月亮的斗篷那么惨白!
   南风吹不上阿波罗灵验的祭坛。
   夜幕降临,北风呼叫,
   求求你,色迷拉密思,把心头的秘密说出来。
   睡眠赶走了,大拇指好几次抹上了香膏,
   现在我可以为你踩一遍我找的马鞭草了。

> 我在黑暗中找你,你让公牛骑过的女人!
> 为了你,相信我,我将摇动龙牙,
> 像阿波罗的女祭师那样,散布预言的呻吟!

S. ……

A. 假如我能有幸加入猫头鹰的了望,
为填饱肚子而扫视富饶的沼泽,
我的心将感到幸福的预兆,悲伤一扫而空。

S. ……

A. 这些著名的鸟儿为智慧女神的荣誉彻夜不眠;
而我守卫着黑暗,摆脱不了家族的丑闻。

占卜官哭了好一阵子,才平静下来正式献祭。他加设一座冥王的神坛,烧了三条狗和三只黑公鸡。这仪式德朗克考证了,跟十世纪初丹麦西兰岛(Zealand)日尔曼人的新年祭有些相像:"每隔九年到了一月,过了我们庆祝基督诞辰的日子,他们便聚集到一处,向诸神献上九十九个人和同等数量的马,再加上狗和公鸡(代替隼)作为牺牲……他们的确认为,这些牺牲会在冥界的力量面前佑助他们,帮他们求情,开脱罪孽"[27]。色迷拉密思坚持牺牲不能沾蜜、盐和驴毛。这几样东西古人曾用来防腐或驱邪:埃及人相信鬼最怕蜜;海仙忒提斯(希腊英雄阿喀琉斯的母亲)用蜜和着香料,擦在阿喀琉斯的阵亡战友的尸体上防腐(《伊利亚记》19:39);罗马人则有挂驴头躲避鬼魂骚扰的风俗(第94-95页)。

德朗克还提及,王后似乎用一种超脱的态度看待弟弟的悲伤,不理会他对戴胜鸟(uppupa)传播流言蜚语的抱怨,反而批评他火把烧得太旺,可能影响招魂。这正是因为她懂得,阳世的人听不出自己的声音;她关心的是占卜官再不祈祷就会失去会面的机会。"待我起来了再为自己正名……这占卜官疑神疑鬼,胡思乱想,把闻所

---

27 Thietmar of Merseburg, *Chronicon*, I, 17. 见德朗克书,第94页。

未闻的坏事都加到我身上。你怎么生气了,赫卡提[月神],我弟弟烦你了?"(第111—117行)跟占卜官不同,她是看得见诸神的行动的。

至此,观众对合唱队和占卜官的信任已消失殆尽,只等王后现身了。占卜官的祈祷开始了(第121—129行):

A. 起来呀,姐姐,到弟弟这儿来!
白天的先行官[公鸡]要死了:
天亮时,我们不祈祷亡魂,
我们不献给瞎眼的奥克斯不明不白的礼品——
奉送地狱的牺牲,不应见到日头。
捆住这些愚蠢的东西[狗和公鸡],别让它们出声!
我将火把灭了,请唱挽歌的唱一支歌。
所有的火都灭了,
王后,我借这失明的火焰向你问候了。
你在坟墓里干什么?……

托伦纽斯向冥王、阿波罗和狄安娜——祷告;阿波罗下令释放王后的灵魂。终于,色迷拉密思出现在祭坛前,道出了事情真象:兽交原来是神媾。全剧达到高潮(第163—176行):

S. 你干嘛哭天抢地,疯得像个俄累斯特(Orestes)?
就因为朱庇特发情,跟我在花园里玩?
好聪明的人,你怎么昏了头?
如果神爱上了我,屈尊变作牛的模样,
我看他在树底下哞哞叫,难道不比谁漂亮!
朱庇特从星光灿烂的宝座上挥起闪电,
他动情了!可我是真心看上了他
才去他面前:雷声隆隆,
那诸神之骄多美——

他的笑,那么甜;他的爱,那么重。
……
天上可没有审判这一位的地方。
他冲着我笑,可谁来拿他问罪!
谁敢,谁能阻止,我和朱庇特犯"奸"?
神不愿意,谁从花园里出来还守得贞洁?

这个意外结局,可以让熟悉希腊神话与中世纪传说并进入布莱希特"间离效果"的观众,至少作两个对比:传统上色迷拉密思的恶名和这儿她激烈的辩白;以及她在花园里的积极主动,跟那位可怜的欧罗巴公主——被同一匹雪白的公牛看中而载向大海时——惶恐的心情(奥维德《变形记》2:873以下):

她回过头去望着越来越远的海岸,
一手抓紧牛角,一手扶着牛背,
海风吹起了她颤抖的衣裙……[28]

这样,我们又回到了德朗克向库尔求斯挑战时提出的两项评价中古拉丁语诗歌个性的原则:作为离经叛道的翻案文章,《色迷拉密思》是否源自中世纪民间演唱传统?作为独出心裁的戏剧设计,它会不会是某位天才不囿成规的发明?我们同意两者皆有可能,尽管无从确证。历史发现这位天才——错误地或偶然地——跟四篇不能让纺织姑娘听见的好东西订在一本手稿里了;而王后从坟墓中爬起喊出的愤怒抗议,在墓园的长夜里未留下任何回音:后来的诗人和作家照旧,把她和狄丽拉们埋下又挖起来——永远在一块儿。就连但丁,我们最受尊敬的地狱和天堂问题权威,也没有将她原谅(《神曲·地狱篇》5:55以下):

---

28 Ovid, *Metamorphoses*, tran. Frank Miller, Loeb Classical Library, Harvard University Press, 1977.

木腿正义

"她回过头去望着越来越远的海岸,海风吹起了她颤抖的衣裙"。
[法]瓜贝尔(1690–1734):《欧罗巴公主遇劫》局部

神不愿意

她完全沉湎于糜烂的淫乐,
索性将色欲定作了法律,
以开脱自己的重重罪责。

　　　　一九八八年五月

脸红什么？

——罗思维莎戏剧风格浅析

罗思维莎（Hrotsvitha，约 935－1002）这个名字该是读西方戏剧史的学生熟悉的。这位德国北部冈德斯海姆修道院的本笃派女尼，立志要用"同样的素材体裁"，跟那专写"淫妇奸行"的罗马喜剧诗人泰伦斯（公元前约 190－159）争一高低。在她的自序里，"冈德斯海姆的雄声"（clamor validus Gandeshemensis）坦率地说：

> 不过［争这口气］也常令我难堪，羞愧得脸红。因为这种题目逼迫我不得不花心力和笔墨，去写那些色鬼干的混帐事，以及他们那些本不该玷污了我们耳朵的恶毒的甜言蜜语。[1]

这"恶毒的甜言蜜语"之类，照德朗克教授的看法，合着一个相反相成的道理：唯其下流卑劣、不堪入耳，方能显出救世主胜利之光荣，"特别是［剧终］当弱女子获救，原先雄赳赳的暴力却晕头

---

[1] *Hrotsvithae opera*, ed. Karl Strecker, Leipzing: Teubner, 1930, Lib. secundus, p. 113. 以下罗思维莎作品译文均据此书。"雄声"翻译罗思维莎的名字，古萨克逊语：Hrôthsuith。

转向、打倒在地的那一刻"[2]。

不用说,这个"相反相成"上了舞台便是戏,因为上帝的安排作为奇迹,总是出人意外。例如,"色迷心窍"的卡利马克潜入少女德鲁西安娜的大理石墓室,亲吻她未曾腐烂的尸体,当场被毒蛇咬死(*Callimachus*,第七场)。迫害督徒的罗马执政官杜尔西提,没来得及干坏事就失去了神志,把厨房里挂着的锅碗瓢盆当作被他关押起来的三位处女拥抱,搞了一头一屁股的油灰,让躲在门背后的她们吓一大跳(*Dulcitius*,第四场):

瞧他轻手轻脚,把铁锅往怀里拽;现在又抓住水壶和煎锅,
一个劲地亲起来!

论机智,罗思维莎确实不让泰伦斯;有时还像普劳图斯(公元前约254—184)那样,索性把戏演到观众中去:卡利马克死后,上帝化作一美少年形象从天而降,去收尸的圣约翰的弟子向观众大叫:"你们发抖吧(Expauete)!"[3] 因此,罗思维莎在文学史上又常被看作承上(罗马喜剧)启下(中世纪教会剧)的关键人物。具体的分析,则强调她对古典文学、民间哑剧和教堂祈祷文的学习,寻求她和这些传统的相似之处。[4] 对她的艺术风格,反倒讨论不多。所以本文试图补充一点,就罗思维莎和泰伦斯一流的大不似处着眼,看她的艺术风格。这大不似处不是别的,就是她自己说的"脸红"。

泰伦斯一流异教徒不脸红(照罗思维莎和她的观众看来)不奇怪。罗思维莎脸红,除开性别和信仰,还有两个原因:一是碍于身

---

[2] Peter Dronke, *Women Writers of the Middle Ages: A Critical Study of Texts from Perpetua to Marguerite Porete*, Cambridge University Press, 1984, p. 69.

[3] *Callimachus* viii. 这是手稿(Emmeran Muenchen Codex)的读法。Karl Strecker 校作"我害怕"(expaueo),似无必要。见第 157 页校勘记。关于普劳图斯对中古拉丁语喜剧的影响,可参阅 *La "Comedie" latine en France au XIIe siecle*, ed. Gustave Cohen, 2 vols., Paris, 1931.

[4] 这方面论述较全面的是 Sister Mary Marguerite Butler, *Hrotsvitha: The Theatricality of Her Plays*, New York: Philosophical Library, 1960.

份和声望，不好意思说淫妇色鬼的"恶毒的甜言蜜语"——冈德斯海姆修道院是神圣罗马帝国皇帝奥托一世的曾祖父和曾祖母，去罗马捧回了两位圣徒的骸骨创办的，平常人家的女儿进不了它的大门；罗思维莎的诗歌深受皇太子奥托二世的青睐，她曾奉命撰《奥托大帝传》。[5] 二是寺院和宫廷的观众，大多是耳朵（和眼睛）"不该玷污"的，她称之为"我们"的人。[6] 但是"我们"和淫妇色鬼之间的伦理／心理差距，实际上也是相反相成的。正如上帝的恩惠只有在赐予那最无希望的罪人时才格外令人向往，淫妇奸行越甚，观众越脸红，戏也就演得越有分量，越能触及观众的灵魂。脸红的根本原因，不就是"我们"，第一个罪人夏娃的后代心底印着的那个"罪"字吗？

利用这个相反相成的伦理／心理差距，唤起观众的罪恶感（良知），可以说就是罗思维莎戏剧的风格所在。下面我以她的一篇代表作《巴夫努提》（*Paphnutius*）为例，略作分析。剧情如下：

巴夫努提是苦行的隐士，终年带领弟子在埃及沙漠中修行，并传授"四艺"（算术几何天文音乐）。一天，他清静的灵魂突然受了困扰，想起名妓泰伊丝（Thais）来了。隐士向弟子们公布了心头的秘密，就扮作嫖客，前往亚历山大城寻访名妓。泰伊丝不知底细，让隐士进屋脱下新装，显出圣人的褴褛本相；大吃一惊，居然奇迹般受了感化。她痛悔前非，召集全城相好，当着他们的面烧了不义之财，随即跟巴夫努提进了修道院。三年后，流尽了眼泪的泰伊丝在"坟墓般大小"的忏悔室里得了上帝的恩惠，升天去了天使中间。

淫妇奸行而得道，一如中国"杀人放火受招安"的故事，在欧洲中世纪属于老生常谈。但"故事"到了罗思维莎手里就有了"新编"，变得促人脸红。

---

[5] 参见 *Hroswitha of Gandersheim: Her Life, Times and Works, and a Comprehensive Bibliography*, ed. Anne Lyon Haight, New York: The Hroswitha Club, 1965, pp. 11-13.

[6] 同注1。

戏一开始，巴夫努提已是满面愁容。可是当弟子们问起原由时，他却喋喋不休，讲了一大套充满音乐术语的天人相合的理论。害得众弟子搔头挠耳，忍不住打破沙锅问到底，非要让那玷污人耳朵的名字从老师的口上出来（第一场，第 190 页）：（P ＝ 巴夫努提，D ＝ 众弟子）

P. 你们听着，这个国家出了个不识羞耻的妇人。
D. 还不是百姓遭殃！
P. 她的美光彩照人；她的罪无比可怕。
D. 造孽呀，她叫什么名字？
P. 泰伊丝。
D. 她？那个妓女？
P. 正是她。

这就引出了那场叫人脸红的戏：隐士决定扮作名妓的一个"相好"（amator），换上花俏的嫖客装束，以"毒"攻毒将她"诱惑"到正道上来。这一独具用心的设计相当刺激想象。首先，泰伊丝的性爱是毁人的："爱我的人必有回报，他出多少钱，我给他多少爱"（第三场，第 193 页）。"相好"亦不示弱，说自己不畏险阻远道而来，就是为了一睹芳容，了却一桩心愿。泰伊丝自然没有领会客人话中有话，将他带进了香喷喷的卧房。

我们知道，基督教文学受希伯来语《圣经》影响，爱用性爱作比喻。罗思维莎这场圣人嫖妓的戏，便是把这一类比喻发挥到了极限。看似"罪孽相生"（unum vitium parit aliut），实际上"恶毒的甜言蜜语"到头来全是救苦救难的话。让人脸红过后回想起来，句句是双关。圣人扮嫖客，双重身份正好相反相成：扮得越像越是扮，因为他的一举一动都出于相反的意图。扮装演戏本来是教会明令禁止的，⁷ 可在这里，竟成了最具道德目的的戏中戏。

另一方面，奇迹应有奇迹的到来法。罗思维莎的手法，是一段简洁而巧妙的对话。"相好"嫌名妓的卧房不够隐密，不方便说心里话。他要一个"与世隔绝的角落，其他任何客人都不知道的房间"；而她果然有这样一间密室，话题一转，奇迹发生的条件就具备了（第三场，第 193 页）：（T ＝ 泰伊丝）

  T. 我另有一处更秘密的房间，没有一个人知道，除了我和
    上帝。
  P. 上帝！哪个上帝？
  T. 那真正的上帝呀。
  P. 你以为他无所不知？
  T. 我相信什么也瞒不过他。

巴夫努提万没有想到，泰伊丝明知上帝全能还在继续她的罪恶勾当。他一着急就发作起来（同上，第 194 页）——

  T. 你为什么浑身颤抖，脸色都变了？为什么哭了？
  P. 我为你的放肆颤抖，为你的堕落流泪！你，你明知故犯，
    毁了多少男人的灵魂！
  T. 哎呀呀，你饶了我吧！

泰伊丝终于识羞耻了。她的转变在现代人看来未免突然，理由不充分。可是对于罗思维莎的观众，这恰好证明了神意的及时和仁慈。就在自己犯罪的卧房内，淫妇悔过自新了。她接受了"相好"的"爱"，去到那跟性爱一刀两断的"与世隔绝的角落"——修道院。

---

7 教廷康士坦丁堡通告（692 年）曾明确禁止哑剧和乡戏演出，不许男女换装或戴面具。不服从者一律剥夺教职、革除教籍。参见注 4 书，第 188 页，引 *Sacrorum conciliorum et decretorum nova et amplissima collection*, ed. J. D. Mansi, Leipzig: Wetter, 1901, XI cols., Chap. 967, 971.

脸红什么

"你,你明知故犯,毁了多少男人的灵魂!"
[佛兰芒] 鲁本斯(1577–1640):《隐士与名妓》

识羞耻等于有了良知,会脸红。然而光脸红还不足以赎罪,心愿必须用行动来表明。泰伊丝虽然进了修道院(原先华丽的卧房同现在阴暗的忏悔室在舞台上是一个强烈的对比),她毕竟凡胎未脱,一面保证用心忏悔,一面又羞羞答答提出一项请求(第七场,第200页):

T. 但是……这样住下去不太方便,我怕身子脆弱,承受不起。

P. 什么不方便?

T. 我不好意思说。

P. 别不好意思。除了你的罪,没什么可羞愧的。

T. 好神甫,我什么事情[大小便]都用这间屋子,多不方便哪。过不了几天,它就会臭得让人没法呆了。

更要紧的是,她希望有一块干净的地方祈祷上帝。

熟悉了这出戏的相反相成原则的观众,不难预料巴夫努提的回答:可怕的不是肉体的肮脏,而是灵魂因畏惧这短暂的尘世痛苦而得不到拯救。可怜的泰伊丝,她居然不明白,对上帝的思念和呼唤可以因忏悔室的污秽和"臭皮囊"的恶心而更加甜美、感人、真实。圣人给罪人的谆谆教诲是这样的(同上):

  当初你作孽时的快活才真叫肮脏、恶心。
  不干净的嘴,哪能随便叫唤那不容亵渎的神的名字?

"你们当中谁没有罪,谁先拿石头砸她!"
[德] 哈里希(1586－1617):《基督和堕落妇人》

> 你不应用言辞,要用眼泪向他祷告;
> 不靠婉转的声调,要靠你痛苦的心的战栗向他祈求。
> 泰伊丝,你越是谦卑,他的宽恕来得越快。
> 让你的嘴唇上只剩下一句祈祷:造我的主,可怜可怜我吧!

就这样,泰伊丝关进了忏悔室,一遍又一遍地在嘴上心里重复着同一句话。第三年将近结束的时候,巴夫努提终于得了一个预兆——他的师兄安东尼的弟子保罗在祷告之后看到一个异象:天使们为奄奄一息的泰伊丝在天上预备了一张金碧辉煌的大床,雪白的枕头上放着一只王冠,由四名容光焕发的处女守护(第十一场)。

此时此刻,罗思维莎的观众们脸红不脸红呢?大概他们首先该替泰伊丝得救而高兴得脸红。可是这一次,相反相成的伦理／心理标尺的两端掉了个个儿。这一次,是妓女入了天堂,而悔罪尚无尽日的是观众自己:他们原先习以为常的道德优越感,在这异象面前成了假象;好比当年那些气势汹汹要求惩办淫妇的法利赛人,听见耶稣轻轻地说(《约翰福音》8:7):

> 你们当中谁没有罪,谁先拿石头砸她。

一九八八年九月

"奥维德的书"

——读布朗微奇《大卫诗面面观》[*]

说到威尔士"诗仙"大卫·阿普规林,有句名言常被人引用,那就是 W. J. Gruffydd 为第十一版《大英百科全书》"威尔士文学"条写的:"若不是因为他的七音诗(cywyddau)绝对不留转译的余地,大卫保准会跻身于中世纪最伟大诗人的行列。"

这观点最简单的证明,对于熟悉十四世纪英国文学的读者来说,莫过于拿大卫和乔叟相比。他们俩差不多是同代人(大卫的生卒年代,我们没有可靠的记载,但根据他诗里零星涉及的同时代人物、事件,可以肯定他的创作成熟于十四世纪五六十年代,比乔叟早十多年);都是南方人,很早便有机会接触上层社会流行的法国文化;都站到本民族新文学的起跑线上,面对着北方旧传统行将瓦解的壮观:英格兰西北,是古老的头韵体诗歌的最后堡垒,《加文爵士与绿骑士》的家乡;威尔士北部,则是哺育了七个世纪"众王公的歌手"

---

* Rachel Bromwich, *Aspects of the Poetry of Dafydd ap Gwilym*, University of Wales Press, 1986. 本文所引《大卫全集》: *Gwaith Dafydd ap Gwilym*, ed. Thomas Parry, Caerdydd, Gwasg Prifysgol Cymru, 1963. 标题引自《全集》58: Llyfr Ofydd。

谨以此文献给介绍我认识大卫的"老仓"主人 Parry Jones 先生。

的古国奎纳泽（Gwynedd）故地——直到一二八二年英王爱德华一世占领威尔士，"末代王子"佘威林（Llywelyn）遇难，奎纳泽宫廷的歌声才沉默了。歌手们投奔地方贵族（uchelwyr）的庄园，诗歌日趋保守，着意用典而诘屈聱牙，号称"接班人"（Gogynfeirdd）时代。大卫和乔叟，都不是学究，因而绝少因循守旧的习气；学诗伊始，便大胆借用外国的思想和表达。查一查辞典，中世纪进入英语和威尔士语的法语词，有一大批归他们的功劳。

当然，这两种语言的历史大不相似。乔叟步入诗坛的时候，英语作为文学语言，刚从诺曼人征服英国的打击下喘过气来，尚在康复阶段；而威尔士的独立地位虽已一去不复返，威尔士语却并未遭受重创。[1] 乔叟身上看不到《贝奥武甫》的影子；大卫却是从小听着塔列森（Taliesin）和阿涅林（Aneirin）的故事长大的。[2] 从十四世纪欧洲文学的大形势看，两国同处西方边陲，文化交流上始终借多还少。法国宫廷诗人德尚（约 1346–1406）称赞乔叟，是因为他把《玫瑰传奇》译介到英国，不愧为"大翻译家"；而英国迟至一七八九年才出版了第一部大卫诗选。[3] 然而，他们都在本民族诗歌为新题材寻求新格律的时刻，起了关键作用。在英诗，是乔叟示范成功的五重音对句和"御制七行体"[4]；在威尔士诗，则是在大卫手里完善的七音诗与谐音律（cynghanedd）。[5] 他们用这些诗格写下的不朽之作，代表了本民族中古文学的最高成就。

---

1 一五三六年亨利八世颁布《统一令》，威尔士才并入英国。

2 塔列森是六世纪不列颠王 Urien 的宫廷诗人，号"歌手之冠"。死后成为传奇人物，善预言、施法、变化。阿涅林有九十九章挽歌传世，讲爱丁堡（Caer Eiddyn）哥多廷部三百勇士攻萨克逊人 Catraeth 要塞（今约克附近），仅一人生还的故事。

3 *Barddoniaeth Dafydd ap Gwilym*, ed. W. O. Pughe, London. 这本选集依据的是十八世纪威尔士文化复兴的倡导者莫里斯兄弟收集的手稿，其中半数诗是伪作。

4 参见前文《去地狱里找他爸爸》。

5 一种着重辅音谐合配置的复杂格律，沿用至今，所谓"威尔士诗律之灵魂"。简明的介绍，可参阅 H. Idris Bell 为 Thomas Parry《威尔士文学史》（牛津版英译本，1962）第五章"大卫"所作的格律附录。参见注 13 和 14。

所以，尽管大卫的诗"不留转译的余地"，他仍然成为古今威尔士语作家中译本最多的一位。一九五二年，Thomas Parry 的标准版《大卫全集》问世，大卫诗的研究、翻译更有了坚实的依托。近二十年来，诸家蜂起，其中的佼佼者当推威尔士大学的中古凯尔特文学教授布朗微奇。[6] 不久前，布朗微奇将她历年发表的大卫研究挑了六篇出来，作一集出版，题为《大卫诗面面观》。第一篇概论，为照顾非专业的读者，引文都附了英译。其余几篇则分述大卫诗中的新旧、大小传统，"诗典"（Gramadegau'r Penceirddiaid）[7]和浪漫传奇的影响，及七音诗的演化，基本上涵盖了大卫研究最活跃的领域。此书一个显著的特点，是通过缜密的论证，得出个性鲜明、决不模棱两可的结论。也可以说这就是作者的研究风格，仿佛随时邀请读者参加辩论，给人生机勃勃的印象。所以我想评价这本书，不妨就从最能表现作者风格（刚好也是文学史上争议最久）的几个问题入手。

一、毛菲是否真有其人

上文提到，我们知道的一鳞半爪大卫生平，多半得自他诗中的线索。例如大卫有两首致舅舅佘危林（Llywelyn ap Gwilym）的旧体颂诗，感谢他的教诲。誉其为"诗人和语言大师"（prydydd ac ieithydd），博闻强记，不啻一部活的"修辞语法"（llyfr dwned）（《全集》第 12、13 首）。学者们因此推断，大卫少时曾从舅舅学诗，接受良好的传统教育。以佘氏的地位（一男爵领地的总管）和当时法、英文化在南威尔士上层社会的影响，又设想大卫能读到当时流行的

---

[6] 布氏在著、译、编三方面均有成就：《古威尔士三联句集》（*Trioedd Ynys Prydein*, Cardiff: University of Wales Press, 1961），《阿诺德与凯尔特文学：1865-1965 回顾》（牛津，1965），《中古凯尔特文学文献目录精选》（多伦多，1974），《古威尔士诗论集》（*Astudiaethau ar yr Hengerdd*, Cardiff: University of Wales Press, 1978），《大卫诗选译》（企鹅丛书，1982）等。

[7] 诗典，即古代用来训练职业歌手的修辞、格律教本。

外国作品（如《玫瑰传奇》）。舅舅死后，年轻的大卫去一个贵族亲戚易夫（Ifor Hael）家当歌手，兼任易夫女儿的教师。他在致易夫的七音诗（《全集》第 7 首）里，将庇护人比作古代三联句称道的以慷慨闻名的三贤王，[8] 同时自比塔列森，志向甚高。易夫一三六一年去世。这时大卫多大年纪，以后去了哪儿，干什么职业，便不得而知了。

　　学者们最感兴趣也争执不下的，却是大卫诗中出现最多的两个女人名字。一个是高贵而冷冰冰的德日吉（Dyddgu），大卫为写她写了九首七音诗。另一个是"烧红的煤块"般热烈，但反复无常的毛菲（Morfudd Lawgain）。这两位美人的相貌恰成对比：德日吉长得像莎士比亚十四行诗里的"黑女郎"，一头秀发分两路梳开，好似一对"乌鸦的翅膀"覆在前额；毛菲却"白得跟泡沫一样"，"每一根头发都是真金"，只有两弯黑眉毛老是皱着，[9] 叫大卫又痛又怕（《全集》第 45、137 首）。大卫声称为她作过一百四十七首七音诗，[10] 现存三十首。毛菲也是上等人家出身。大卫曾带她去"绿叶下"按照凯尔特人的巫术典礼成婚，可是到头来她正经嫁了一个大卫叫作"醋瓶儿"（Eiddig）和"小驼背"（Bwa Bach）的人物。于是形成一个典型的"法布留"（fabiau）故事的三角关系：风骚的妻子，带绿帽的丈夫和寻花问柳的大学生。令人怀疑其中到底有几分真实。所以很早就有人提出，德、毛二人实属大卫全体情人之泛称，[11] 或者推测二人原本一身，即德日吉夭折以后，大卫怕失去诗灵（awen），创

---

　　8 古代歌手为记神话和历史故事，把相关的人名地名等串作三个一联的口诀，称三联句。其形式有如中国说书人的回目，如"刘关张桃园三结义"之类。三贤王（Tri Hael: Nudd, Rhydderch a Mordaf) 系传说中人物。

　　9 金发黛眉是那时的时髦长相，见 Gervase Mathew, *The Court of Richard II*, London, 1968, pp. 131-132。

　　10 或是虚数。威尔士语保留了印欧语 20 进制数词，147 =（7+7）× 20，念起来朗朗上口。

　　11 Sir Ifor Williams, "Dafydd ap Gwilym a'r Gler," *Transactions of the Honourable Society of Cymmrodorion*, 1914, pp. 147-149.

造毛菲代替。[12]

布朗微奇的观点正好相反,认为毛菲和德日吉一样,是真人。她分两步论证: 先理顺毛菲诗的来龙去脉,再确立毛菲丈夫"小驼背"的存在。

大卫的毛菲诗照她看来,记载了一场诗人情真意切的恋爱。其先后顺序虽难以重建,一个完整的过程却全写到了(《全集》第102首)[13]:

> 我的心跟她去了,
> 毛菲,那五月的女儿;
> 今晚上我再也煎熬不起,
> 她应当听一听爱的申诉!

毛菲在大卫心中播下了爱情的种子,她的魅力(hud)不可抗拒。世界变了,大卫若得不到那"羞怯的姑娘",就再也无法生活(同上,第57首)。他管毛菲叫"太阳";如同太阳,她光明耀眼,给人温暖,可又不时藏在乌云后边(同上,第42首)。大卫请海鸥、百灵、乌鸦,甚至无影无踪无处不往的风,为他传递爱情的讯息。这些"爱讯的使者"(llateion),他用一层层比喻(dyfalu)装饰得楚楚动人(同上,第118首)[14]:

---

12 Robert Gurney: *Bardic Heritage*, Chatto & Windus, 1969, p. 70. 德日吉先大卫而卒的说法出处,见下文。

13 这首诗用了有名的 cymeriad(连环)技巧,全部28行用"h"开头,加上行内的谐音(摩擦音),真是一片长嘘短叹!

14 原文第3−4行(译文第2−4行)是一例极好的谐音对句:

> Dilwch yw dy degwch di,
> Darn fel haul, dyrnfol heli.

注意,此对句除了尾韵阴阳互押(di:heli),上联是所谓 cynghanedd sain(响亮谐音),两脚韵(dilwch:degwch)同时用头韵"d"接下联;下联逗号两边的辅音序列完全相同:(d-r-n-f-l-h-l)×2,是标准的 cynghanedd groes(交叉谐音)。又,扔手套表示挑战。

> 海潮送来一只雪白的海鸥，
> 美如一轮清月，纯洁无瑕；
> 仿佛从太阳落下一瓣——
> 扔向大海一只铁手套的闪光。
> 浪尖上，你轻轻踮起，
> 敏捷、骄傲的猎鱼鸟儿。
> 来吧，再近些，海百合，
> 挨着锚我们手牵着手。
> 信纸一张，裹起你的身子，
> 潮头上送来的婷婷女尼。

终于，毛菲答应幽会（oed），他们奔向密林深处，在夜莺和小溪的祷告声中做完他们的"礼拜"（同上，第 122 首）。可是毛菲不能跟穷书生（cler）过一辈子，她嫁给了"小驼背"。大卫又恨又怨，心中老想着那"雄蜂"般的丈夫，那条"黑狗"，如何用肮脏的嘴唇糟蹋了毛菲的光彩（同上，第 81 首）。绝望中，大卫幻想向修道院送去爱讯；他要女院长释放所有纯洁的修女，因为她们都是毛菲的姊妹（同上，第 113 首）。事情后来有了转机，"醋瓶儿"应征入伍去法国打仗了，大卫咒他早日送命。但是末了，冬天来临，大卫还是败给了"醋瓶儿"——冬天这个绿叶的顽敌，光秃秃一片，毛菲往日那么喜欢的大卫留在树林里的脚印不见了（同上，第 145 和第 82 首）：

> 卿卿我我全错了，
> 戏演完，散场最苦！

布朗微奇说："这些诗连起来读，就很难怀疑诗的背后没有一段真实动人、最后落得很惨的亲身经历"（第 33 页）。这是在感情上与作者充分共鸣，以求得毛菲诗一个合乎情理的解释。那么"小驼背"又是怎么回事呢？

"信纸一张,裹起你的身子,潮头上送来的婷婷女尼"。
〔英〕雷顿(1830-1896):《渔夫与美人鱼》

原来史载一三四四年，南威尔士Cardigan巡回法院审理一桩发生在大卫家乡Aberystwyth的盗窃案，被告人的担保人名单上有个叫Ebowa baghan的。显然，这是书记用英语拼写的威尔士人名：Ebowa baghan是Y Bwa bychan（小驼背）的讹音。[15] 因为大卫和毛菲幽会的地点多在Aberystwyth附近，布朗微奇认为这"小驼背"不是别人，正是毛菲的丈夫。她说，当地至今还有一处叫作Cwn Bwa（驼背沟）的农场（第29页）。

如果大卫笔下的"小驼背"不是虚构，毛菲是真人也就言之成理了。毛菲不假，德日吉又为何不真？这样看来，布朗微奇对毛菲诗的解读，不失一种简明的处理。其基础，是正确的材料取舍和慎重的分析推断。没有这两条，就达不到预期的效果。我们举大卫与格里飞之争为例。

二、是真吵还是假吵

关于大卫与北方诗人格里飞（Gruffudd Gryg）之间的争执（ymryson），直接的证据，是他们各有四首攻击对方的诗。起因大概是格里飞说毛菲诗夸张过分，不近情理。大卫听说后反唇相讥，指格里飞为剽窃别人词句的惯犯，不信请以诗代剑决一雌雄。格里飞并不理睬这一挑战，反说大卫的缪斯只知说谎，用毛菲浪费诗人的天赋；真正的缪斯取材于历史和教会的教导。两位诗人因此反目（《全集》第147首以下）。

可是，格里飞另有一首七音诗《致大卫墓上的紫杉树》（同上，第82首）。诗中祝愿花谷（Ystrad Fflur）修道院墙下的紫杉快快长大，做大卫绿叶葱茏的家。大卫生前是个好歌手，如今他爱人德日吉和众天使一起，安慰了他的灵魂。从这首挽诗可得出三项假设：一、大卫葬在家乡附近的花谷修道院（一九五一年"威尔士初民学

---

15 Bychan = bach（小）；"y"是冠词。中古英语"gh"等于威尔士语"ch"。

会"据此在那儿立了纪念牌);二、德日吉确有其人,而且先大卫去世;三、大卫与格里飞后来言归于好了。[16]

假设二支持了上文讨论的布朗微奇的"真人说";对于假设一、三,她却有不同意见,倾向于十六世纪文献记载的另一说法,即大卫葬在威尔士北部的泰利寺(Talley Abbye),且不一定死在格里飞之前。因为她认为,格里飞的挽诗作于大卫还活着的时候,是戏言,或许两人从未真正吵翻。依据是,当时有朋友间互赠挽诗的风气,所以不用传统的三十音绝句(englyn)而用新体七音诗。假挽诗的格式,一般是先哭命运夺走朋友却放过坏蛋蠢材,然后求上帝宽恕诗人生前的轻浮(写爱情诗),整个调子是谐谑的,如歌手尤娄(Iolo Goch)的《哭大卫》。因此,布朗微奇把大卫与格里飞之争看作是朋友间一场激烈的诗论战,反映出当时南北文坛(革新派与保守派)的对立(第64页)。[17]

遗憾的是,这一连串的推论看似捷径,实是歧途。首先,一些人用七音诗作假挽诗的风气,不等于格里飞也参加在里面。大卫死时(假定在十四世纪末),七音诗的正统地位已经建立,格里飞用来悼大卫是顺理成章。其次,假挽诗的例子尤娄的《哭大卫》是一篇"七音诗"和"歌手"的风趣对话,调子跟《紫杉树》的祈愿完全不同——"七音诗"叹道,南威尔士姑娘们的猎鹰(指大卫)去了,剩下的全是糟糠。"歌手"听了很不高兴:"大卫走了,要你还有何用?"他称大卫是"语言建筑师"、"爱情砖瓦匠"、"所有人的导师"(《全集》,第422页)。再者,格里飞的传世之作都是七音诗,风格

---

16 相传这得归功于 Gwynlliw 小修道院修士们设下的一条妙计:他们派人分别给两位诗人报信,说对方已死,葬礼即将在花谷修道院举行云云。俩人都痛悔不该争吵,赶紧作了挽歌前往参加葬礼。到了修道院才真相大白,不禁破涕为笑,互相原谅;从此竟成为一对挚友。《紫杉树》一诗,据说就是格里飞写了带去"葬礼"念的。参见注12书,第149页注。

17 威尔士十六世纪谚语:"北方守老本,南方开风气"(Y gogledd sy'n cadw, y de sy'n cychwn)。

并不保守。只是他没有写"法布留"式的爱情历险记，仍然留在本民族"少女歌"（rhieingerddi）的传统里。拿他代表北方保守派似乎勉强了一点。

凯尔特民族的斗架诗之多之野，是出了名的。[18] 在威尔士，从塔列森开始，直至十七世纪还有所闻。[19] 大卫讽刺李思（Rhys Meigen）便是一例。滔滔不绝的一首首三十音绝句，用一个更比一个辛辣巧妙的比喻，画出这位倒霉诗匠的可笑嘴脸（《全集》第21首）。据说李思读后当场昏厥，一命呜呼。有此传统，才可以理解为什么大卫能提出以诗代剑决斗，而格里飞则宣称自己不是李思第二，几句诗就能杀掉。他们俩的争执，很快就白热化了，保持不住论战的气氛。

由此看来，布朗微奇因为有人戏赠挽诗就断定《紫杉树》也是同类，进而推测大卫墓不在花谷修道院，大/格之争是文坛辩论，未免做得草率了。格里飞的立场是传统一些，如Thomas Parry在《威尔士文学史》中总结的，以为大卫的爱情诗败坏了诗坛风气，把一等歌手的才能花在三等歌手的题目上。[20] 但如果毛菲真有其人，毛菲诗讲的是"一段真实动人……的亲身经历"，格里飞的指责在大卫看来，岂不是天大的侮辱和挑战？布朗微奇本该像剖析毛菲诗那样，细心处理这个问题的。回到葬地这一悬案，她提出泰利寺"大卫墓"上也有一株紫杉，以为征信。可是紫杉一说源出格里飞的挽诗，这又如何解释呢？布朗微奇希望快刀斩乱麻，清理出挽诗、葬地、争执三条线索间的关系，结果是越斩越乱。

---

18 例如一四一四年，爱尔兰副督史坦利被诗人 Niall O'h Uiginn 骂后，"仅仅活了五周，他被恶毒的挖苦要了命去"。《面面观》，第63页注。

19 Thomas Parry《威尔士文学史》，牛津，1962，第156、188页。

20 同上，第119页。古代威尔士宫廷歌手分三级：第一级 pencerdd（主歌手），地位仅次于王子，专职给国王和上帝唱赞歌，不涉足爱情题材；第二级 bardd teulu（家歌手），专为王室服务，可以应女眷之请唱爱情和山水；第三级 cerddor（歌手），以讲故事为主，兼讽刺、笑话，供人取乐。参见 Gwyn Williams《威尔士诗歌概论》，费城，1952，第一章。

以上两章,是举出布朗微奇力求明快的作风的正反两个例子。将这一作风指导探讨大卫的艺术风格,又会是什么样的情况呢?我们还是找一个文学史上的老问题,看布朗微奇如何处理。

三、"奥维德的书"

十八世纪末第一部大卫诗选出版时,编者送给大卫一个荣誉称号,"威尔士的奥维德"。原来奥维德是大卫诗提及的唯一的外国诗人,大卫呼之为"大师",自号"奥维德的人":平生只愿说"奥维德的话",唱"奥维德的歌"(《全集》第58首)——

> 但只要绿叶常新,
> 我不怕写不成奥维德的书。

众所周知,奥维德对欧洲中世纪文学影响极大;[21] 十二世纪起,随着俗语宫廷爱情诗和浪漫传奇的流行,更成为学习、模仿的对象。可是要具体分析他对大卫有什么直接影响,除了上边引述的几句话,并无明确的线索。所以学者们历来只是泛泛地谈,而把重点放在法国宫廷爱情诗、市民"法布留"故事或拉丁语学生歌中的奥维德因素,如描写爱情的甘苦成败的种种比喻(比作艺术而讨论规则,比作疾病则开出良方,比作战争以制定计谋),以及时而理想化时而冷嘲热讽的走极端的口吻。[22]

布朗微奇不满意这样绕圈子。她指出,大卫自称"奥维德的人",表现了一种"意味深长的认识",即认同于威尔士之外的另一文学传

---

21 如但丁《神曲·地狱篇》4:88-90:奥维德跟荷马、维吉尔、贺拉斯、卢甘一起,邀请但丁加入他们的光辉行列。再如乔叟《声誉之堂》第1486行以下:奥维德挨着维吉尔,站在象征爱神的铜柱上,"维纳斯的学生奥维德,他把伟大爱神的芳名远播四方"。

22 这方面的经典是 T. M. Chotzen, *Recherches sur la Poesie de Dafydd ap Gwilym*, Amsterdam, 1927.

统。故大卫实为威尔士文学史上第一个置身于同时代欧洲诗歌主流的诗人（第2页）。

这一观点本身便"意味深长"。我们知道，威尔士人很早就读到了奥维德。牛津大学波得连(Bodleian)图书馆藏有一册九世纪抄本，内有以威尔士语作笺注的奥维德《爱艺》(*Ars amatoria*) 第一卷片段。大卫之前，早有威尔士诗人提及"奥维德"(ofydd)，如宫廷爱情诗的先驱、奎纳泽王子何威(Hywel ab Owain Gwynedd, 卒于1170)。但是J. Lloyd Jones指出，"ofydd"大都出现在复合词中，除了译罗马诗人的名字，更可能是"dofydd"（统治者）、"gofydd"（艺人、铁匠）等词作后置定语时的简缩式，因而不能光凭"ofydd"就确定作者指的是诗人奥维德。[23] 这样看来，威尔士歌手公开宣布以奥维德为师，向大陆传统靠拢的，大卫确实是第一人了。

大卫所谓"奥维德的书"指爱情诗是无疑问的。问题是，许多奥维德的情节、角色早已被浪漫传奇和"法布留"故事消化了成为新的传统，更有些爱情故事被整个改写了，加入基督教伦理流行开去。[24] 很难说非要读到原著或译本，才能学习"奥维德"。《爱艺》是最先译成古法语的。译文将奥维德的情人们钟爱的罗马剧场改作教堂，用宗教神秘剧代替竞技运动会。但这跟大卫描写自己礼拜天在桑巴旦(Llanbadarn)教堂窥视姑娘们（《全集》第48首）又有什么必然联系呢？

显然，要证实布朗微奇"意味深长"的"认同说"，最简单的是找到一本不带引号的奥维德的书——一篇大卫学过、用过的奥维德作品。而果然，她发现了这样一篇，证据是一个主题的类比：

大卫在《德葳河的波浪》(*Y Don ar Afon Dyfi*) 一诗中恳求德葳河暂退洪水，让他去桑巴旦会毛菲，而在奥维德《爱情记》(*Amores*)第三卷第六章，寻访情人的作者也请求一条因溶雪而涨水的无名小

---

23 见 *The Bulletin of the Board of Celtic Studies*, vol. 15, pp. 198-200.

24 如所谓 "Ovide moralise" 故事。见 *Three Ovidian Tales of Love*, tran. Raymond Cormier, Garland Library, ser. A, vol. 26, 1986.

河让路。

布朗微奇说:"除了奥维德,我不知道大卫的这首七音诗还有更吻合的类比。我想不管怎么说,这类比本身就意味着大卫知道某种形式的《爱情记》。此外,它还使《爱情记》中别的独一无二的章节跟大卫的一些作品比较起来,变得别具新意了"(第72页)。

果真如此吗?让我们先看奥维德是怎么写的。

《爱情记》的那一章可分为四段[25]:第一段(第1—22行)引子,抱怨小河泛滥,阻挡了情人约会。诗人还记得原先那条浅浅的溪涧,趟过去只湿到脚踝。第二段(第23—44行)请求小河帮助,因为河流也有爱情。诗人举出八条著名的江河("河"在拉丁语和希腊语里是阳性名词)与水仙或公主相爱的神话典故为证。第三段(第45—82行)讲泰伯河的支流阿纽河(Anio)与埃涅阿斯的后代依丽娅(Ilia)的故事。相传依丽娅是侍奉女灶神圣火的处女祭司,战神乘日食之机,在她避狼的山洞里诱惑了她。结果她生下一对双胞胎,即日后建立罗马的两兄弟(Romulus 和 Remus)。事发之后,她被(篡夺王位的)叔父命人投入阿纽河淹死。可是阿纽一见钟情,娶她作了夫人。奥维德的故事有所改动:依丽娅不是被迫投水,而是准备自杀。看到她绝望的惨状(第51—82行)——

> 快速游动的阿纽
> 从喧嚣的中流抬起头来:
> "为什么你失魂落魄地在我的岸上走来走去,
> 依丽娅,特洛伊王族的女儿?
> 为什么独自流浪,衣饰全非,披散了秀发,
> 不见了束它的白丝带?
> 为什么痛哭不已,为什么如此疯狂地

---

25 *P. Ovidi Nasonis Amores*, ed. Franco Munari, Biblioteca di studi superiori XI, Firenze, 1964.

相传依丽娅公主的叔父篡位,将她遣入女灶神的神庙做处女祭司。不料战神使公主怀孕,诞下一对双胞胎男婴。国王遂命将婴儿扔进河里淹死。但木篮不沉,漂至岸边,有母狼来给他们哺乳。两兄弟长大,为祖父和母亲复仇,建了罗马城。

捶打你赤裸的胸膛?
除非那铁石心肠,谁看到你的泪
能不怜悯、不情动于中呢?
依丽娅,不要怕。我的宫殿在等着你,
我的波涛欢迎你,依丽娅,
让一百个水仙女簇拥着你——不,
我这里水仙女何止一百!
请不要拒绝我,求求你,我的特洛伊姑娘,
我的报偿会比答应的还多。"
依丽娅把诚实的眼睛望着地面,

热泪浸湿了她的衣衫。
三次,她想躲开他有力的波浪,三次
她鼓不起勇气,呆呆地不能动弹。
终于,她撕着头发,用颤抖的嗓音苦苦哀告:
"啊,我没能把我的骨骸
在我还是处女的时候,就装进祖先的墓里!
啊,为什么向我求婚?
我,女灶神的祭司——不干净了,
再没有资格去看守圣火。
还等什么?好让人家用手指戳着我的脸——
耻辱的印记,你还不快死!"
说着,她撩起袍子去揩那哭肿了的眼睛,
随即纵身跳入湍流之中。
可是(人们说)那激扬的河托起她的胸脯,
领她到婚床上做了新娘。

第四段(第83—106行),诗人意识到故事讲完,河水涨得更高了。他后悔不该白费口舌,向无名小河讲那些大河的事迹。全诗以诅咒小河夏涝冬旱结束。

《爱情记》此章属于向听不懂或不理睬(有生命或无生命)的对象恳求申诉一类的修辞程式(topos)。相似的修辞程式,《爱情记》里不少,只是对象不同而已;如沉默的看门人(卷一章六),情人的蜡信板(卷一章十二),黎明女神(卷一章十三),看守阉人(卷二章三),小爱神丘比得(卷二章九)。结局都是诗人一腔怨愁如故。既然是修辞程式,布朗微奇以《爱情记》此章与大卫诗的主题雷同作她"认同说"的证据,就不太有力。让我们再看大卫是怎么写的。

《德葳河的波浪》(《全集》第71首)也可分成四段:首先(第1—8行)诗人恳求德葳河让他渡过,因为(第9—26行)诗人曾是河的歌手:他把涨水时节的激流比作烈马、来自行星的飓风或战士的肩膀(第19—23行)——

> 没有一张竖琴或一架风琴,
> 没有一支无瑕的歌喉,
> 我不曾用你洪亮的声音,
> 清冽的巨流,来衡量。

接着诗人继续恳求(第27—36行),他要穿过河对岸的白桦林去桑巴旦见那位可以令他"再生"的姑娘。结尾(第37—46行)是这样的:

> 要是你知道,白衣浪花,
> 鱼儿的媒娘,
> 假如我迟到了她会怎样责备!
> 你,远岸的斗篷——
> 我为英苔(Indeg,传说中亚瑟王的情人)样的人儿来,
> 酥胸的美丽波涛,
> 千辛万苦我不畏惧!
> 但如果你拦住了我,见不着她
> 爱情的火焰就会将我烧死!
> 请一定让我和毛菲相会。

注意,奥维德和大卫,两首诗不同的请求方式或叙述结构,其实是建立在两条河不同的性别(角色)上的。《爱情记》诉诸河作为男性听众的同情心,[26] 因此才边论理,边又把阿纽和依丽娅的故事娓娓道来,要河将心比心。而"河"(afon)在威尔士语里是阴性名

---

[26] 这是就情节而论。《爱情记》3.5至3.8连起来读,照Peter Green的看法(*Ovid: The Erotic Poems*, Penguin, 1982, p. 320),实为一出爱情悲剧。即3.5梦见乌鸦啄取白母牛的心(象征爱人即将离去);3.6渡河失败(爱情波折);3.7阳痿(生理原因);3.8士兵夺爱(靠战争发迹的大兵也是刚阳的象征)。比较谨慎的学者则认为,这里象征的是诗在冷酷的现实面前无能为力。

词。所以大卫当她的歌手,首先描绘她的瑰丽、善良(澎湃的波涛,美妙的歌喉,鱼儿的媒娘),一而再、再而三地恳求,口气比奥维德委婉多了。表白完心愿,结尾还补一句:"请一定让我和毛菲相会"(而奥维德早已泄气,诅咒起小河来了)。

不同的叙述结构和角色分配,其结果是不同的意象和比喻。两首诗的写法,看不出一点"吻合"的迹象。德葳河的波浪"头顶卷曲,高声喧哗"(bengrychlon grochlais),是"船帆的伴侣,大海的宝石和权杖"(Gymar hwyl, gem yr heli, Gamen môr);读来一派富丽的谐音。《爱情记》的风格则平实得多:"长满芦苇的泥泞的河","肮脏的水流","你的岸够宽了,为什么还留不住你?"

显然,仅凭大卫和奥维德两首诗里一个修辞程式的某一因素(河作为请求对象)部分相似,就推断两者的源流关系,继而确定大卫读过《爱情记》("奥维德的书"),并证明大卫认同于以奥维德为代表的欧洲大陆(主流)爱情诗传统:那是不够稳妥的。至于布朗微奇接下去就《爱情记》中"别的独一无二的章节"发挥的"新意",就更靠不住了。照她的想法,既然《波浪》是学奥维德对小河发感叹,那么《爱情记》的其他描写,如梦白母牛(卷三章五)、诗人跟士兵争情人(卷三章八)、情人的看守(卷一章六、卷二章十二)等,在大卫诗里自然也可以有各自的对应。例如(第39首),大卫梦见白鹿为猎犬追逐;毛菲的丈夫"醋瓶儿"当过兵,像守财奴一般看管毛菲。但这样一路比下去,反而越加暴露了从修辞和情节主题的雷同,贸然推测作品源流的荒谬。所以,布朗微奇最后不得不退回她原先不满意的"绕圈子"立场,承认这些主题其实都可以在古法语诗中找到,特别是那部"中世纪百科全书"《玫瑰传奇》(第73页)。[27]

实际上在中世纪,《爱情记》远不及奥维德其他几部作品出名。

---

[27]《玫瑰传奇》十四世纪初已流传于南威尔士。一三一七年有个叫 Llywelyn Bren 的犯人在 Glamorgan 正法,他的财产清单上列有《玫瑰传奇》一书。见注 22, Chotzen 书,第 110 页。关于修辞程式和主题雷同,参见前文"神不愿意,谁守得贞洁?"》。

布朗微奇自己也觉得奇怪，为什么大卫偏偏"用"到了它。她的解释倒给我们一些启发：有威尔士丰富的神话和历史传说作素材，大卫（我们知道他早年受过良好的传统教育）又何必像一名"主流"文学的作家，去时髦的《变形记》或《名媛传》（*Heroides*）中留学呢（第 73 页）？

  这两点认识（《玫瑰传奇》的影响和传统文化的继承）非常重要，放在一起，基本上修正了布朗微奇的"认同说"。那就是，大卫所谓"奥维德的书"并非某一篇具体的作品；而是指滥觞于奥维德，却被十二世纪以降法国的普罗旺斯游吟歌手、宫廷爱情诗、骑士传奇和市民"法布留"故事先后发扬光大了的几种，或者竟是一种，题目——爱情诗。威尔士文学自古以来还未曾见过如此大胆奔放，同时又充满了讽刺与自嘲，甚至置贵族体统和基督教伦理而不顾的爱情诗。

  然而，这还不是"奥维德的书"的全部含义。因为它更是一项"只要绿叶常新"，就要进行到底的事业（gwaith）；它不是对某位外国作家或某个外国传统的"认同"，而是借了外国的新题目，在本民族文学树立一个新的艺术标准和理想。拿这标准和理想来革新威尔士诗歌，才有了毛菲、德日吉、小驼背、传递爱讯的海鸥和绿叶下的脚印；才有了大卫——"奥维德的人"——在春暖花开的季节跟喜鹊争论爱情的价值（第 63 首）；钻进鹅棚躲"醋瓶儿"，不料得罪了鹅妈妈一家（第 126 首）；在神圣的教堂里"把脸转向一位俊俏的姑娘，把颈背对准那个好上帝"（第 48 首）；在小旅店，夜深人静时分，被一只板凳破坏了一场盼望已久的好事（第 124 首，第 23-46 行）：

    ……心惊胆战，来把姑娘的床儿找，
    噩运临头，可怜自家还不知晓！
    哗啦啦，我跌个倒栽葱，
    挣扎起，真个把人气饱：

不知哪位前世冤家，狭路相逢，
摆下只惊世界板凳，刚刚好好，
差点儿敲折了我书生脚杆。
祸不单行，待伸出脖子瞧瞧，
（全为那威尔士丫头，心急火燎）
无端又把自家天庭赔了桌子角！
这下更妙，桌面上也不清静——
那脸盆，没放稳本来就想蹦跳，
那铜碗，叮当响原是它的本分——
说时迟那时快，这一桌圈套
将身一倾（做工倒还不赖）
散了架，翻江倒海一起闹，
盆盆碗碗，乒乒乓乓冲我来，
惊得那十里地开外狗儿没命地叫。

从这个意义上说，大卫这本"奥维德的书"是新书：不要说威尔士，就是在欧洲（包括奥维德在内），也没有第二本。这么看，布朗微奇觉得明快不明快呢？

一九八八年八月

墙与诗

——读金雪飞的英语诗集《沉默之间》*

自从改革开放以来,中国(指大陆,下同)文坛就常在讨论如何使当代中国文学"走向世界"的问题。这里,"世界"指的当然是西方世界,即近年来能够先文学而出中国的作家们去到的地方;"走"意指想走而没走成,仿佛被一堵无形的高墙挡在了"世界"之外。这堵墙,原先叫"政治挂帅"、"工农兵方向",后来叫"传统文化"或者干脆叫"中文"、"方块字"。都不确切。因为就算某位好心的汉学家把几部供人批判或批判人的作品拿上了大学讲台,作为观察中国政治风云的一面镜子,这仍旧不能和(比如说)青岛啤酒的口碑——即酒当酒卖、文学当文学讲的专业精神的境界——同日而语。

所以,在"世界"学术界颇负盛名的芝加哥大学出版社准备近期出版一位中国留学生的英语诗集一举,实在值得庆贺一番。诗集题名《沉默之间:一个来自中国的声音》,收诗三十九首,按主题分四部分:上战场;一个王国的瓦解;没有为爱情落的泪;路。诗人金雪飞(Ha Jin),山东人,一九七〇年十四岁入伍上黑龙江前线,

---

* Ha Jin, *Between Silences: A Voice from China*, University of Chicago Press, 1990.

反修防修凡五年，复员后分配到哈尔滨铁路局当报务员，一九七八年考上大学专攻英美文学，现为美国布兰戴斯大学英文系博士候选人。

诗人在自序中说，这本诗集是写来替"那些挣扎、死难在生活底层的不幸的人们，那些创造了历史却同时又被历史愚弄、毁灭了的人们"代言。这话既道出了创作意图，也说明了创作方法（包括语言风格）的由来；即以清醒的历史反思意识，让角色化的第一人称叙事者（persona）用戏剧性的独白（dramatic monologue）、拙朴的英语和单纯的意象，为读者揭示出一个时代那"令人难堪的真理"。

雪飞的诗之所以能够跨出高墙，正是得益于上述风格意识的特质。拿这些特质来对照自三十年代起中国白话新诗一些具有普遍性的创作倾向、方法和语汇，便不难看清，阻碍着新诗迈向"世界"的有三道高墙。

第一墙：语言风格

所谓"拙朴的英语和单纯的意象"，首先是相对英美诗坛上"后现代"派末流普遍的生涩、琐碎和玩世不恭而言。一方面，雪飞为之代言的"不幸的人们"的申诉、牢骚、抗议和悔恨，刚好满足了西方读者对"中国味"的心理期待；另一方面，这群小人物（胆怯的学生兵、无知的烈士、失恋的青工、绝望的铁姑娘）口中简洁的散文化的叙事语言，又恰恰和半个多世纪以来中国白话诗人精心构筑的"现代"风格成为鲜明的对比：意象的繁复、辞藻的堆砌、青春期多变的情绪和古诗中借来的意境。

这是从墙外向墙内看来的景象。我们可以取三十年代的"现代"派举例，将他们放到"世界"上跟他们所效法的西洋师傅比一比，甚至译作西文读一读，看他们如何应付墙外大气候的挑战。这个并不公道的实验大致有两种有趣的结果：原文刻意雕琢的象征在译文中失去了眩目的光彩；而植根于传统文人情趣和意境的比喻，听起来像再版的古诗。前者如李金发的名句："我们散步在死草上，／悲愤纠缠在膝下"（《夜之歌》）¹，用英语说只是平淡无奇的"We stroll on dead grass, / Sorrow and anger entangle our legs"²。后者如戴望舒脍炙人口的《雨巷》："一个丁香一样地／结着愁怨的姑娘"³，那股千年不散的愁滋味，其实并没有一个"隐秘的灵魂"需要"泄漏"。⁴常常，中国白话诗人在西方浪漫派、象征派、现代派那里看中的，多是跟中国古诗（尤其是晚唐温庭筠、李商隐一路）相通的东西。⁵戴望舒研习过法国和西班牙的象征派与现代派诗人，特别钟爱魏尔伦（1844—1896）。但是，如果说在戴诗情绪化口语化的韵律中可以依稀辨出魏尔伦的影子，那么魏尔伦特有的那种中世纪式忏悔的迷狂和亵渎的酣畅，则绝对用不着戴诗情意绵绵的颤音："到我这里来，假如你还存在着，／ 全裸着，披散了你的发丝：／我将对你说那只有我们两人懂得的话"（《到我这里来》）⁶。因为魏尔伦真正的力量所在，是他那作为"世纪末"象征而风靡一时的"双重性格"（homoduplex）——同时答应上帝和撒旦，同时沉溺于异性与同性的肉欲（《致熙妲》）：

---

1 引自张曼仪等（编）：《现代中国诗选 1917—1949》，香港大学出版社 1974 年版。

2 引自许芥昱（编译）：《二十世纪中国诗》（*Twentieth Century Chinese Poetry*），New York: Anchor Books, 1964。

3 引自蓝棣之（编）：《现代派诗选》，人民文学出版社 1986 年版。

4 杜衡《望舒草序》："我们差不多把诗当作另外一种人生……在诗作里泄漏隐秘的灵魂，然而也只是像梦一般地朦胧的。"引自注 1，第 23 页。《雨巷》第一节，Rewi Alley 译作：Holding an oilpaper umbrella, I wandered alone down / A long, long, solitary lane in the rain / Hoping to meet that singularly sad girl / Who reminded me of a lilac。引自 *Light and Shadow Along a Great Road: An Anthology of Modern Chinese Poetry*, Beijing: New World Press, 1984. 又，注 2，许芥昱译"丁香"为"clove"。但 clove 为热带常绿乔木，花淡红色，可供药用，与戴诗意境不符。

5 参见废名：《谈新诗》，人民文学出版社 1984 年版。

6 同注 3。

搭上一件薄了又薄

勾魂的胸衣,你那对

石雕般硬硬小小的乳峰

冲着色眼:"猜,是男是女?"[7]

美国诗人佛洛斯特(1874—1963)说过,诗即通过翻译而失去的东西。这句话能救《雨巷》,但救不了《到我这里来》。

第二墙:叙事方法

雪飞"代言"所取的主要叙事法,在诗学上称作"角色化的第一人称叙事者""戏剧性的独白"。这是英诗源远流长的一大传统,从盎格鲁—撒克逊时代吟唱哀歌,借基督教的象征语汇诉放逐他乡之苦的"流浪者",到乔叟笔下那个但凡正人君子一律拥护的天真汉乔叟,再到白朗宁(1812—1889)《故公爵夫人》里凶手不动声色的自述。雪飞便是借了这十个世纪老法,"旧瓶装新酒",为英语读者打开一面方便理解的窗子,通过叙事者立场和作者意图之间微妙的差距(反讽),暴露"我"讲的故事背后那个"令人难堪的真理"。

不过这只是概而论之。由于高墙内外政治制度、文化传统的差异,雪飞诗的某些深意,惟有亲身经历了那一段惨痛历史的中国读者才能完全体会。我们举两个例子:

第一,《烈士的话》(*The Dead Soldier's Talk*)是诗集里最早流传开去,叫美国听众和读者落泪的一首。雪飞用它作了诗集的引子。诗前附一小记交待背景:一九六九年九月,图们江上,一解放军战士为抢救落水毛主席石膏宝像献身,被追记二等功,葬在当地一山脚下。

---

[7] 译自 Paul Verlaine, *Oeuvres Libres*, Premiere edition critique, Metz: Au Verger des Amours, 1949.

那是当年大写特写的典型事迹。现在请地下的烈士谈谈这些年来的体会,听他向扫墓的弟弟认真问候宝书宝像,敬祝伟大领袖万寿无疆,不啻一部烈士后传,充满了辛辣的讽刺和对异化了的人性的深刻检讨。但是,对于烈士的全体同志,那些曾经将最高指示背得滚瓜烂熟的小将,烈士的话又表达了自家人之间一番纯真的心意,是并不需要外人(和历史)来审判的:

> How about the statue I saved?
> Is it still in the museum?
> ……
> Last week I dreamed of our mother
> showing my medal to a visitor.
> She was still proud of her son
> and kept her head up
> while going to the fields.
> She looked older than last year
> and her grey hair troubled my eyes.

末了,烈士起了疑心,因为弟弟一直哭而不答,而前几年弟弟总是一来就举起小拳头宣誓。气氛紧张起来,他忍不住了:说话呀!发生了什么事?你干吗瞒着我?

这个结尾似乎略直了点,我们放在下一章讨论。

第二,更为流畅自如的,是《营长向秘书发牢骚》(*A Battalion Commander Complains to His Secretary*)稍带官腔的口吻。故事是这样的:

战士王勇没参加演习,躲在营房里玩迫击炮炸掉了脑袋,丢了全营的脸。王母赶到前线,缠住营长,一定要拿一张烈士证,回家好争个面子。全诗以营长见过王母,回到办公室向秘书发牢骚的方式,道出问题的来龙去脉和军民关系的尴尬。营长千方百计打发王母,允诺写信给她家乡的武装部说她儿子是为国牺牲,甚至暗示花钱私下了结,可是王母不吃那一套:

> I even tried to buy her over. I asked:
> "How is the financial situation of your family?"
> She was so quick-witted that she snapped back,
> "I don't want any money. I want the name for my son!"
> She was right. That's a mother.

其实，王母之"勇"和蛮缠伎俩自有其合理性。历来闹调动、分房子、加工资、争职称，谁没有这两下子，谁老实谁吃亏。这首诗的深意也在这里，通过营长和王母各自看待问题（要面子）和解决问题（不要面子）的方式，暗示了整个社会的病态。这一点极重要；正是雪飞对社会现实的恳切关注，使他的诗和墙内"文革"以来最有成绩的一派诗人的"朦胧"诗在风格和意境两方面拉开了距离。我们用爱与死这一对永恒的题目举例：

爱情，在舒婷，是"想也想不够，说也说不出"的忧伤（《雨别》），它"隔着永恒的距离……穿过生死的界限／世纪的空间／交织着万古常新的目光"（《船》）。[8] 而雪飞笔下小人物的爱情悲剧，则是整个社会大悲剧的一部分：铁姑娘队的队长长年战天斗地，伤病缠身绝了成家育儿的希望。她为了不让父母失望，同意了作媒的，寒风中来到小桥上搞假约会。没有招呼，也不问候，他们俩呆呆地望着兀自流去的彻骨的河水。铁姑娘心里说："咱俩的哑巴戏演了半个钟头了。假如你现在跳河，我准不会离开你！"[9]

江河，该是最善写光荣就义的诗人了（《没有写完的诗》）[10]：

> 我被钉在监狱的墙上
> 黑色的时间在聚拢，像一群群乌鸦
> ……

---

8 引自 *Trees on the Mountain: An Anthology of New Chinese Writing*, ed. Stephen C. Soong & John Minford, 香港中文大学出版社 1984 年版。

9 *Our Date on the Bridge.*

10 同注 1。

> 我走向刑场，轻蔑地看着
> 这历史的夜晚，这世界的角落
> ……
> 我死了
> 子弹在身上留下弹坑，像空空的眼窝
> ……
> 我被钉死在监狱的墙上
> 衣襟缓缓飘动
> 像一面正在升起的旗帜

好个《红岩》式的又有点浪漫气的英雄！四周围绕着"被驱赶来的人群，黑压压的"。而在雪飞那里，黑暗的现实取代了黑洞洞的比喻[11]：为了抢救为抢救军马而严重烧伤的英雄，上级决定枪毙一名反革命犯取皮移植。哀求已经无济于事，"坏蛋只配一粒子儿"，他被带到破庙。那是吃晚饭时分，高音喇叭放着革命歌曲，没有人听见林中的枪声。他想，父母亲永远也不可能知道，他们不足十九岁的儿子是怎么失踪的了……。举枪！他举起绑住的双手："……万岁！"枪响了——

> He wanted to shout "Chairman Mao",
> but they wouldn't let him get it out.
> The bullet hit his penis—
> which is the best way to save the skin.

读过舒婷、北岛、顾城、江河，再听雪飞，真有一点像沉到半个世纪前新月派、现代派的幽情玄想里再抬起头来，吹一吹《大堰河》凛冽的寒风的那种清醒。

---

11 *The Execution of a Counter-Revolutionary*.

第三墙：反思意识

　　雪飞的诗，并非纯是独白体的悲剧。他也有抒情的童话，也有大海、美人鱼、风帆和泪珠。只不过这些用滥了的意象，[12] 在雪飞的诗里变得大方、实在了，透出冷静的自醒和风趣的自嘲。《我的王国》(*My Kingdom*) 是一个两段式的对比。

　　第一段回忆小时候和女孩子们扮家家、当国王、"后宫三千"的气派；第二段笔锋一转：这个童话王国其实是"一只小小的纸船"，每分钟都在往无情的大洋下沉，虽然好长时间船上仍旧歌舞升平，没有人察觉到命运的方向。终于有一天，船开始悄悄地解体，嫔妃们一个个弃船游去，化作美人鱼伺候起水晶宫里的龙王。最后，连心爱的公主也扔下了不肯与童话分手的国王。纸舟倾覆了，国王变成一只在海底独行的蟹。这个小小的"变形记"托出一个童话式的讽喻：丑陋的蟹而非唱歌的美人鱼，才是理想王国的真正代表。同时，第二段末尾的行内头韵（I was <u>c</u>rawling as a lonely <u>c</u>rab）和第一段末尾的行内尾韵（a small pea<u>cock</u> in a large f<u>lock</u>）呼应，恰为一对称结构，暗示出理想和现实的对立。

　　用这种幽默的反思写爱情，便有了《理发》(*The Haircut*) 这样的佳作：夫妻吵架，妻子发誓要给丈夫理个光头示戒。头光之日，妻子笑得直不起腰，在女伴中间引以为荣。小女儿也乐了，把爸爸的光头比作电灯泡。然而丈夫心头自有一种暖暖的感觉，原来光头曾经是他初次失恋的见证：

> In fact, I also laughed at myself,
> for when I lost my first love
> I shaved my head the same way.
> In our town everybody sighed and shook his head

---

[12] 参见北岛："海呵，海／密集在礁石上的苔藓／向赤裸的午夜蔓延／顺着鸥群暗中发光的羽毛／依附在月亮表面／潮水沉寂了／海螺和美人鱼开始歌唱／／他没有船票"（《船票》）。引自注8。

> seeing me walking in the streets
> without my dark curly hair
> except the girl I loved
> who laughed and loved my haircut.

出于反思意识的幽默感,本是传统诗词中唐宋以降文人气的标志之一。[13] 可是到了新诗的时代,社会的剧变、应接不暇的政治运动和文艺思潮,使得白话诗人反而格外伤感起来,陷入"青春期综合症"(病态的敏感、狂热,过度的自怜、自省,结果是无着落的空虚和悲哀)[14]。自醒自嘲遂为作茧自缚的"自我批评"所代替。[15]

也许,就在平衡严肃的历史反思和幽默的自嘲自醒方面,雪飞还得"悠着点儿":除了清醒,还要机智,还可以往独白中加进更多的"戏"的暗示。虽然诗集的紧凑组织显示出严格的筛选和修订,但像《老先生的忠告》(*An Older Scholar's Advice*)那样的畅达而无回味余地,则纯粹是忠告了。同理,引子《烈士的话》末一节的转折不够含蓄;与其让烈士猜对,不如让他猜错来得有力。这可以和现代英诗中擅长在独白中出"戏"的几位诗人对比一下,例如美国诗人罗宾森(1869—1935)干净利落的收尾转折,爱尔兰诗人希尼(Seamus Heaney)诡谲的构思和藏起感情冷冷的语调。与此相关的另一处白璧微瑕,是叙事风格的性格化不够。虽然用外语写作,这是难免的问题,但如《并非因为我们不想死》(*Not Because We Did Not Want to Die*)一首,关于种种死法一套议论,完全是回了城的男知青

---

13 例如,杜甫《醉为马坠诸公携酒相看》的诙谐:"不虞一蹶终损伤,人生快意多所辱。……朋知来问腆我颜,杖藜强起依僮仆。语尽还成开口笑,提携别扫清鸡曲。酒肉如山又一时,初筵哀丝动豪竹。共指西日不相贷,喧呼且复杯中渌。保必走马来为问?君不见?嵇康养生遭杀戮。"见傅东华(选注):《杜甫诗》,台湾商务印书馆 1968 年版。

14 卞之琳:"方向不明,小处敏感,大处茫然,而对历史事件、时代风云,我总不知要表达或如何表达自己的悲喜反应。"见《雕虫纪历》,人民文学出版社 1980 年版。

15 例如何其芳的《夜歌·后记》。

的口气，不料末一句却说："我们，四个年轻姑娘，却活下来了。"全诗顿时变得生硬，远不如同样是探究死的意义的《幸福夜晚》(*A Happy Night*) 和《致婶婶》(*To My Aunt*) 令人信服。

然而，出了高墙后诗歌最大的危险，雪飞却敏锐地意识到了，并且以诗集的结束语《因为我终将沉默》(*Because I Will Be Silenced*) 作了意味深长的回答。

雪飞把自己的诗比作拆墙的钻头和锤子，全部能量都是为着拆墙。但是拆了墙，钻头和锤子也就完成了任务。"飞鸟尽，良弓藏；狡兔死，走狗烹"——墙倒诗亡的危险，今天的"世界"诗坛已经开了一些先例。从这个意义上说，中国新诗的"走向世界"的努力或许是"荒诞派"的，好比球场上一个不需得分的优美姿势；其所以优美，却是因为它（假如可能的话）可能得分。但雪飞已经为我们选择了一个更为恰当的比喻：拆墙前后两次沉默之间的一个声音——不拆墙是窒息的沉默；拆了墙，是无所约束了的舌头无话可说的沉默。这，就是《沉默之间：一个来自中国的声音》的最后的警告：

> But I will be silenced.
> The starred tie around my neck
> at any moment can tighten into a cobra.
> How can I speak about coffee and flowers?

注意，"沉默"在诗里是未来时被动语态动词。在中文里，我试了试，一时还找不到令人满意的类似的表达来译它。

一九八九年十二月

大红果果剥皮皮
——好人担了个赖名誉

《废都》问世，众说纷纭。毁誉双方都没放过作品的"土颓土颓"（扎西多语）风格，在作者娴熟的情欲描写（包括像是真有其事的□□□）里，看到活脱脱一座九十年代名利场，或"腻味死你"的"那个男性性心理"。只有少数评家试图深入，把这部"当代《金瓶梅》"读作新旧两种人际关系、伦理价值、生活方式相冲突的结果，而探讨它的根本症结所在（如《读书》1993年第12期，许纪霖先生文）。

但《废都》既然是文坛"鬼才"（汪曾祺语）的安妥灵魂之作（后记，香港版，下同），我们似有必要再追问一个为什么：为什么一贯享有"情思率真"（费秉勋语）之誉的贾平凹，要刻意复辟古人"炎凉书"（张竹坡评《金瓶梅》语）的陈套，从故事讲法、语言、情节到人物性格，无不浸淫于心安理得的卑俗和偏见？如果说这样提问过于性急，未免诱导答案之虞，我们不妨从另一位颇具鬼才的名作家庄之蝶问起：才华横溢、事业成功、贤妻伺候的西京市宝，为什么他突然离开文联大院，找私奔女人、小保姆、回城女知青睡起觉来？他占着什么条件，用了什么手段，要摆脱什么困境或达到什么目的？

庄之蝶身材瘦小，貌不出众，人到中年。没听说他有正规学位，不会外语，也不在三资企业供职。除爱好文艺一项，离报上征友启事的条件相差甚远。然而，他却是一个时下人们称道的"实实在在"的人物。作为西京"四大名人"之首，他集古都的风流智慧、高尚趣味于一身，门路财源俱广。求其身价，决不可套用一般男女好逑怀春的定级指数。名气就是手段：西京的女人，无非是庄之蝶的西京的女人。所以都说他写女人一个个"菩萨心肠"写得最好；都盼着让他接见，听他说话，请他签名，签在她们心爱的书上，她们T恤衫挺起的胸脯上（第474页）。庄太太牛月清不无自豪地说，北京一位女编辑认为，庄老师是女权主义者（第139页）。

那么何以他原先并无生活作风问题呢？成名之前的庄之蝶和他笔下的男人一样，"内心丰富"而"举止憨实"（小保姆柳月语）。那初恋对象景雪荫，他真的连手指头都没碰过一根——诚然，人家雪荫有好爸爸当官，也不可能看上他一个潼关口音的小编辑。成名之后，他一直活得"清静"，跟另外三位名人的寻花问柳恰成对照。他只有牛月清一个不事打扮、穿高跟鞋脚疼的女人，细腻的情感另找地方寄托：书房里那座唐仕女像，案头那盆得自贵妃墓的异花，刘嫂牵来城里每天早晨喂他奶吃的那头牛，等等。他从事的，是讲究"唯有心灵真实"的文学。

可是到了本书开头的时候，他发现自己事业太成功、生活太圆满，反而失去了创造力，写不出真正令自己满意的作品了。甚至在生理机能上，也常常萎顿不举。他决定从"魔幻"主义中求出路——丈母娘不是天天在做白日梦，唠叨那些在我们周围替我们操心陪我们忙碌的鬼魂的行状吗？如同那头入选进城的奶牛，庄之蝶也蹄子软了想毒刺吃。他的刺不是别的，正是女人：那些被圈在成功和圆满之外，却渐渐明白了要往城里落户、工作、交朋友才做得成夫人享福的乡下女人。果然，她们给他找回了裤裆里的"牛犄角"（第421页），大名人做了一场蛹儿化蝶、突破圆满的"求缺"梦。

在"求缺屋"，在肋骨处生一块癣的宛儿用经血画了花朵的枕上，在女知青阿灿"最后美丽一次"的舞姿里,在跟专爱偷穿女主人衣裙的小保姆柳月的动手动脚中,庄之蝶又捕追到了灵感:他替一个死了好几年的女人写出一封又一封情书,支撑起她的旧情人的生命。

不幸,这求缺梦使他陷入了家庭危机。结果他败在雪荫手下,输掉了贯穿全书的名誉权官司,落入了朋友早给他算到的"困"卦(第102页)。他的思想越来越像那头病于城市的奶牛——为强健人种,在心里恨不得强奸了〔原文如此〕全部女人的"哲学牛"(第259页)。末了,他倒在它留下的牛皮里,靠喝鸦片壳子面,才终于在另一个幸福得多的世界里羞辱了雪荫,他的冤家。

《废都》说的,便是这求缺梦的始末。全书的关节,却放在专克男人的"白虎星"柳月嘴里道出。这柳月长得又像唐仕女又像陈冲,只有哲学牛知道她前世本是一只贪嘴的坏猫;她一开始就看出庄老师是个"性压抑"(第139页),给他当妻,不啻做他的母、他的女、他的妓(第208、469页):

> 是你把我、把唐宛儿都创造成了一个新人,使我们产生了新生活的勇气和自信,但你最后却又把我们毁灭了!而你在毁灭我们的过程中,你也毁灭了你,毁灭了你的形象和声誉,毁灭了大姐和这个家!

无独有偶,贾平凹步入不惑之年(1992),创作上也已圆满多日而苦于无法突破。自己形容是灵魂破碎,一切茫然,不知"生前为何物,死后变何物"(后记),身处求缺的门槛。平凹生性敏感,其实早在一九八五年就察觉到了危机(《腊月·正月》后记)。当时他给自己定的任务,是以家乡商州为点,考察人们生活、情绪和心理结构的变迁。他关注的是伴随"历史进步"而来的道德沦丧,诚挚人情如何让位于趋实尚利的风气。可是这样一来便面临着三个困难:一是地域差距。关中封闭,思想意识观念作风都赶不上沿海开放地区的现代化潮流;至今"人们津津乐道的秦川牛,不过是负重耕行的牛"。二是生活差距。乡土出身的作家,如果离开自己的生活根据地而专在大城市发展,难免不当创作上的"流寇"而无所成就。三是修养差距。和前辈作家相比,深感自己眼界不够宽阔,文化艺术的素养有待提高。

解决的办法,他准备双管齐下:技巧上他要师法拉美文学的"魔幻";风格上他要追求本土的"旨远",即"以传统美的表现法表现当今中国人的生活",旨远立足于旨近(社会现实)。所以,他崇尚霍去病墓前守护石兽的"大度之力"而鄙视清末景泰蓝之类的玩意儿味(第424页以下)。

之后的作品,从《天狗》(1987),《浮躁》(1988),到《废都》的前身同名中篇(1991),却是一连串突破受挫的记录。虽然都获了大奖,结果奖励的是评家早已指出的"命意重复"、"为文造情"(费秉勋语)的老毛病。魔幻也罢,旨远也罢,写来写去始终是同一种黄土情黄土调,同一具模子——叫作开放意识、现代化潮流、走向世界的理想——捏出来的商州土产,只有包装(传奇色彩加原始野性之类)随着"趋实尚利"的风气更新。而原定了考察风气的作品乃至考察者本人,都变了考察对象的拳头产品。

不难理解,即使没发生过几年折磨他的名誉权官司、家庭变故和令他"吃草药如牛"的病疴(后记),贾平凹差不多也要感叹三个字的姓名何时被人作了笑名、骂名(第126页)。

《废都》是平凹求缺的破釜沉舟。他把八年来代表他的声誉的圆满成功之作统统拆了来构筑这部巨著,他断了自己的退路。《废都》的深刻意义也在这里:卸下他们的戏装,丢掉专门用来调他们的黄土味的那些潮流意识观念作风,平凹的渡船女、打井人、抢亲的土匪、救少奶奶的长工嘻嘻哈哈来到我们中间,陪我们折腾,给我们捣蛋,谁也用不着拿开放量封闭,为旨近求旨远,借魔幻说现实。人老一岁,白天自然看得见花花绿绿满街的鬼,就叫"魔幻"。名气一大,着急落户口、找工作、想嫁人的女人自然爱他,就叫"女权主义"。棚户区推倒一堵墙,饿干了的臭虫便随风飞得满城都是,落在人畜身上见血就活。公安局一口气遣送出去三百里的上访痞子,转眼又回到西京唱他的谣儿"承包破烂"。原来,"历史进步"和道德沦丧说的是同一件事情,发生在同一个地方;不远不近,废都就在我们心中。

　　这么看,平凹的求缺也是替整个文坛求缺了。十多年来文坛的成就,从"伤痕"文学到"一半是女人"文学,从"西北风"文学到"逃避崇高"文学,这一次全部由《废都》卸掉包装;不论深刻肤浅、正确错误,一律用我们天天使唤百验百灵的卑俗和偏见泡起来。《废都》问世,铲除了文学寄生其上的那片是非土壤,推倒了圈起它来培育的那道善恶篱笆,断绝了它回去清静世界、修炼"真实心灵"、打发圆满日子的退路。

　　庄之蝶第一次搂着柳月求缺讨了个没趣,小保姆逃进厨房唱道(第 149 页):

> 大红果果剥皮皮,
> 人人都说我和你;
> 其实没有那回事,
> 好人担了个赖名誉。

　　剥开搂着文坛不放的新方向、新流派、新话语、新名字看看,原来并没有什么旧事物、旧制度跟它们"我和你",找它们过不去。倒是有一两个名人求缺不成功,变了牛模样,担了赖名誉。

一九九四年四月

贾平凹:《废都》,香港天地图书有限公司 1993 年版。

没有人知道,也没有人尊崇地纪念

——《流星群》序

这部小说遗稿,我本是无资格作序的。作者董易先生是先父的挚友,抗战期间曾在昆明西南联大一块儿求学,做地下工作。一九四一年一月皖南事变,白色恐怖降临,地下党疏散潜伏。作者离校,和几位同学一起到滇南"瘴疠之乡"开办中学,培育发展了当地第一批党员和进步力量。小说描述的便是这一时期联大师生和地下党的真实故事。书中那些个性鲜明、栩栩如生的人物,他们艰苦卓绝而满怀理想的生活和战斗、挫折与牺牲,都是作者生前常对我谈起的。现在,他同先父又相聚了;像从前一样,"煮酒论英雄",他们愿意谁来写这篇序言?

可能会请化学系的曾昭抡教授吧,他肯定一口答应。当年,他风尘仆仆率领学生步行考察大凉山彝区,勘探资源,记录民俗,还跟头人谈判,多刺激!平时他衣扣扣错了也全然不知,就上了讲台,跟这儿(他的母校)麻省理工学院好些教授一个脾气。在小说里,他还是生物系女生(他的湘潭同乡)谢湘灵的证婚人。湘灵人如其名,聪慧秀美。她的男友叫游上华,是社会学系潘光旦先生的高足,一个闲云野鹤般独立不羁,冷眼观革命的才子。他的面相,居然和小说的主人公温海绵一模一样。这对"双胞胎"虽是朋友,脾气性格和人生观却大不相同。"小温公"年方十八,北平名教授家庭出身,进高中即赶上"一二九"运动,十六岁入党。卢沟桥事变抗战爆发,他只身离家来到昆明,考入联大念西方语言文学,"满脑袋《圣经》、雨果、卢骚、尼采和马列主义搅在一起"。您能想象他们仨之间,那种微妙的友情 chemistry 了吧?

请潘光旦先生或者吴雨僧(宓)先生也行。书中,潘先生总是那么和蔼可亲,循循善诱。第一个登台支持(进步学生组织)群社上演《阿Q正传》,谴责国民党三青团捣乱破坏;还冒险保护上了特务黑名单的学生,帮助他们撤离昆明。吴先生则永远率真热情,讲授着他心爱的《浮士德》和《红楼梦》。那时文林街上有一爿脏兮兮的小铺子,店名借的是林妹妹的光。一天,吴先生走过,抬头忽见"潇湘馆"三字,大怒,举起文明棍就要砸那块招牌!可是他听说学生排演《阿Q正传》,背后学他走路的姿势,却一点不恼,反而把西装文明棍都借给了他们,衷心祝愿演出成功。

或者,就请书中的同学们自己来谈谈体会。比如欧阳彬,倜傥不群的清华老"民先"(中华民族解放先锋队,党的外围组织),"一二九"运动的干将,据说还是那句燃烧在多少人心头的口号"华北之大,已容不下一张课桌"的作者,因为失恋而消沉而有点玩世不恭。他会大笔一挥,作何感想?当他看到"小温公"和同志们用鲜血和生命换来的"新天新地",不久即陷入一波接一波的政治运动时,还会叹息"佳人已归沙叱利,革命空于淡巴菇"吗?他会不会庆幸自己因"自由主义"而谢绝入党,只做"同路人"的决定?

再如伍大为,在四川袍哥中开展过工作的老党员,胡子拉茬,肌肉结实,爱眯缝着眼睛看人。他是"瘴疠之乡"勐赫井中学的校长,温海绵的兄长般的同志。他会说什么?他没能保护好小温,他后悔;他把学生拉上山打游击,为小温报了仇。但是解放不久,他和"边纵"(解放军滇桂黔边区纵队)的战友们就挨了整肃,一顶顶"地方主义""反动军阀"和"右派"帽子,直到红色恐怖将他吞没,"自绝于人民",尸骨不存。小说的下卷,便是从文革结束、他的平反开始,倒叙他和小温创办中学的事迹。他,有什么可说?

还有陶思懿,背叛高官家庭投奔革命的姑娘。一身长及脚踝的蓝布旗袍、白毛衣、平底布鞋,苗条得几乎弱不胜衣。她无条件服从党的铁的纪律,同学们都不知她的身世和身份。她又会说什么?皖南事变后,她也往滇南疏散,有人猜她是共产党了。待到特务进校,搜她的宿舍,只见床铺叠得整整齐齐。掀开床单,一张信笺,秀丽工整的字体,抄了屠格涅夫的散文诗《门槛》(引自上卷第十五章):

> 我看见一所巨大的建筑。正面一道窄门大敞着,门内阴森昏暗。高高的门槛前面站着一个女郎……俄罗斯女郎。这望不穿的昏暗发散着寒气,而随着冷气从建筑的深处还传出一个缓慢的重浊的声音:
>
> 啊,你想跨进这门槛来做什么?你知道里面有什么东西在等待你?
>
> 我知道。女郎回答。
>
> 和人疏远,完全孤立?
>
> 我知道。我准备好了,我愿忍受一切的痛苦,一切的打击。
>
> 不仅是你的敌人,而且你的亲戚,你的朋友……
>
> 是的,即便他们给我痛苦,给我打击,我也忍受。
>
> 那么,你准备牺牲吗?
>
> 是。
>
> 可那是无名的牺牲!你会毁掉……没有人知道,也没有人尊崇地纪念你。

特务看不懂,以为是联络暗号。但同学们知道,这是她最喜欢的诗句:"我不要人感激,不要人怜悯,也不要名声。"门槛里沉默了。

女郎跨进了门槛。一幅厚的帘子立刻放了下来。

傻瓜!有人在后面这样嘲骂。

一个圣人。不知从何处传来一声回答。.

陶思懿的原型,我该叫陈琏阿姨,是蒋介石"文胆"陈布雷先生的爱女。和伍大为一样,她在文革中受尽"叛徒、特务"等等的嘲骂;在一个"凄风苦雨的夜晚"(阿姨之子陈必大兄语),独自跨出了人世。

一九七一年九月林彪事败,是文革的转折点。自那以后,走资派牛鬼蛇神的日子略为好过,普遍开始质疑"极左"路线。我离开插队的村子进哀牢山教书,生活虽然艰苦,纪律却松懈可喜,经常

"我不要人感激,不要人怜悯,也不要名声"。
屠格涅夫像

搭车上昆明等地游玩。父母便让我寻访他们不知生死的老友。渐渐地，居然多数都找到了，报了平安；当然，无一例外，皆在被打倒批斗之列。旅行的胃口随之大增，遂游历全国。到北京，首先拜访的便是董易先生。

先生家住建国门外社科院机关宿舍。他是老北京，满族，北京的人物风情饮食曲艺，聊来如数家珍。但我最爱听的，还是他对中外文学的看法。因为我知道，他不但博览群书，修养极高，而且早就在写一部当时绝对犯禁，故而不能让人知道的小说。所以谈到云南的过去现在，就问起他的创作。他说，书名《流星群》，取自鲁迅先生《池边》译后附记："芬兰……Paivarinta 有这样意思的话：人生像流星一样，霍的一闪，引起人们的注意来，亮过去了，消失了，人们也就忘却了！但这还是就看见的而论，人们没有看见的流星，还多着哩。"他写的便是那些"没有人知道，也没有人尊崇地纪念"的流星般的生命。

一晃二十多年过去，有一次到清华讲学，沈昌文先生推荐《顾准文集》。翻开一看，就想起了董易先生的谈话和书稿。顾准先生用最后的生命之光探索的那些问题，正是《流星群》以文学形式，通过历史事件和典型性格的刻画，展现的生命与社会悲剧。顾准坦言早年投身革命，是出于"某种远大的理想——超过抗日的理想，以及由于这种理想而引起的狂热，宗教式的狂热"（《顾准文集》，第 432 页）。而那"狂热"曾经妨碍了他的观察和思考。《流星群》则直接把读者带回到革命的年代：海绵记得清楚，入党那天，宣誓完毕，监誓人紧握他的手说："我代表斯大林同志接受你入党！"他吃了一惊，然后就激动得热泪盈眶了：他的生命，从今天起，就属于全人类共同的事业了！难怪湘灵第一次遇见海绵，为他和游上华的"双胞胎"模样惊讶之余，马上感觉到一点根本的不同，叹道："有朝一日，他会被自己的热情把自个儿烧死的！他的热情是对某种宗教的狂热。耶稣说，不背着自己的十字跟从我的，不配做我的门徒"（上卷第四章）——预言了那热血的青春的献祭。而钻研过

《资本论》的游上华对"小温公"的分析则是:"只想到服从他们的上帝,不想到发展自己的个性。不懂马克思的'有个性的个人'的论点"(同上)。

一语破的。所以不是巧合:顾准由此出发,反思"把理想主义庸俗化的教条主义",回答"我们历史上的异化是什么性质"。他从理想主义走向"经验主义";"小温公"脱胎换骨,长成了游上华。不难想象,这一信念和立场转变的艰难:"我转到这样冷静的分析的时候,曾经十分痛苦,曾经像托尔斯泰所写的列文那样,为我的无信仰而无所凭依"(《顾准文集》,第404页)。所以,顾准选择了历史研究,在希腊城邦制度、基督教和资本主义发展史中重新寻找他的答案:"历史的探索,对于立志为人类服务的人来说,从来都是服务于改革当前现实和规划未来方向的"(同上,第229页)。

《流星群》面对的也是历史。只不过除开具体历史事件的提炼描写,它还要对那描写本身即文学史,或革命文艺的传统,做出澄清与批判。后者才是小说真正的挑战和成就。可以这么理解:

文学创作,不论取什么形式,须依存、运作于一定的文艺传统和文本解读惯例(即使"反传统"也仍是一种依存)。《流星群》的创作背景,便是从(中译)《钢铁是怎样炼成的》到《红岩》再到"样板戏",那贯穿二十世纪下半叶中国文学的革命文艺传统,及其反复塑造灌输而为读者接受的意识形态化了的革命传奇——或赋予社会控制政法策略以道德正当性的"历史"。然而,随着革命理想蜕变为教条,当文革集中暴露出人性的扭曲和异化,这"历史"也就走到了尽头。于是《流星群》的任务,就不可能限于忠实再现某一历史片断,如联大师生和地下党的生活和斗争。更要紧的,乃是通过批判的笔触,突破革命传奇的陈套而表现那斗争生活的蜕变、异化,使之超脱"历史",成为亚里士多德说的,"按照可然律或必然律可能发生",故而"带有普遍性"的故事;亦即成为"比历史更富于哲学意味、更为高尚严肃"(spoudaioteron,罗念生先生译作"更被严肃的对待")的诗的对象(《诗学》第九章)。惟有这样,小说才能够摆脱"历史的结论",即超越任何权威制定实施的一时一地的决议、政策和律令,包括那些替"冤假错案"平反的决定,成为历史的最终的裁判。

我以为《流星群》做到了这一点。作者不但说出了他的故事(联大校史因此越发引人入胜),而且尤为难能可贵的是,他的故事和顾准的笔记一样,通过对一度奉为"颠扑不破"的教义信条的反省和深思,为我们展示了一个充满着"有个性的个人"即自由人格的光辉的思想境界。

人!

温海绵在工人识字班的小黑板上写下这个字,犹豫片刻,又加上一个大的惊叹号。这才转过身来,面对十五烛光下一群衣衫褴褛的小学徒,开始他的第一堂课,也是他接上组织关系后的第一次任务。但是望着孩子们饥饿的眼睛,他马上意识到,自己准备讲的那些社会发展史、进化论和抗日救亡的道理,离开他们的兴趣太远。"我真有点儿像那个跟风车大战的愁容骑士,"他走出课堂时,心里这么自嘲。

小说就这么开始了。我们跟海绵一起,遭遇各种各样的人物。有真挚的友谊、侠义的心肠,也有可笑的算计、卑劣的伎俩。一次次的挫折与奋起,每次成功都孕育了下一次的失败。在某种意义上,《流星群》确是一曲命运的失败者的颂歌。海绵失败了,他的理想主义、浪漫激情和天生的对人的信赖,使得他看不清勐赫井土皇帝孟营长的阴险毒辣。终于因为自己的错误判断而被捕,献出了二十五岁的生命。伍大为虽然世故,没有被孟营长迷惑,但他的成功逃脱和自立门户组织武装,却成了日后他被整肃迫害的借口。至于坚贞不渝的陶思懿(陈琏),我曾经问过她的好友,一位比伍大为稍微幸运、从劳改农场挺过来的"党内右派",那段《门槛》问答的意义。老人给我念了当年陈琏阿姨（小名怜儿）与家庭决裂，留给姐姐的告别信（《古念良文集》，第350页）：

> 时代既然已经决定了要在我和家庭之间来排演悲剧，我是无法拒绝的……将来我是会被辩护、被理解的。
>
> 这里，我只能希望你尽可能的为我弥补我走了之后，给家里留下的难以弥补的大窟窿，父亲那里特别需要你的安慰，随便你用什么方法……让一切爱我的人忘了我，或者痛恨我，但不要让我而伤害了任何人。
>
> 细姐：再会了，我去的地方很远，我们也许永远也见不着了……相信我，相信你的怜妹，不是随便给自己选择道路的。这道路诚然会很艰苦的，但是为了祖国的自由，我没有别的话说。

念毕，他摇了摇花白的头颅：不，她不会后悔。停了一会儿，又说：其实换成你们，假如再来一次抗战，你们也会跨那条门槛的。

也许是的。因为我的提问已是她的纪念；因为我被"小温公"感动，从他写下"人"字开始，到他中弹倒地之前，他脑海里闪过的那句《启示录》：我又看见一片新天新地，因为先前的天地已经过去了。

二〇〇四年三月

董易：《流星群》，上下卷，云南人民出版社2006年版。
古念良：《古念良文集》，广东人民出版社1992年版。
顾准：《顾准文集》，贵州人民出版社1994年版。
西南联大北京校友会（编）：《简讯》，各期。
亚里士多德：《诗学》（罗念生译），人民文学出版社1962年版。

"蜜与蜡"的回忆

——记从李赋宁先生受教的日子

五月十日,李先生去了。十一日一天接到的电邮,都是先生逝世的沉痛的消息。去年三月访问北京,到蓝旗营小楼拜访他,精神还挺好。谈起我的亚瑟王故事,马上就翻开大辞典似的,举出一串古法语、中古高地德语和拉丁语文献的素材例证,一个音节都不含糊,跟二十年前一模一样。师母说他每天散步锻炼,中西医结合,比前两年有进步。本想今年秋天再去探望的。现在,这期待突然落空了;"西山苍苍,永怀靡已",这两天,先生的音容笑貌越发清晰亲切,仿佛时光倒流,又回到了求学的日子。

我是一九八二年二月考进北大西语系读硕士的。李先生是系主任,但那一学年他在耶鲁讲学,所以入学后并未见到。回想起来真是幸运,赶上了"末班车":老先生们多数还健在,虽然有几位已经不教课了。最先拜访的是德语专业的杨业治先生。杨先生是先父与先母在清华读书时的德语老师,《德汉词典》的主编,在海德堡大学念的希腊语,精通西洋诗律和音乐理论。用现在的话说,是"泰斗中的泰斗"了。那时我的兴趣在古典语文。拉丁语在云南已自学了一点，用一本上海福州路旧书店两角钱淘来的苏联教材（我小时候学过四年俄语，在乡下又补习了一阵，读普希金和契诃夫的短篇）；在北大，老师是法国专家贝尔娜小姐。希腊语则刚开始自学。先父便写了信，让我带去找太老师求教。杨先生家和孟实（朱光潜）先生家一样，也是小洋楼，经过文革，有些破旧了，但很安静。杨先生慈祥而认真，看了信二话不说即进入正题，检查我的作业，一句句改正。不久，王府井外文书店"内部发行"他和罗念生先生推荐影印的 Liddel and Scott《希英词典》（缩编本），又通知我进城去买。有一次，谈到中世纪艺术中的符号象征，我表示有兴趣。杨先生说，研究中世纪，先得过语言关。等李先生回来，你跟他学，他一定欢迎。我就记住了。

大约五六月间，李先生回来了，召集研究生开会。他和先父是清华十一级同学（一九三五年入学），初次见面，只问先父近况，非常客气。过了两天，又叫我去，让我谈谈学习，我就把学古典语言的计划汇报了。先生说，你有这个兴趣和基础，就跟我做中世纪这一段吧！果然被太老师言中了。接着，送我两本书：牛津版《乔叟研究目录》和 Henry Sweet《古英语入门》。原来先生有个习惯，见到好书即买两本，一本自用，一本给学生。前些年读到汪曾祺先生回忆西南联大和沈从文先生的文章，说沈先生买书，常常不是为了自己，而是想到学生生活拮据，可供他们借阅，借了不还也从不介意。先贤爱护学子如此。这在李先生，在北大也是有口皆碑的。

这样，从第二个学期开始，就每周两晚，到蔚秀园先生家读古英语。方式是先把指定的课文（古英语《圣经》和编年史选段）一句句念出，分析语法，再译为现代英语。不明白处由先生讲解，参较中古高地德语、哥特语（代表东日尔曼语，十七世纪绝迹）和古冰岛语（主要文献为北欧萨迦，代表北日尔曼语）的同源词。再上溯至印欧语的第一次音变和第二次音变，前者即格林／威尔纳定律，是历史语言学家重建的使古日尔曼语"脱离"其他印欧语，如梵语、希腊语、拉丁语的一系列辅音音变；后者是区分高地德语（及其后裔现代标准德语）和西日尔曼诸语，包括英语的辅音音变。这些内容，后来先生在《英语史》（商务印书馆1991年版）中有所阐述，但作为大学教材，大大简化了。

中古英语（即法国诺曼人入主英伦以后，十二世纪中叶到文艺复兴之前那三百多年的英语）方面，则阅读乔叟（代表伦敦方言）和各地方言文献，例如代表中部西北方言的头韵体长诗《加文爵士与绿骑士》（故事见拙著《玻璃岛·绿骑士》，北京三联书店2003年版）。然后对照法国学者Fernand Mosse的经典《中古英语手册》，写读书报告与先生讨论。但重点放在乔叟。乔叟（约1343－1400）史称英诗之父，是中古英语文学的巅峰。因为在他以前，英语基本上只是下层百姓的土话，宫廷和司法语言是诺曼贵族讲的法语，教会和学术界则用拉丁语。乔叟的词汇，约有一半来自法语和拉丁语，修辞和诗律也深受法语、意大利语和拉丁语文学的影响。但他的诗歌语言的基础和核心是伦敦方言；后来伦敦方言成长为英国的民族共同语，跟他的文学成就和崇高地位是分不开的。所以从历史语言的角度看，非常值得研究。乔叟也是先生早年留学耶鲁钻研过的题目。北平解放，清华请他回校执教，他觉得新中国百废待兴，便放下写到一半的博士论文，于一九五〇年回国服务了。当然，回国后频繁的政治运动，再埋头于勉强贴个"人文主义"标签的乔叟，就明显地不合时宜了。五七年先生逃过反右一劫，据说是被北大党委书记江隆基保下的：西语系黄继忠老师划为右派，先生为之抱屈，对江书记"提了不恰当的意见"。江书记却实事求是，当众宣布："李赋宁虽批评我，但他并不反党"（中华校园网载先生文《我与北大人》）。不过，此类事情我从不向先生打听，因为先父早有嘱咐：拜访老先生，规矩与老干部不同，只许谈学术，绝不问政治——怕我说话出格，惹出事来。

李先生希望我接着做乔叟，对我而言是再好不过，因为早就对照方重先生的精采译文读过原作（见拙著《政法笔记·不上书架的书》，江苏人民出版社2004年版），时代背景也不生疏。但是我好

"乔叟史称英诗之父,是中古英语文学的巅峰"。
[英]伯恩-琼斯(1833-1898):《坎特伯雷故事集·女修道院长的故事》

高骛远，想找个题目跟古典语文的学习结合起来。先生说，那也行，《坎特伯雷故事集》片断三巴斯妇（Wife of Bath）《开场白》里提到一本书，你可以从它入手，探讨乔诗中的拉丁语及有关文献的运用。我就乐了，没想到先生点了这么个题目；那段开场白是乔叟的神来之笔，大意如下：

> 织布能手巴斯妇家道殷实，四十岁上得了第五任丈夫，一个年方二十的"牛津学生"。新郎官文文雅雅，样样都好，只是不爱求欢。成天价手里捧一本书，名叫"Valerie and Theofraste"，读着读着就笑出声来。一天晚上，他坐在壁炉前又念将起来（古人很少默读）。巴斯妇尖起耳朵听，却是些夏娃害亚当、参孙遭出卖、谁家淫妇往熟睡的老公脑袋上钉钉子、哪里的巫婆在情人的酒里搁毒药的故事，控诉的全是古往今来夏娃女儿们犯下的罪行。那巴斯妇是个风流泼辣货，女权先驱，一听这个，全明白了：原来小丈夫对她嘀咕的那些妇德训诫，什么"姑娘衣一脱，羞耻心全抛"（圣杰罗姆《反约维年书》1:48），"美女若不贞，金环挂猪鼻"（化自拉丁语通行本《旧约圣经·箴言》11:22），都是这里头看来的！不禁怒火中烧，将那"淫书"一把夺下撕了，再对准牛津学生的面颊一记，把他打个仰面朝天，跌在木炭灰里。新郎官爬起来，发疯一样，一拳将老婆打昏在地。从此巴斯妇聋了一只耳朵，小丈夫却晓得听话了（《开场白》525行以下）。

Valerie 和 Theofraste，是两篇中古拉丁语作品。前者全称《瓦雷里劝陆非奴不娶妻文》（*Dissuasio Valerii ad Rufinum de non ducenda uxore*），古人以为圣奥古斯丁所作，其实是亨利二世朝（1154—1189）一位通人马普（Walter Map）的手笔。马普是威尔士人，曾任牛津副主教，博闻强记，机智脱俗。传统上不少拉丁语醉酒歌归在他的名下，据说还写过一部拉丁语亚瑟王传奇，今存古法语译本，即"标准本"散文《湖中郎士洛爵士》。但现代学者能够确认的马普著作，

蜜与蜡的回忆

"织布能手巴斯妇,四十岁上得了第五任丈夫"。
巴斯妇,十五世纪 Ellesmere 抄本插图

只有一本掌故书《庭臣琐闻》(*De nugis curialium*)。《不娶妻文》即出于此。《庭臣琐闻》在中世纪并无名气，仅一部十四世纪羊皮纸抄本传世，到十六世纪才见著录。《不娶妻文》却流布甚广，乔叟笔下的牛津学生爱不释手，大概既是讽刺也是时代风貌的真实写照。Theofraste 即亚里士多德的弟子、古希腊逍遥学派哲人提奥弗拉斯特（约公元前 372—287）。中世纪有一篇《提氏论婚姻金书》(*Aureolus liber Theophrasti de nuptiis*)，归于他的名下。《金书》与《不娶妻文》齐名，也是攻讦女性、鄙视婚姻的布道文章。巴斯妇在《开场白》里还列出小丈夫"淫书"中其他篇目的作者，诸如奥维德、特尔图良（二世纪教父）、圣杰罗姆（约 342—420，教父、通行本《圣经》译者）等，都是古代关于贞操性爱与婚姻的权威。由此看来，牛津学生读的是一本讨论婚姻问题的名家"文选"。这也是中世纪书的常态：羊皮纸昂贵，誊写费时，最好一本书顶得上一部专题百科，有用的知识和道德教训一块儿收录其中。勤奋的学者，例如乔叟，会到各地的寺院图书馆去抄书（他自称拥有六十本这样的书，算是不小的私人收藏）。抄书也是寺院僧侣的一项收入，因为常有贵族和有钱人家出资请他们做书，题目自然取决于出资人的爱好和需要。寺院便成了中世纪文化知识，包括异教知识甚至一部分亵渎神圣的文字的保存者。这一艰巨而神秘的知识生产和流通过程，意大利符号学家艾柯先生在小说《玫瑰之名》里有生动细致的描写。

于是，我对巴斯妇小丈夫的"淫书"大感兴趣。当时听说牛津大学出版社新出一版《庭臣琐闻》，可是北大图书馆、北图和中科院图书馆都没有，连一九二四年的旧版本也没有。特尔图良、圣杰罗姆等教父的拉丁语原著倒是有一些，书中插着的发黄的借书卡上往往只一个遒劲的签名：钱钟书。二手资料例如中世纪语文历史宗教等领域的学术期刊也少得可怜。写信去法国向我的老师波士夫人求助（见拙著《玻璃岛·圣杯》），她立刻买了一批书寄来，却是一套古法语传奇，也是乔叟借鉴引用的，但不属于牛津学生的"淫书":应该是我的信没写清楚。只好报告李先生,题目太冷门,缺书,没法写论文。先生笑道,不错不错,我出那个题目是考考你。现在国内的条件,只够打一个基础;系统的训练和深入研究,你得出国留学。之后,根据我的兴趣和图书馆书刊资料,先生把论文方向定为乔叟的诗律研究;我选的题目,则是乔叟早年一首寓言体悼亡诗《公爵夫人书》的"四重音诗行的断续问题"。

一九八三年秋,哈佛燕京学社再度来华面试(前一年录取了张隆溪学长,再前一年则是赵一凡学长)。李先生和杨周翰先生、贝尔娜小姐做推荐人,我申请了哈佛和耶鲁的英语系,两处都中了。次年通过硕士论文答辩,提前半年毕业。李先生大概是希望我进耶鲁的,因为那是他的母校。但学社的奖学金优先给哈佛,而且"乔学"在哈佛有悠久的传统和最强的教授阵容,我就到了哈佛。

在哈佛,先生替我打好的古英语和乔学基础马上"见效",让我得以跳过中古文学专业必修的英语史、古英语基础和乔叟讨论班(seminar),直接进入古英语史诗《贝奥武甫》的学习以及古典与中古语文的训练。而博士论文的选题也顺理成章,从乔叟的诗律转向全面的语言考据,即古法语《玫瑰传奇》之中古英语译本(格拉斯哥残卷)三片断中乔叟手笔的真伪问题。一九八七年过完大考(博士资格考试),即写信向先生汇报了论文选题,并提出翻译《贝奥武甫》。先生非常支持,叮嘱我翻译上的问题可向杨周翰先生请教(次年杨先生来美讲学,多有指导;见前文《他选择了上帝的光明·重刊小记》),还写信给北京三联书店沈昌文先生大力推荐。译稿后来就由沈先生亲自编辑,于一九九二年出版(沈先生之谦虚认真,也让我十分感动:他把前言中感谢他的话删去了,封底也不印编辑姓名)。

这几年每逢同学聚会,常谈起在北大受教于李先生的两年。不是怀旧,而是有感于九十年代以来西学在中国的衰落;究其根源,则连着大学教育和学术的腐败。漫漫长夜降临之际,自然就格外怀念先生的学问风范。清华十一级外文系可谓人才济济，除了李先生，还有查良铮（穆旦）、王佐良、许国璋、周珏良等；杨周翰先生从北大毕业前也是他们的同班。如今那一代英杰都逝去了。李先生论英国诗人、批评家阿诺德（1822－1888），曾写过这么一段话：蜜蜂用蜜和蜡布满蜂房，给人类提供了最高贵的两样东西：甜蜜和光明。阿诺德就此发挥，解作"美和智"，其完满的结合即理想的文化。我想，先生留给我们的，一言一行之中，正是那"蜜与蜡"一般的"美和智"的教育与学术理想。正是因为那理想的"甜蜜和光明"，我们在黑暗中的前行跟抵抗，才有了信心和希望。

二〇〇四年五月十五日

通过写作,加入前人未竟的事业

——答彭伦

从二〇〇〇年开始,您在《万象》杂志陆续刊发了以欧洲中世纪的亚瑟王传奇为主题的系列文章,今年又以《玻璃岛:亚瑟与我三千年》为题结集出版,深受读者喜爱。先请您谈谈怎么会写这些古老的故事吧。

很高兴又见面了。怎么会写《玻璃岛》的?专业兴趣使然吧。亚瑟王传奇当然很早就接触了,但大量阅读,还是上哈佛之后。我在书中提了一笔,我的老师波士夫人住在法国,常给我寄书,寄了不少古法语亚瑟王传奇。一九八七年到她家作客(即《圣杯》描写的那次),认识了她一位邻居威尔士老人琼斯先生。老先生听说我在写乔叟的论文,说:我们威尔士有个大诗人跟乔叟差不多同时,但比他棒,名叫大卫(Dafydd ap Gwilym),你知道吗?当场就背诵了长长一段大卫的诗,非常浑厚动听。后来才晓得,威尔士人有赛诗格斗、诗可杀人的传统,诗律和修辞在欧洲语言中怕是最繁复的。于是我就拜他为师,学起威尔士语来了。还写了一篇评论大卫诗的文章,发表在《九州学刊》,后收入文集《木腿正义》(见前文《"奥维德的书"》)。琼斯先生出身于北威尔士名门望族,祖上留下许多古书,是激进的民族主义者。他的故事,我以后有机会再讲。他教了我好些课堂上学不到的东西;我在他和他的家人身上第一次感受到了凯尔特民族三千年历史的深沉和绚丽,对民族英雄亚瑟和其他传奇人物也多了一层"近距离"的了解。

通读全书,您的写法给我留下了很深的印象。您在各篇文章中,都穿插了自己的一些见闻、经历,和亚瑟王故事结合在一起,虚虚实实,非常特别,还有小说的笔法。为何采用这种新奇的写法?是否受了某些书的影响?

说不上哪一本书。应该说和我的学业、经历有关。因为学的是中世纪文学,西洋人的"国粹",在国外的交游和生活面跟一般留学生不太一样,就有了《玻璃岛》里的那些事情。只是把姓名地点改了,尊重隐私。至于写法,亚瑟王传奇自十二世纪以降形成一个"故事新编"的伟大传统,尤其哀生与玉色儿的故事,佳作层出不穷(参见《玻璃岛》附录二)。所以我想,虽然用中文写,还是得按照法兰西的玛丽(Marie de France,活跃于十二世纪下半叶)的意见,在"说法"上要创新(《玻璃岛》,第 203 页)。就试了试这种现实与传奇/神话交织的方法。

您刚才讲,写亚瑟王传奇与您的学业和经历有关。我记得您书中《药酒》一文,就提到了您早年在云南边疆的知青生活,看得出,您在文章里倾注了很深的感情。那种气息,有时候让我想起同样曾经在云南插队落户的阿城、王小波。您能简单和我说说那段往事和它对您的影响吗?

对我来说,那不是往事,是现在。时不时就在眼前:前天还有个哈尼学生,他在上海出差,听说我回来了,就提着竹筒饭来看望,要陪我喝酒。他已经做到检察长了,真了不起。问长问短非常亲热:几个孩子、工资多少、开什么车、吃什么药。把老师从头到脚细细掂量了,跟三十年前一模一样。当然,也有些朋友已经不在了,没熬过来。从前,中越老三国交界处那片深山老林是块"藏垢纳污"之地。从反右开始直到文革,发配到那里去的,三教九流历史现行,什么人都有。他们比我们知青毛孩子要老练世故得多;跟他们一起生活久了,才懂得了中国社会。

您在书的前言中还写道:"故事的主旨,说的其实是我们这个日益全球化、麦当劳化或……'黑手党化'的'新新人类'社会,天天面临的虚荣与幻想、污染和腐败"。能具体谈谈亚瑟王传奇与今天的关联吗?或者说,您想通过亚瑟王传奇表达什么?

"故事的主旨,说的是我们天天面临的虚荣与幻想、污染和腐败"。
[美]乌沃(1861-1940):《圣杯骑士》

三月份在北京讲学,《读书》杂志的孟晖女士问我,为什么《指环王》那样的中世纪内容素材的故事,在西方会是热门的儿童读物?她问的也就是你说的"关联"。在西方,中世纪是活的历史:宗教、道德、法律、社团行业、饮食、服饰、建筑,乃至爱情理想,处处是中世纪的遗产。小孩子读亚瑟王,一点不觉得陌生。不像中国,一味破旧立新,急功近利,在代表"现代化"的西方文化的引诱和挤压之下,本土的一些传统不受尊重,很难保存。所以我想,给中国读者讲亚瑟王的故事,让"亚瑟王从卡米洛城来到中国"(《玻璃岛》英文副标题),必须涉及中国的现实。就是把转型中社会的种种问题和深刻的矛盾,诸如信仰迷失、欲望泡沫、腐败了的一切,放到一个陌生的视角和评价系统中去,请读者自己看看再想想:亚瑟王和圆桌骑士抗拒不了的那些东西,是不是也把我们给包围了。

恐怕我们早已深陷重围。说到现实的矛盾,我想,八十年代您在哈佛念完中古文学博士,又到耶鲁念法律,是不是也与急剧转型的中国社会有关?

法律和文学有相通之处,例如都依赖文本权威、利用歧义,又同是社会控制政法策略的"二柄"(用韩非子的话说)。不过性格很不一样。文学创作强调形象思维和"叛逆"精神。法律则讲求妥协合作,"打擦边球",比较实际;不然赚不了钱,更没法做"政治的晚礼服",让老百姓法盲信它。我念法律,除了(上次跟你说过的)关心中国社会的转型问题,还有一点:现代法治和宪政在中国是舶来品,术语概念组织架构等整套制度都是清末民初那两代人搬来的,虽然各个时代的改革家对它的想象略有不同,例如最近这二十多年是把它想象为美国式的法治。所以我想,正好,就去耶鲁念法律吧——当初我联系出国,耶鲁先哈佛录取我,英语系主任霍兰德先生是有名的诗人,写了热情洋溢的信来。但因为奖学金是哈佛-燕京学社给的,就进了哈佛。因此我老觉得欠了耶鲁什么的,得还它。

读完《玻璃岛》，很想接着读您的下一部著作。下一本中文著作是否与法学有关？

你是说《政法笔记》吧？江苏人民出版社即出，是《读书》"政法笔记"专栏和一些法学文章的结集，总共二十五篇。此外还有一个计划，是几位朋友建议的，想找时间把从前译的古英语史诗《贝奥武甫》（北京三联书店 1992 年版）修订一遍。这十二三年，《贝》学又有不少新著新说，准备补一篇长序，讨论一下，顺便把史诗和盎格鲁－撒克逊人在北欧老家的语言历史神话等背景作一介绍。

记得上次见面，您还提起，您正在重译《圣经》，为什么要重译？目前进展如何？

译注《圣经》，也跟我的专业训练有关。《圣经》的两个部分，基督教叫作旧约、新约，有贬抑犹太教为旧教的意思；现代宗教学者从学术立场出发，通称希伯来语和希腊语《圣经》。我在一篇短文《不上书架的书》里说："《圣经》是人类有史以来流传最广读者最多的一部书，也是支配我们这个世界的强势文明的源头经典之一"。那么关键的经典，没有一部"信达雅"的中文学术译注，说不过去。翻译一般是作为语言知识或经验技巧讨论的，其实还涉及思维习惯。现代汉语翻译的典范，是马列编译局的那几套著作。建立了现代汉语理论思维与写作的基本语汇和句法，影响深远，足以跟古代的佛经翻译和西方的《圣经》翻译媲美。你读读解放前和现在港台的中文学术著作，对比一下，差距非常明显。《圣经》中译，我以为也有一个改造基本语汇和句法的任务。具体怎么做，需要反复探索，包括注释。译注《圣经》还有个副产品，就是《万象》正在连载的《尘土亚当》故事。这个系列侧重于希伯来语"伪经"（pseudepigrapha）和古代犹太律法的传统。这一传统国内介绍研究不多，所以也算补阙的工作。

木腿正义

"啊不,因为你漂亮,你才幸福不长"。
　　　[英] 瓦特豪斯(1849—1917):《哀生和玉色儿》

从《政法笔记》到亚瑟王传奇、《贝奥武甫》以及译注《圣经》,表面看来似乎互不相干,但我感觉其实是有内在的关联的,那就是无论哪一方面的工作,您都力求在知识和思想上开拓国内读者的视野,是不是这样?

我的意大利同行、符号学家艾柯先生说过,一本书的意义不在书中,而在它同别的书的互文指涉或借用传承关系。同一作者的各个作品之间的关联,便不可能由作者宣布,替读者界定了。因此,他连给自己的小说命名都十分犹豫,生怕引起误会,特意引了十七世纪墨西哥诗人、修女 Juana Ines de la Cruz 咏玫瑰的诗,叹"关联"界定之难:"啊不,因为你漂亮,你才幸福不长"(pero no, que siendo hermosa / tambien seras desdichada;《玫瑰之名》后记)。所以我不可以说漂亮话,不能送你玫瑰;只能交代写作(包括翻译)的动机。我写文章,多半是为了还"债",还前人师长、父母友朋之"债"。不管法律宗教语言文学,凡受过教、用过功、有了知识积累和经验体会的领域,都不敢不写。为的是,通过写作,加入前人未竟的事业。

二〇〇三年十月十二日

向"思想史上的失踪者"致敬

——答陈佳勇

现在有个时髦的讲法叫做"复合型人才"。打个比方,一个中文系的教授倘若既能做研究,又能写小说,便很了不起了。您觉得自己是否也是"复合型"?作为哈佛大学的中古文学博士,又拿了耶鲁大学的法律博士,现在从事的是法律工作。换言之,乔叟和宪政,哪个更让您觉得有意义?

当然是乔叟(十四世纪英国诗人)。宪政怎么会让人觉得有意义?那是政治,有人赢就必定有人输的游戏。即使对我们吃政治饭的朋友而言,宪政也不可能是生活意义的所在;政治家吃的玩的想的斗的离不开两个字:权力。就是那个常言说的"必然导致腐败"的东西。所以我在书里(指《政法笔记》)花了些篇幅讨论腐败问题:为什么腐败行为在很多场合可以畅行无阻,在政法实践和与之配合的媒体宣传上能够享有道德中性,亦即合法权利的同等待遇。至于"复合型人才",最早大概是干部政策(为提干方便)的一个口号吧。后来学位文凭到处贱卖,就不希罕了,批发给老百姓用了。作为大学的政策,中文系的教授不能鼓励他作小说,那是不务正业,而且他多半写不好。当然，教写作的老师除外。还有就是浙江大学的金庸先生除外。

您说过"神童不学法"，意思是只有到了一定的年龄才能更好地理解法律，因为"法律的生命在于经验"。您最早是选择了文学，而现在则选择了法律，是否因为年龄的缘故使得您对世界的看法有了转变？

文学和法律的异同，我在彭伦先生的采访中谈过（《深圳商报》2003年12月6日，即前文《通过写作，加入前人未竟的事业》）。法律工作的确仰赖社会经验。例如律师办案子，调查取证，与客户、法官和政府部门打交道，都是经验活。你要是神童就惨了，娃娃脸，在社会上闯荡，人家要欺负。中国如此，美国也不例外。这阵子正是法学院学生找工作参加面试的季节，学院有专门的辅导，教他怎样穿着打扮回答问题，要他显得练达能干，讨雇主的欢心。国内的法官代表团来访，同美国法官交流，也有类似的体会：说美国法官学历未见得高，年轻化则远不及中国。

《政法笔记》里的文章不少发表于《读书》杂志，有一篇见于《万象》杂志。您在写这些文字的时候，个人的志趣是否决定了您所选择的话题？譬如鲁迅肖像权问题、孔子是否享有名誉权等。是通过生活中的诸多琐事，来讲述法律的大义吗？

我的业务专长是知识产权，所以这方面写了几篇，包括《沙家浜》著作权和鲁迅的"肖像权"问题。法律现在是"显学"，调子唱得很高，借口法律可以议论各种问题。但我觉得现代（西方式）法治移植中国的一些前提和假设，需要讨论一下，就写了这一系列。对象是非法律专业的普通读者；题目则大多在哈佛讲过，围绕案例展开，着眼点与国内的主流视角有所不同。不，这本书不是关于"法律的大义"的；毋宁说，是对形形色色"大义"的根基的批判。

相对于您先前的几部著作,《木腿正义》、《玻璃岛》等,这本《政法笔记》对您有什么特别之处吗?

跟普通读者讨论法律问题,算一次尝试吧。另一方面,如本书《弁言》所说,也是为了继续前人的事业。朱学勤先生写过一篇追忆"思想史上的失踪者"的文章,讲他在河南兰考插队时,和一群发奋读书的高中生(称作"六八年人")一起辩论问题探求真知的情形。我读了非常感动。我是六八届初中生,有份卷入文革的"老三届"里最年幼的一届。我的思想启蒙也始于那个大动荡的年代,最初也是以我的兄长,那些勇于挑战和思索、组成"民间思想村落"的高中生为楷模的。尽管"六八年人"中的大多数,由于各种原因,早已成了学勤兄惋惜的"失踪者",我想作为"幸存者",我有义务在接过他们的思想火种之后,发扬光大他们不朽的精神。在此意义上,《政法笔记》可以说是对那一代思想者的致敬。

您在书中一篇文章《法学院往何处去》中说,"当前法律教育面临的最大威胁是 MBA 化"。那么在一个日益商业化的社会里,法律工作者和商人最大的区别在哪里?他们对社会应该承担怎样的责任呢?

很不幸,事实上区别越来越小了,虽然在本本上,法律人要受职业道德规范的约束,不能公开推卸自己维护法律尊严和社会正义的责任。其中的道理,我在《好律师能不能也是好人》等文章里讨论了。至于法律教育的问题,根子在大学;大学无自治,抵挡不了主管部门、校内外权势和钻营者的腐败。这些年来,先是把大学办成机关,再"改革"成公司,滥发文凭、盲目合并、占用耕地、招引洋野鸡大学合作坑人,乱得跟保健品市场差不多。完全忘记了公立教育和学术的宗旨。难怪中纪委最近的十省区市问卷调查结果,学校已经和建设工程、司法机关、医院等一样,成了公众心目中的"五大腐败领域"(新华网 2004 年 1 月 26 日报道)。

答陈佳勇

　　我自己每次回北大讲学,看到母校的衰落,都很痛心。北大相当一部分的光荣,是借自老清华的。老清华是先父与先母的母校。所以到清华授课,物换星移,也深为叹息。清华园有观堂(王国维)先生的纪念碑。观堂先生是我大舅斐云(赵万里)先生的恩师,也是我外婆家的亲戚。因此在感情上,清华园和未名湖一样,多有凭吊之处。可是面对陈寅恪先生撰的纪念碑碑文:"唯此独立之精神,自由之思想,历千万祀,与天壤而同久,共三光而永光",就实在为今日的大学惭愧。

"学校已是公众心目中的五大腐败领域之一"。
〔德〕丢勒(1471—1528):《耶稣在学者中间》

从作者的角度出发,您希望读者从书中读出些什么呢?您会像小说家那样,仅仅追求表达的酣畅吗?还是希望略微带点"普法教育"的作用?

读者怎么读,作者没法管,也不该管。一管就傻,连自称"表达的酣畅"也没人信了。但"普法教育"不是学者的工作,是现阶段政法策略的一项宣传部署。学者的任务,便是揭示这一部署背后的东西。

听说您正在重新翻译《圣经》,不知现在进展如何?这肯定会有助于我们从源头出发更好地了解西方文化,但这种对于西方经典的关注,对于当下,是最需要最迫切的吗?您会在意这种怀疑吗?抑或,您如何应对这样的怀疑?

译注每个周末做一点,正在完成第一卷《摩西五经》(希伯来语《圣经》的开头五篇)。《圣经》的经典性不仅在它的源头位置,它的宗教与符号意义,还在它对现实世界的支配性影响。随着中国的开放,加入全球资本主义的市场交易和竞争,奉《圣经》为经典的西方犹太/基督教文明对我们社会生活的冲击,就很难避免了。因为这部书同时也是现代资本主义的一些核心理念、道德信仰、法律原则和文化价值的渊源。不好好了解学习把握这些东西,中国就进入不了"现代"。这跟孔夫子、毛主席对于当代中国人的意义是差不多的。读不读他们,都得受他们的影响,你没处躲。而《政法笔记》所做的,即是对现代资本主义的一种特定社会控制方式——法治——的追究与批判。

二〇〇四年二月二日

致友人

某某惠览:

　　谢谢电邮及接洽电视台节目。上一信的意思是请你代表我出场,谈什么都行,因为你既是编辑也是读者,而且学的是哲学,能分析问题。作品的生命力,最终是由读者决定的。电视台若想提什么问题,请转告。

　　关于《玻璃岛》故事中的"时空交错",作为文学技巧并无新意。尤其在我们这个时代——大众影视和广告语言／意象的碎片剪贴泛滥成灾的时代。读者觉得新奇,或许因为讲的是外国古代的故事:一般读者的心目中,西方中世纪的人物性格和思想艺术,大概是距离非常遥远、晦暗而隔膜的一个世界吧。不过这一点我不敢肯定。我出国二十年了,不太了解国内读者的欣赏趣味和潮流。回国访问接触的又多是法律界人士;"法律人"的道德立场和美丑标准往往是有意同普通人拉开距离的,不能像"认真对待权利"那样,跟它认真。

　　当然也有不少研究文学艺术的朋友和出版界的朋友,常常谈起国内的新人新事,还寄书报给我看,不让我太落伍了。我的观察,总体而言,九十年代开始,西学包括西方文艺的研究和翻译,走了下坡路。有点像香港台湾的状况：社会开放了，"假洋鬼子"大增，但扎实的有功力有创见的西学研究和翻译少了。有些方面还赶不上三四十年代甚至五六十年代的水平，不如那时候的人视野开阔。一般说法，这是商品化或商业社会的结果。但美国也是商业社会，怎么它就能保持学术质量，认真干活，不乱来，或者乱来也容易揭发清除呢？可见这不是商业社会或西方（犹太／基督教文明）资本主义传统所必有的问题，而是我们委婉地称为"转型"社会即西方资本主义边缘地带的普遍的学术和文艺生态。或如陈维纲兄指出的，是西方资本主义赖以维持其全球统治的一项必要条件（详见《边缘正义》，载 Positions 13：2, 2005）。因此西学在中国的衰落，很可能是一个回避不了的长时期的现象。

所以，我们必须反其道而行之。必须重建西学。因为中国的问题归根结蒂，是一个西学亦即现代资本主义的问题；"中国"二字，只是标明其边缘（前沿）位置或批判者的出发点而已。这么讲或许深了，不好懂。浅白一点，可以引用我在上海记者彭伦的采访中说的（见《深圳商报》2003 年 12 月 6 日）："给中国读者讲亚瑟王的故事，让'亚瑟王从卡米洛城来到中国'（《玻璃岛》英文副标题），必须涉及中国的现实。就是把转型中社会的种种问题和深刻的矛盾，诸如信仰迷失、欲望泡沫、腐败了的一切，放到一个陌生的视角和评价系统中去，请读者自己看看再想想：亚瑟王和圆桌骑士抗拒不了的那些东西，是不是也把我们给包围了。"意思大致相同。

即颂

编安

冯象

二〇〇三年十二月二十九日

日记一则

五月十日*星期五，晴。

　　上午九点到办公室，收学生考卷。午饭哈佛广场 Borders（墨西哥饭店）请聂君。聂在肯尼迪学院做访问记者，与宗毓华相熟，热心教育，欲回国办学。下午康大出版社罗琳电话，问《早春二月》版权事宜。因上次答应 pro bono（公益法律服务），不取报酬，出版社赠书答谢。挑了两本：夏志清先生《中国古典小说》及 Tanner《严打》。三点半回家。

　　晚饭后与内子散步到小剧场看《Iris》。全无原作丈夫忆亡妻（英国女作家 Iris Murdoch）之情，夫妇俩鲜明的性格也不见了。

　　到家，接珍尼电话，告雪儿追思会安排。原来是犯病自杀。回想十八年前在波士顿初逢雪儿姐妹（双胞胎），方才二十出头，一头红发，率性不羁。问她为何不念大学，她指指脑门说，这里有病。我第一套西装便是她们一同带到 Syms（服装店）买的。教我穿上了，细细告诫，哈佛院子里的人领带衬衣鞋袜如何搭配，不必循规蹈矩，

---

　　* 五月十日系《万象》杂志指定，国内外新老作者各交一篇，一同发表。括号中是添加的注释。

太正式反让人笑话。那时她便有些疯。每次周末逛夜总会，总要给我指点，谁像是单身，正在寻偶，谁仿佛同性恋，什么标记，等等。音乐震耳欲聋，时有摇摇晃晃的男士走来搭腔，与姐妹俩跳舞。第二年内子来了，便不再邀去夜总会，节目改为看电影喝咖啡。一日，新买一辆跑车，八成新，打了蜡，风风光光接到布鲁克林吃饭，谁知从饭店出来，车门竟被人用利器划了一道。雪儿站在街心，破口大骂，阻断交通十分钟不止。附近路灯下有几个手臂刺花腰带钉钉的光头汉子，闻声转身即走。妹妹丽莎慢性子，次日早晨，看姐姐消了气，才问：保险上了没有。保险？雪儿尖叫起来，差点砸了盘子。那模样，是后来丽莎学给我们看的。此事前年感恩节会餐还说了大笑过，如今人却不在了。

　　她们家是犹太人，三兄妹，父母早亡。八二年，哥哥亚伯到北京学习中文，珍尼替我买了希腊文和拉丁文词典，请他带来北大。于是就做了朋友。

二〇〇二年五月十日

西洋人养 cow 吃 beef？

《万象》去年十二期林行止先生《道在屎溺》一文谈委婉语，极佳，可惜有一处疵瑕。林先生提及"英语世界"吃牛肉不说"牛肉"而另用一词代替，羊肉、猪肉亦同，且引申作西洋人的饮食"文明"："因为不忍食有感觉的动物，另起一名，便大快朵颐"等等。是谓"西洋人养 cow 吃 beef"（第 129 页）。虽是戏言，却出于误会。

英语里牛肉、羊肉、猪肉等另有一套名称，不是想说话委婉或注意饮食"文明"。这些名称来自中世纪统治英国的法国诺曼贵族和他们的侍从、士兵、僧侣。诺曼人占了当时英国大约二百万人口的四分之一，说的是法语（准确地说，是古法语的诺曼方言），听不懂伺候他们的英国人的"土话"。所以一头牛（cow < 中古英语 cou < 古英语 cu）宰了烤熟，端到"肉食者"主子的桌上，自然就变成 beef，即古法语的"牛"字（boef < 中古拉丁语 bos 的宾格 bovem），不能叫 cow 了。老百姓放弃自己的叫法，学说主子和上层阶级的语言，首先是为了沟通、谋生。猪肉改称 pork（中古英语 porc），羊肉改称 mutton（中古英语 motoun），都是顺着诺曼人的说法，即源于古法语的词汇。这段法语入主英语的历史，从前许国璋先生等编的那套大学英语教程里专有一课说明。

现代英语的词汇，将近百分之四十借自法语，有点像杭州话了。杭州话里有许多北方语汇和儿化音，与四周越方言区的各种方言明显不同。这是宋室南渡，小朝廷带来了北方官话，老百姓受了影响的结果。英语也是如此。其词汇语源之混杂，在主要西方语言里首屈一指。欧洲的"其他世界"，例如德、法、意、西诸语，在日常生活用语的层面，都没有给食用的家畜肉另起一"洋"名的（比如德语"牛肉"Rindfleisch：牛 Rind + 肉 Fleisch）。所以，不能说"西洋人养 cow 吃 beef"。

说到屎溺，在英语世界，大约从十八世纪末开始，进入维多利亚朝，才渐渐有条件"文明"起来，培育"文明人"亦即城里的中产阶级信守的卫生习惯和语言禁忌。换言之，现代英美人关于屎溺的种种语言禁忌，大多属于维多利亚朝的遗产，并非英国老底子的风气。前两天刚翻过一遍《格列佛游记》（1726），里面就有不少屎溺的描述，坦然得很。那本书当时是妇女和儿童都可以读的，作者斯威夫特是修辞的名家。常说英国人拘谨。《傅雷家书》载，傅聪先生听英国人唱亨德尔《救世主》（1742）"哈利路亚"一段，十分感动。在给父亲的英文信里说，英国人这时候突然 inhibition（傅雷先生译作"抑制"）全消，达到了 ecstasy（傅译"狂喜与忘我的境界"；两个英语词都来自法语）。这里所谓"抑制"，其实只是对现代英国人和一部分"英语世界"而言。因为以英语为母语的还有庞大的非"盎格鲁"裔人口，那些民族的艺术性格，多半是较少"抑制"而容易"狂喜"的。那么，回到《格列佛游记》和《救世主》领风骚的那个时代的英国，是不是说话就少一些禁忌了呢？也不是。有教养的男人之间，谈到什么难以启齿的事情，另有一种他们通晓的语言，那就是拉丁语。

二〇〇三年二月八日

雅各之井的大石

——《摩西五经》前言

译经历来是件大事,因为译家(或其委任者支助者)多抱有远大的理想:为传教,为拯救灵魂,为宗教改革(如马丁·路德),为结束教派冲突、赢得政治安定和国王陛下的荣誉(如钦定本,King James Version, 1611),等等。

我的想法却是纯学术的和文学的,就是看到中文旧译舛误太多,无文学地位,希望改变这不理想的状况。

《圣经》来华,几经波折。通说可上溯至唐贞观九年(635),叙利亚基督教"异端"聂斯托利派教士阿罗本自波斯抵长安,宣道译经,建波斯寺(又名大秦寺),封镇国大法主。所传景教,一度号称"法流十道……寺满百城"(大秦景教流行中国碑,781)。直至武宗灭佛遭到波及,才衰微了,没有留下经书。之后,元初、明末有方济各会和耶稣会会士先后来华,如蓄须留发的"西儒"利玛窦(1552—1610),但并未促成中文译经。十九世纪初新教东渐,英国传教士马礼逊(1782—1834)参照大英博物馆所藏天主教"巴设译稿",译出《神天圣书》(1823),"新旧约全书"始传中国。

"译经历来是件大事"。
[德]丢勒(1471–1528):《手按圣经》(前图局部草稿)

自马礼逊以降,《圣经》中译(全本与选译)将近四十种,但现在流行较广的仅有三种:和合本、思高本、现代本。和合本(1919)是清末民初新教诸派妥协合作的成果,几代英美传教士在华译经的最高成就,"天鹅之歌",对二十世纪白话译经的影响极大。但由于传教士译者的西学与近东语文造诣不深,又疏于考证,尽管用钦定本的修订本(1885)即英译而非原文善本为底本,仍不免屡屡误读。尤其希伯来语《圣经》(基督教旧约)中近东名物风俗,频频误译;如海枣(椰枣)作棕榈,纸草作蒲草,金合欢木作皂荚木,(亚当夏娃的)腰布作裙子,(上帝造来安放日月星辰的)苍穹作空气,不胜枚举。中文表达更是通篇病语病句。例如《创世记》第二章,上帝下达戒谕,禁食善恶智慧之树的果子。和合本作:"只是分别善恶树上的果子,你不可吃,因为你吃的日子必定死"(2:

17)。这些缺陷,特别是动词、动宾搭配和介词使用不当(一般学外语,动词介词最难掌握),往往为后来的译本所继承,包括思高本和现代本,给读者带来不少困惑。我在别处分析了(详见《宽宽信箱与出埃及记》,北京三联书店2006年版),此处不赘。

天主教思高本(1968)对和合本有所订正;且因其注重原文字义与拉丁语通行本(罗马教会传统上的标准经文)的解释,基本直译,不修文采,较为可信。联合圣经公会的现代本(1979)译自英语今天本(Today's English Version, 1976)。但后者是专为母语非英语的人士准备的,文字浅显易读,不求精确,难处或简化或略去;现代本亦遵循这一传教方针,"以初中学生的中文程度为标准"(序言)。

综上可见,《圣经》中译在新世纪的当务之急,是回到原文善本,重新理解移译;即在旧译之外,为普通读者(包括教友)和学界,提供一种基于现代学术成果的忠实畅达而便于学习研究的译本。这是拙译的首要目标。

其次,还要打破中文《圣经》同现代汉语文学的隔膜。旧译不入文学之林,一半是历史造成的。好些因素合起来,凸显了旧译的佶曲聱牙:"五四"发端,白话文学迅速成长、成熟;二十世纪下半叶剧烈的社会变革,加上推广普通话,促使文学语言口语化;以及大规模翻译宣传马列经典,欧化句式进入大众传媒——现代汉语从未像今天这样善于吸收、包容而生机勃勃。换一角度,也可以说,二百年《圣经》中译,第一次得了争取文学地位的机缘。

这机缘的历史意义,如果我们站高一点,观察《圣经》的西文翻译例如英译的大形势,稍加对比即可明白。我举一部新近问世的英译《摩西五经》(诺登书局,2004)为例。新译出自加州大学伯克莱分校的奥特(Robert Alter)教授之手,注释详实,广征博引,颇受好评。奥特先生是圣经学专家,阐发经文义理,可以做到无一字无来历。但是他的译文,依我看,真叫吃力不讨好。本来他有一套"陌生化"或讲求"原汁原味"的理论,用来评骘各家译文,是不必在自己身上验证的；免得陷入"以子之矛攻子之盾"的窘境。奥特先生忘了，译经不光是做学问，更是译者之间文字功夫与风格意境的较量。而那较量，是要以前人的优秀译本在母语文学中的地位和实力为标准来决定成败的。一个英译者，在钦定本的巨大阴影里译经，头上群星灿烂一个个"吮吸了钦定本乳汁长大"的不朽名字：从弥尔顿到惠特曼，从《白鲸》到《荒原》，叫他如何落笔？他又能期待什么？难怪奥特先生的新译的好些段落，读来似曾相逢又不相识了，如《五经》结尾"摩西之死"那一句出名的难译的长句（《申命记》34:10以下）：

> But no prophet again arose in Israel like Moses, whom the LORD knew face to face, with all the signs and portents which the LORD sent him to do in the land of Egypt to Pharaoh and to all his servants and to all his land, and with all the strong hand and with all the great fear that Moses did before the eyes of all Israel.

原来是从钦定本抄的，只改了几个词，删去四个看似无关紧要的逗号。然而每一处变动，都削弱了文句的节奏和力量。让我们大声念一念钦定本，感受一下经典译文之雄浑悠远；先知逝世，族人无尽的思念与希冀，如何全部托付了上帝之言：

> And there arose not a prophet since in Israel like unto Moses, whom the LORD knew face to face, In all the signs and the wonders, which the LORD sent him to do in the land of Egypt to Pharaoh, and to all his servants, and to all his land, And in all that mighty hand, and in all the great terror which Moses shewed in the sight of all Israel.

如此，同钦定本的伟大传统即英译者的历史负担两厢对照，中译者的幸运便一目了然：既有前贤译经留下的宝贵遗产——属于圣书却未曾开垦的文学处女地——还有百年文学与哲学翻译名家辈出，为我们锻造了又富于感性联想又适于抽象概括的文学语言。那全新的韵律与力度，灵活的句法和口语化表达，正是准确生动地再现希伯来语《圣经》的风格——"朴素、圣洁、雄健而热烈"（见《政法笔记·不上书架的书》，江苏人民出版社 2004 年版）——所必不可少的语言条件。

本书的体例，一如先前的《创世记：传说与译注》（江苏人民出版社，2004）。序言《谁写了摩西五经》，简介《五经》的文本源流及相关学术问题。附录两篇：一篇采访，是应友人彭伦先生之请写的，谈到拙译的缘起和对圣书的看法，我想读者会有兴趣。另一篇圣经年表，记录一些于经文文本的生成、传播有重要意义或可资对比的人物著作、历史事件。书末的参考书目，则选列一批常用的基础圣经学著作和《五经》研究文献，俾便读者入门探索。

拙译所据原文，希伯来语《圣经》用德国斯图加特版 Kittel-Kahle 传统本（简称 BHS，1976），希腊语《新约》则取斯图加特版 Nestle-Aland 汇校本（NTG，1993），皆是西方学界公认的权威。同时参考古今各家评注并西文经典译本，如希腊语七十士本、拉丁语通行本、德语路德本、英语钦定本、法语圣城本和犹太社本。重要的文字校勘、异文异读、修辞释义和文本片断的分野衔接，均在插注中说明。

插注的好处，如《创世记·前言》所说，"一是方便阅读，省去眼睛来回寻找脚注或翻查尾注的麻烦。二是放慢速度。《圣经》不是小说游记，切忌快读，只看个浮光掠影；应该一字一句细细琢磨"。此外，有几章通行本的起止与传统本不同，也注明了。因为钦定本是按通行本划分章节的，传教士在华译经从之。读者若发现本书个别章节跟自己熟悉的旧译（如和合本）不一致，可根据插注，对上旧译的章节。

为方便排版、阅读，希伯来文和希腊文词语皆用拉丁字母拼写，省略长短音和部分软音（dagesh lene）符号。词源或语音的演化方向，则以">"表示。

希伯来语《圣经》里以色列子民的唯一神（'elohim）的译名，民间和学界通作"上帝"，以与泛指的神或异教神相区别，拙译从之。汉语基督教诸派则各有选择，执为分野，如神、天主、上帝。从学术角度看，自然是无所谓对错的。原文为阳性复数名词（复数表尊崇），可兼指众神、天庭"神子"或天使，甚至阴间的亡灵（如《撒母耳记上》28:13）。上帝的圣名，经文用四个字母 YHWH 表示。圣名至圣，不可妄呼，读法早已逸亡。传统上念作耶和华，实为避讳圣名的婉称；即以希伯来语"我主"（'adonay）的三个元音（a-o-a）训读圣名四音（y-h-w-h），重音落在尾音节而首元音弱读（受首字母半元音〔j〕影响，a＞e），即：yehowah，耶和华。现代语言学家根据古希伯来语构词规则、后缀及缩略形式（如"哈利路亚"，halelu-yah：赞美耶〔和华〕），以及古代文献中的标音记载（如希腊文译音），推断应读作：yahweh，雅威。但这"雅威"只是学者构拟的"复原"，并无史料或文物的确凿验证；对于学界之外《圣经》的普通读者，完全是一个陌生的名字，缺乏历史积淀的文学意境与宗教象征。用于中文，就更显得突兀了（详见《宽宽信箱·禁忌的分寸》）。"名无固宜，约之以命"；我想，与其照搬生词，不如沿用约定俗成的译名：耶和华。

《五经》各篇初稿，照例请内子批阅，逐句逐段提出疑问或修改意见；"牛毛茧丝，无不辨析"，许多细小的遗漏和不妥就这样"逮着了"。所以我也期待着读者诸君不吝赐教，不管从什么立场观点，助我精益求精。《圣经》的原文，无论希伯来语、亚兰语还是希腊语，当初誊写成书福泽流布的时候，除了少数古歌古谚，大体是通俗易读的。我以为，理想的能够立于母语文学之林的译本也应当如此；和原文一样，也要朗朗上口便于记诵而让人感到亲切，能使今日的读者领会古人的精神乃至神的启示而不觉得文字隔阂。

钦定本的译者班子里有一位大学问家史密斯（Miles Smith, 1554

"仿佛雅各发力,掀开那井口的大石……"
[意]拉斐尔(1483–1520):《雅各初遇拉结》

－1624)主教。他本是屠夫的儿子,却从小酷爱读书,终于入牛津钻研闪语(希伯来、巴比伦、古叙利亚和阿拉伯文),成为学界翘楚。钦定本的前言便由他执笔,论述译经的原则,写得才华横溢,是十七世纪文学的名篇。其中有这么几句:

> 译经,不啻打开窗户放进光来,又如敲开果壳给我们吃果仁;是拉开帐幔让我们望见至圣所,是移开井盖帮我们取水——仿佛雅各发力,掀开那井口的大石……(《创世记》29:10)
>
> 是的,人都怕落入永生上帝的手里(《希伯来书》10:31),但其实那是得福,到头来要享永恒之福:每当上帝给我们训示,就聆听;当他将圣言置于我们面前,就诵读;当他伸手召唤,就回答:我在这儿!

"我在这儿"(hinneni),是亚伯拉罕、摩西和以色列子民蒙上帝召遣时的应答(如《创世记》22:1与11,《出埃及记》3:4)。我希望,当我最后发力,移动雅各之井的大石那一天来临,也能如此:hinneni。

二〇〇六年六月

《摩西五经》,冯象译注,牛津大学出版社(香港)2006年版。

图书在版编目(CIP)数据

木腿正义/冯象著.—北京:北京大学出版社,2007.1
ISBN 978-7-301-11404-9

Ⅰ.木… Ⅱ.冯… Ⅲ.①法律—文集 ②文学评论—世界—文集
Ⅳ.①D9-53 ②I106-53

中国版本图书馆 CIP 数据核字(2006)第 155232 号

书　　　名:木腿正义
著作责任者:冯象　著
责 任 编 辑:杨玉洁
装 帧 支 持:智识书坊 ideobook@gmail.com
标 准 书 号:ISBN 978-7-301-11404-9/D·1654
出 版 发 行:北京大学出版社
地　　　址:北京市海淀区成府路 205 号　100871
网　　　址:http://www.pup.cn
电　　　话:邮购部 62752015　发行部 62750672
　　　　　　编辑部 62117788　出版部 62754962
电 子 邮 箱:law@pup.pku.edu.cn
印 　刷 　者:北京市宏伟双华印刷有限公司
经 　销 　者:新华书店
　　　　　　880mm×1230mm　32 开本　10.5 印张　275 千字
　　　　　　2007 年 1 月第 1 版　2021 年 9 月 18 次印刷
定　　　价:49.00 元

未经许可,不得以任何方式复制或抄袭本书之部分或全部内容。
版权所有,侵权必究
举报电话:010-62752024　电子邮箱:fd@pup.pku.edu.cn